謹此敬念

克羅尼教授

（Dr. Edmund P. Clowney, 1917～2005）

良師、善牧

「教會論」神學家與實踐者

統神學叢書

Church, Mission, Sacraments

教會、使命與聖禮

基督教要義導覽

陳若愚 著

▼

系統神學叢書

教會、使命與聖禮：基督教要義導覽

作者
陳若愚 Lawrence Y. Chan

執行編輯
梁冠霆

審校
馬榮德、謝偉強

裝幀設計
奇文雲海 · 設計顧問

■

出版 / 發行
基道出版社
香港沙田火炭坳背灣街 26 號富騰工業中心 1011 室
LOGOS PUBLISHERS
Unit 1011, Fo Tan Ind. Centre, 26 Au Pui Wan St., Shatin, Hong Kong
電話：(852) 2687-0331　傳真：(852) 2687-0281
網址：http://www.logos.com.hk

承印
海洋印務有限公司

●

6/2018 初版
Cat. No. LP263
ISBN: 978-962-457-561-3

刷次	10	9	8	7	6	5	4	3	2	1
年份	2027	2026	2025	2024	2023	2022	2021	2020	2019	2018

吳序

一位資深華人宣教士最近返回北美述職。他有一個觀察，就是在教會中，傳道人和會眾對崇拜和聖禮的態度，普遍地「少了敬虔、多了輕狂」，而對聖經教導的重視也變得很淡薄。他語重心長地對現代教會痛下針砭：「醫生只做美容服務還算是醫生嗎？牧師不講解聖經還算是牧師嗎？」

不論這位長者的觀察是否放之四海而皆準，但的確引出一個核心問題：今日華人教會極須切實地在「教會論」上紮根、思考和實踐。

陳若愚牧師的新作《教會、使命與聖禮：基督教要義導覽》正是適切時代的作品。這部著作植根福音派立場，涵蓋廣泛議題，以聖經及聖經神學為經緯，作出系統神學的分析，深入淺出地闡釋現代教會極須反省和遵行的教會真理。作者在每一章後，提供精心設計的討論問題，幫助讀者反思，或作教學探討之用。

本書為個人增益，或作神學院的教科書，皆為上選，特此鄭重推介。

吳榮滁
美國麻省羅威爾華人聖經教會主任牧師

自序

《教會、使命與聖禮：基督教要義導覽》乃筆者繼《系統神學：基督教教義精要》(2001)及《基督、聖靈與救贖：基督教要義導覽》(2010)後，第三冊的系統神學作品。主若願意，筆者期望在不久的將來，能完成第四冊系統神學作品《天國與盼望：基督教要義導覽》的寫作。

而本書《教會、使命與聖禮》的重點放在「基督教教會論」(Christian ecclesiology)，事實上，這對信仰、生活和事奉都極其重要。三一上帝藉基督和聖靈賜予世人的救恩，不單是為拯救個人，也是為拯救和建立一個天國的羣體(kingdom community)，就是一羣敬拜祂、與祂相交同工的子民。因著救恩的羣體性，任何信徒皆不應過脫離教會羣體的生活。一個合乎聖經、適切時代、全面和有深度的「教會論」，能幫助信眾的事奉和生活找到正確的方向，享受美好的配搭，從而帶來美好的成長、見證和合一。教會的領袖，包括牧者和長執，要有效地帶領教會，更需要在「教會論」方面不斷學習、交流和反思，方能面對一些重要和具挑戰性的課題，如整全使命、治會模式、領袖選立與交替、財務管理、人才培訓、社關與政治參與等。領袖們若缺乏「教會論」的知識和智慧，在事奉中將遇到重重困難，也會使信眾感到無所適從。

本書既是一本系統神學著作，卻同時也重視實踐和應用。本書持守福音信仰立場（evangelical faith），將一些重要的課題，其中包括教會的屬性、整全使命、職事與領導、敬拜、聖禮等，作出扼要的闡釋和應用建議。全書最基礎性的部分是一至三章的「教會聖經神學」（Biblical Theology of the Church），這三章綜合了上帝在歷史中所啟示的「教會觀」，其後各章則探討與「教會觀」相關的不同課題，我們若能細心閱讀思考，藉聖靈的啟迪光照，上帝的啟示必會更新我們原有的「教會觀」，使我們更能察驗上帝那「善良、純全、可喜悅的旨意」，幫助我們活出榮耀上帝的教會生活（羅十二 2）。

本書得以面世，實在是上帝的恩典！早於上世紀七十年代，筆者在費城韋斯敏斯德神學院（Westminster Theological Seminary）受教於克羅尼教授（Dr. Edmund P. Clowney）。他是我學習「教會論」的啟蒙老師。其後在香港擔任教會牧職，則對教會的牧養和帶領有更切身的體驗，加上過去三十多年，經常在神學院教授「系統神學」科目。這些經驗皆有助本書的寫作。

本書的「參考書目」部分，反映了歷代聖徒在這方面的探索；而本書各章末均附有「討論問題」，方便讀者進一步研究和討論複習。對我來說，這兩部分亦是另一種具體的「聖徒相通」。

在此，我要向基道出版社的同工致以衷心的謝意：吳國雄弟兄的支持和領導，編輯團隊對出版事工的委身和努力，皆使我敬佩。我也要感謝內子美斯，在整個寫作過程中，經常給我許多鼓勵和支持，並在初稿完成後，為全書作了基本的編輯工夫。為這一切，我非常感恩！

筆者對本書有三個盼望：一、本書能成為華人神學生的教科書和教會牧者、長執的參考書；二、本書能鼓勵華人教會和神學院，更多支持神學教育、研究和寫作；三、本書能藉「教會論」的探討和實踐，帶來華人教會的更新和成長。

陳若愚

於美國加州 Sunnyvale 市

二〇一七年二月

目錄

導論
「福音派教會」有沒有「教會論」?

一　誰是「福音派」?

要了解「福音派教會」有沒有「教會論」，我們先要確定「福音派」(Evangelical) 所指為誰？而「福音派教會」是甚麼教會？它有怎麼樣的信仰？

1 兩位領袖的聲明

2016 年 11 月 8 日是美國大選日，總統選舉的結果是共和黨的候選人當選。11 月 14 日，兩位福音派領袖，福樂神學院 (Fuller Theological Seminary) 的現任和前任院長納比頓 (Mark Labberton) 和慕爾 (Richard Mouw) 共同發表聲明。他們為「福音派」這名稱和信仰立場，在大選期間被一些人利用，淪為政治工具而感到不安。兩位領袖認為那些人為達成他們的政治目的，不惜曲解和濫用「福音派」這名稱，引致這名稱被普遍誤解和誤用。對此情況，他倆表示極度的關注，並因此發出公開聲明，為「福音派」的神學立場作出澄清，以正視聽。

兩位院長所關注的，是「福音派」這名詞在美國大選期間，被一些媒體和政客濫用，變為「保守派的白人」之代名詞，並與某些「個別道德立場」，和「歧視婦女、有色人種、其他宗教人士」的態度和行為等掛鈎。作者指出，如此低貶歧視與己不同的人，不單與基督福音的真理不符，實際上是出賣了天國的福音。他們期盼，福音派信徒、教會和神學院，為這種現象感到痛心，並在主面前悔改更新，堅決拒絕一切有可能引致「福音派」被曲解與濫用的態度和行為。他們更呼籲福樂神學院的師生、董事們，和一切福音派信徒和教會，繼續持守「福音派」的身分與信仰，並努力活出、見證上帝「天國福音」中的慈愛、公義和憐憫。[1]

筆者深明兩位院長的關注和聲明，並且認同他們的觀點。作為福音派信徒，我們應拒絕一切把「福音派」這名稱「政治化」的言論與行動。「福音派」一詞所強調的是信仰和神學的立場，因此它不能、亦不應與某一政治立場（如保守派、共和黨）或種族性別（如：白人、男人）等同。同樣地，「福音派」的倫理觀也不應狹窄地局限於處理一兩個道德的課題上，卻應涵蓋人的

1 見 Mark Labberton and Richard Mouw, *Post-Election Evangelical: A Statement from Mark Labberton and Richard Mouw*, [document on-line]; available from Fuller Theological Seminary website (http://fuller.edu/communication/post-election-evangelical-a-statement-from-mark-labberton-and-richard-mouw/) accessed November 14, 2016。本文的中文翻譯，讀者亦可參筆者個人網頁：http://blog.sina.com.cn/s/blog_88a3e0c40102x68u.html。

整全品格（character）、社會倫理立場（social ethics），和對自然生態（ecology）的尊重等重要範疇。換句話說，「福音派」信徒應有「整全的倫理觀」（a holistic ethical view）。美國大選前後，對「福音派」這名詞進行政治化（politicizing）和「道德狹窄化」（ethical narrowing），不單未能對正統的福音派信仰帶來任何益處，反而會帶來傷害，使得「福音派」的身分和信仰被約化和錯解，叫基督教信仰在社會中也有被扭曲之虞！

2「福音派」是誰？有何特徵？

當代英國歷史學者巴炳頓（D.W. Babbington），為基督教「福音派」作出了一個簡潔的定義。他指出了在過去二百多年間，這信仰傳統的四個特徵：

1. 「十架為中心」（crucicentrism）：以基督的受死、復活為人蒙救贖的惟一途徑；
2. 「聖經為權威」（biblicism）：尊重聖經的直解真理和至高的權威；
3. 「歸主為必要」（conversionism）：人必須有決志歸主的經歷，向主委身，與祂建立關係；
4. 「信仰有行動」（activism）：信徒必須有積極參與宣教的行動。[2]

---

2 參 David W. Bebbington, *Evangelicalism in Modern Britain: A History from the 1730s to the 1980s* (Grand Rapids: Baker, 1992), 3。

巴氏的簡要描述，相當準確地點出了過去二百多年間，英美「福音派」信仰的核心。然而，他的描述也許過分簡要，未能具體點出近現代「福音派」信徒和教會羣體的信仰淵源和歷史處境。

為補充巴氏「四點特徵」的不足，惠敦學院（Wheaton College）神學教授拿遜（Timothy Larsen）提出了「福音派信徒」的「五點定義」，供我們參考。[3] 這五點是：

1. 他是一個「正統的更正教徒」（Orthodox Protestant）：他的信仰與歷史中的正統信仰（如：《尼西亞信經》〔Nicene Creed〕）相符，接受三一神觀、基督神人二性等正統教義；並且他不是羅馬天主教徒。
2. 他站在約翰．衛斯理（John Wesley，1703～1791年）和懷特腓德（George Whitefield，1714～1770年）領導的「十八世紀復興運動」，和這運動所帶來的普世基督教福音傳統：以約翰．衛斯理和懷特腓德為始的，近代英美福音派傳統，強調聖經的權威、基督的十架代贖、聖靈的工作和信徒的本分。這傳統帶來過去二百多年的普世福音運動，直到今天。
3. 他相信聖經是聖靈的「默示」（吹出的氣）的上帝的話語，在信徒生命中有至崇高的地位，是他信仰和行為的至終權威：福音派信徒注重個人讀經，而教會崇拜中的講道，也是講解和應用經文的活動。再者，一切教會教義皆以聖經

3 參 Timothy Larsen, "Defining and locating evangelicalism," *The Cambridge Companion to Evangelical Theology*, ed. Timothy Larsen and Daniel J. Trier (New York: Cambridge University Press, 2007), 1～14。

為依歸。唯獨聖經（*sola Scriptura*）是宗教改革的重要原則，因為聖經源出於上帝，因此有從上帝而來的權威性、獨特性、足夠性和可靠性。

4. 他強調藉著耶穌基督在十架上的代贖，人可以與上帝和好：絕大部分福音派信徒相信基督的死是「代替性」的（vicarious / substitutionary），小部分當代福音派學者對一些救贖用詞如「挽回祭」（propitiation）、「代受刑罰」（penal substitution）等有所保留，但對「基督的死帶來人類盼望與神人復和」的道理，均一致同意。
5. 他強調聖靈在信徒生命中的工作，帶來人歸信基督、與上帝相交、事奉上帝、服事他人，並與信眾一起傳福音予普世萬民：聖靈的工作，是福音派的核心信仰；祂的工作包括：使人歸主，與上帝、與人相交，對上帝、對人有服事（當然包括社會關懷、社會公義等！），對普世萬民廣傳福音等。

拿遜教授的補充，幫助我們對近現代的「福音派」的歷史處境有更具體的掌握。

其實，「福音派」作為一個信仰和神學的傳統，並不是十八世紀才開始的。「福音」（Gospel）一詞源於新約希臘文 *Euangelion*，乃指耶穌基督所帶來使人得救，使宇宙更新的「好消息」。因此，從廣義的角度看，凡是相信、領受、傳揚、教導這福音，並對這福音的至終實現心存盼望的人，皆是「福音派」信徒（Evangelicals）。從教會歷史的角度看，今天福音派教會和信徒，除了站在新約聖經「福音信仰」的根基上，也承接了過去二千多年正統教會在這信仰根基上的建造：藉著研究、宣講、生活，和著作等，去詮釋和發揚這「福音信仰」傳統。因此，要了解今日「福音派」的淵源，不單要回到十八世紀的復興運動，更要回到新約聖經和二千多年的教會歷史。而在教會歷史中，對「福音派」(Evangelical)或「福音信仰」(Evangelical faith)(筆者認為這兩個名詞是同義的，因為都是表達基督教的正統，即源於新約聖經的信仰、神學、生活和事奉)最有貢獻的年代，除了過去二百多年英美的福音復興運動以外，還有初期教會(100～500年)的教父神學傳統(Patristic traditions)，和十六世紀的宗教改革傳統(Reformation traditions)。[4]

二 「福音派」教會有沒有「教會論」?

1 初步觀察

按筆者初步觀察，在過去一百年間，福音派信仰中有分量的「教會論」中英文神學專論，相較其他主題的神學論著(如：三一論、基督論、救恩論、人類、末世論等)是頗為薄弱的。當然，佳作還是有的，[5] 然而寥寥可數。我們可以說，「教會論」在

---

4 有關這兩個年代的神學精要，可參閱 J.N.D. Kelly, *Early Christian Doctrines* (New York: Harper & Row，1959)，中譯本：凱利：《早期基督教教義》，康來昌譯(台北：中華福音神學院，1984)；Thomas C. Oden and Angelo Di Berardino, eds., *Ancient Christian Doctrine*, vols.1～5 (Downers Grove: IVP, 2009～2010)；Timothy George, *Theology of the Reformers* (Nashville: Broadman & Holman, 1988)；湯清編譯：《歷代基督教信條》(香港：基督教文藝出版社，2008)。

5 如：G.C. Berkouwer, *The Church* (Grand Rapids: Eerdmans, 1976)；Edmund

近現代的福音派神學發展中，明顯是備受忽略的一個面向。

譬如當我們回顧過去一百五十年歐美福音信仰中一些具代表性的系統神學著作時，「教會論」(Ecclesiology) 所佔的篇幅一般不多，且與「救恩論」(Soteriology) 所佔的篇幅差距甚大：

年份	作者	全書頁數	救恩論所佔頁數	教會論所佔頁數
1873	Charles Hodge[6]	2260	883	219
約 1900	Herman Bavinck[7]	2565	571	273
1939	Louis Berkhof[8]	738	244	103
1983	Millard Erickson[9]	1247	215	121
1994	Wayne Grudem[10]	1264	321	166
2013	Michael Bird[11]	811	266	106

P. Clowney, *The Church* (Downers Grove: IVP, 1995)；Miroslav Volf, *After Our Likeness: the Church as the Image of the Trinity* (Grand Rapids: Eerdmans, 1998); G.K. Beale, *The Temple and the Church's Mission: A Biblical Theology of the Dwelling Place of God* (Downers Grove: IVP, 2004)；Michael S. Horton, *People and Place: A Covenant Ecclesiology* (London: Westminster John Knox Press, 2008)；R.B. Kuiper, *The Glorious Body of Christ: A Scriptural Appreciation of the One Holy Church* (Grand Rapids: Eerdmans, 1966)；Hans Küng, *The Church,* Trans. Ray and Rosaleen Ockenden (London: Search Press, 1978) 等。Hans Küng 是天主教學者，但他的「教會論」卻是反天主教傳統的，有很強的聖經神學基礎，其立論接近福音派。

6 Charles Hodge, *Systematic theology* (New York: C. Scribner and co., 1873).

7 Herman Bavinck, *Reformed Dogmatics*, 4 vols., (Grand Rapids: Baker, 2003 ~ 2008).

8 Louis Berkhof, *Systematic Theology* (London: Banner of Truth, 1939).

9 Millard Erickson, *Christian Theology* (Grand Rapids: Baker, 1983).

10 Wayne Grudem, *Systematic Theology: An Introduction to Biblical Doctrine* (Grand Rapids: Zondervan, 1994).

11 Michael Bird, *Evangelical Theology: A Biblical and Systematic Introduction* (Grand Rapids: Zondervan, 2013).

近二十年，美國的福音派學者們開始有點醒覺，舉辦了一些神學會議探討福音派的教會論，並將其中論文出版成書。[12] 這些「醒覺」反映了一個事實，就是福音派學者也承認，「教會論」確是被「福音派」忽略，因此是時候關注這重要的神學課題了。

2 為何「教會論」常被「福音派」忽略？

近現代福音派神學不重視「教會論」，原因何在？

二〇〇三年，加拿大維真神學院（Regent College）教授恩馬殊（Bruce Hindmarsh）在一篇論文中指出，從歷史角度看，「福音派教會論」（Evangelical Ecclesiology）是一種「矛盾的修辭」（Oxymoron），因為當代較早期的福音派運動，表達了前所未有的「超宗派」和「國際」意識，而這意識將「福音派的敬虔」(evangelical piety)淩駕於教會治理權力之上。[13] 這是一個非常尖銳，卻也是一個頗有見地的觀察，而恩氏在他這篇文章中，確為他自己的立論，提出了有力的支持。

當代美國「教會更新」學者史耐德（Howard Snyder）和神學教授范迪(Leanne Van Dyk)，分別從近現代福音派的歷史發展，分析「福音派教會論」不振的原因。茲綜述如下：

---

12 如：J.G. Stackhouse Jr., ed, *Evangelical Ecclesiology: Reality or Illusion?* (Grand Rapids: Baker, 2003)；Mark Husbands and Daniel J. Treier, eds., *The Community of the Word: Toward an Evangelical Eccclesiology* (Downers Grove: IVP, 2005)。

13 參 B. Hindmarsh, "Is Evangelical Ecclesiology an Oxymoron？" *Evangelical Ecclesiology: Reality or Illusion?* ed., J.G. Stackhouse Jr. (Grand Rapids: Baker, 2003), 15～37。

A. 福音派強調個人的蒙恩經歷與見證

促成近現代福音派運動的兩大信仰浪潮——十七至十八世紀的敬虔主義(pietism)與大覺醒復興運動(Great Awakening),皆重視個人歸主的經歷和信仰體驗的見證;這些都在它們的聖詩、講道及見證集中反映出來。這本來是好的,但卻間接引致信徒對教會體制和禮儀的忽略,甚至厭惡。許多在復興聚會信主的人,看信仰只是他自己與主之間的事,其他信徒也只是一些信仰的同路人,至於教會的體制禮儀等,就與他個人的信仰沒有直接的關係。

B. 福音派受「自由教會」傳統的影響

從「激進的宗教改革」(如:重洗派)和自由教會(Free Church)而來的,是對傳統教會(如:天主教、聖公會、改革宗、信義宗等)的強力批判。其實這些「傳統教會」對福音派信仰傳統亦有極大的貢獻,特別是這些教會的信條和信仰宣言,實是當今福音派教會的豐富神學資源。[14] 但因著受自由教會的傳統影響,福音派信徒一般較不看重信經、傳統崇拜形式及禮儀,和教會體制結構等,實在十分可惜!

C. 福音派受「奮興佈道大會」傳統影響

芬尼(Charles Finney,1792 ~ 1895 年)、慕迪(D.L. Moody,1837 ~ 1899 年)、宋尚節(1901 ~ 1944 年)、葛培理

---

14 參 Philip Schaff, ed., *The Creeds of Christendom, with a History and Critical Notes, Vol.3 The Evangelical Protestant Creeds*, 6th edition (Grand Rapids: Baker, 1993)。

（Billy Graham，1918～2018 年）等，都是這個傳統的表表者。這傳統強調個人決志悔改重生得救，較不看重教會的教義、發展、體制、禮儀等，而福音派卻往往於教會的聚會形式、宣教方向、講道與教導的內容等幾方面，受這個傳統影響，譬如用「決志人數」來評估教會的宣教果效、主日崇拜形式仿效「奮興佈道會」的形式等。

D. 受歐美的自由民主和個人主義的影響

民主精神能幫助信徒更多參與事奉、領導更開放更透明，但同時也鼓勵了「個人主義」（individualism）和「志願主義」（voluntarism），結果信徒便按自己方便和喜好，自由選擇教會，對教會羣體缺乏歸屬感，對教會的體制、傳統或信仰理念，也不多關心，難怪許多人（包括信徒和領袖）對教會事奉缺乏長期的委身。如此的心態，自然不容易建立甚麼「教會論」了。

E. 受當代「企業文化」（entrepreneurship）的影響

受社會中「以市場經濟為主導」的文化所影響，福音派教會漸漸變成一個「消費場所」，當中信徒/會員是消費者，而教會是商業機構，須有好的「產品」，去滿足「顧客」的需求。此外，建立教會也變成了「企業」的行動，而超大型教會（mega-churches），就是「成功的企業個案」。這種商業化的教會觀，與聖經所啟示、歷代信仰羣體所體驗的、「源於三一上帝救贖恩典」的教會觀，完全不同！[15]

---

15 參 Howard Snyder, "The Marks of Evangelical Ecclesiology," *Evangelical*

三 福音派「教會論」的建議

1 范迪的一個「建議」

神學教授范迪為福音派教會和信徒，提出了一個以上帝的話語為基礎的「教會論」建議。這個「建議」的要點如下：

A.「道成肉身」的教會論

基督降生為人、受死、復活、完成救贖，今天祂已升到天上。祂是活著的主，祂今天與教會同在，給予安慰和審判，常賜應許和盼望。范迪強調基督要求教會奉主名踐行公義憐憫，推動社會及醫療服務，並抗拒一切教會和社會中的種族和性別等歧視。

B.「三一上帝」的教會論

教會是三一上帝的子民，因此它參與三一上帝的計劃和使命，藉敬拜和聖樂，反映三一上帝與教會的聯合，並藉聖經的記載，明白三一上帝在歷史中的救贖工作，藉聖靈活出教會羣體應有的樣式。

C.「基督聖禮」的教會論

聖道與聖禮，在福音派的教會中應該同受重視，因為它們

Ecclesiology: Reality or Illusion? ed., J.G. Stackhouse Jr. (Grand Rapids: Baker, 2003), 77 ～ 103；Leanne van Dyk, "The Church in Evangelical Theology and Practice," *The Cambridge Companion to Evangelical Theology*, ed. Timothy Larsen and Daniel J. Trier (New York: Cambridge University Press, 2007), 125 ～ 141。

均是上帝施恩的途徑，傳遞基督救贖之恩。教會應重視洗禮，因它是信徒身分的聖約和應許；也應常施聖餐，因它是上主的禮物。此外，孩童受保護、長者受尊重、自然生態受關注，也很重要。

D.「宣講聖道」的教會論

福音派教會一向重視上帝話語的宣講，因為滿有聖靈能力的宣講，能帶出基督的同在。范迪強調，教會應避免一種「機械式的聖經主義」（mechanical Biblicism），要將「聖經」、「講道」和「道成肉身的基督」三者彼此配合相連，方能恰當地藉宣講見證聖經所啟示的基督。

E.「末世盼望」的教會論

因著基督已復活升天，教會是活在盼望之中。教會縱然會受試煉，但不必懼怕；藉敬拜、事奉、見證，教會當持守信心，忠於所託，盼望那光明的未來。[16]

上述的「建議」，是值得福音派教會參考的「教會論」，它不但涵蓋範圍廣泛，也指出了不少當代福音派教會的弱點（如：不重視聖禮、不關心社會公義與憐憫等）。當然，也許由於作者的神學背景使然，「建議」中的一些神學觀點與一般「福音派」的觀點稍有出入，但這並不影響這「建議」對當代福音派教會（包括華人教會）所蘊含的參考價值。

---

16 見 Dyk, "The Church in Evangelical Theology and Practice," 134～138。

2 本書的一個「建議」和「闡釋」

就「教會論」這個重要而實際的課題，本書是筆者對「福音派」教會的建議和闡釋，當中有六大特色：

A. 建立「合乎聖經，根源於三一真神」的教會論

聖經啟示是一切福音派神學的基礎，因為它是人被聖靈所感說出上帝的話(提後三16；彼後一20～21)，是教會和信徒信仰生活之最高權威。本書一至三章是從「聖經神學」進路探討教會的歷史發展、本質和至終的結局。「從創造到新創造」是整本聖經的主題，而教會羣體在歷史中的發展，就是這「新創造」的重要一環。此外，教會源於三一真神，她是聖靈所創造和居住的聖殿，是父上帝所揀選呼召的立約子民，是蒙基督救贖跟祂聯合的愛的羣體。因此教會的身分是崇高的，但基於末世「已然未然」的處境，教會仍是在歷史進程中；雖未達完全，卻藉著聖靈而活在盼望裏。「聖經神學」的歷史漸進性、豐富多姿性，再配合三一上帝的創造與救贖大能，正是福音派「教會論」的豐富資源。

B. 建立「與歷代福音信仰教會相連」的教會論

一個好的福音派教會論，不應與歷代福音信仰的教會與神學脱節。

本書第四章以「教會的屬性與標記」為題，將近現代的福音派教會，與初期教會、宗教改革時期的教會，和當代福音信仰的「教會論」扣連起來。教會的四個屬性，即合一、聖潔、

大公、使徒等，是初期教會在信經上所表達出來的教會論，這些屬性是上帝所賜予的禮物，同時也是不完美的羣體所要努力追求的目標，直到主再來。宗教改革時期的教會卻強調，真正的教會的標記是：宣講上帝的話、正確施行聖禮，和忠心執行紀律。這些重要的標記到今天仍然適用。至於當代的福音派教會，在教會模式和神學上也有一些新的嘗試，如「新興教會」(Emerging Church)、[17]「宣教式教會」(Missional Church)[18] 等。而其中「健康教會」運動（Healthy Church Movement）也是一個有發展潛力和值得發展的方向。

C. 建立「整全使命」的教會論

教會的身分與使命是息息相關的。沒有使命的教會不是真教會，而教會的身分反映於它的使命。整本聖經記載上帝的一個「創造—救贖—新創造」故事，同時也記載上帝的一個使命：在祂的創造中建立祂榮耀的國度。上帝的心意是要人類參與祂的使命（創一 28），但亞當失敗了，而基督——末後的亞當——卻成功地完成救贖，將這國度初步地實現了，並將天國的使命交託予教會，等候天地的更新，即天國的完全實現。教會所要承擔的整全使命（holistic mission），不單是傳福音和建立教會（大使命的焦點），也包括在社會中見證上帝的公義、

17 參 Dan Kimball, *The Emerging Church: Vintage Christianity for New Generations* (Grand Rapids: Zondervan, 2003)。

18 參 Darrell L. Guder, ed., *Missional Church: A Vision for the Sending of the Church in North America* (Grand Rapids: Eerdmans, 1998)。

慈愛與憐憫，並參與上帝「治理全地」的使命。但實踐「整全使命」，並非意味著教會要「忽略」或「淡化」那「傳福音—領人歸主」(evangelism-conversion)的使命，因為後者是前者的一部分，而福音宣講帶來的生命改變(即重生歸主)，是整全使命不可缺少(indispensable)的一環。正如主耶穌曾提出兩個問題：「人若賺得全世界，賠上自己的生命，有甚麼益處呢？人還能拿甚麼換生命呢？」(太十六 26)門徒根本不必回答，因為答案實在太明顯了！

D. 建立「以基督職事為中心」的教會論

作為彌賽亞君王與神人之間的惟一中保，基督實現了先知、君王、祭司的職分，並且藉聖靈，與教會和信徒聯合，使信徒皆可藉著祂同享先知、君王和祭司的尊貴身分，參與天國的事奉。另一方面，教會也需要選立領袖，帶領會眾一起完成天國的使命。如何結合基督、領袖與信徒的職事，使教會的生命能不斷的成長，使命也能切實的完成，是福音派教會所必須關注的。此外，教會的治理模式和紀律的執行，也是依賴基督的能力、權柄和智慧，方能達成。這些課題都是本書第五、六章所要探討的。

E. 建立「崇拜更新」的教會論

教會存在的三大目標是敬拜、培育和見證，它們是互相配合，缺一不可的。因此本書對這三個重要課題都會著墨探討。第七章集中討論教會的敬拜，特別是教會主日崇拜的更新。除了幫助讀者從「歷代教會敬拜發展」中學習外，筆者特別選取了一些過去華人福音派教會較為忽略的主題，如：聖經神學、福音在進行中、崇拜四部曲、基督教年曆等，進行較深入的探討。其實，無論是在敬拜的神學，或是在崇拜的實踐上，華人教會都需要更加努力，方能踏上教會成熟之路！

F. 建立「聖道聖禮並重」的教會論

福音派教會一向以「重聖言、輕聖禮」見稱，但其實二者皆是上帝救贖恩典的媒介，該受同等的重視，以免信徒生命受虧損。聖道方面，讀者會留意到，本書的立論與內容皆建基於聖經的啟示，和從這啟示而來的聖經神學和系統神學，這是福音派神學的特色。而教會的宣講，不論是傳福音的信息，抑或是對信徒的教導，都應當以聖經為本。信徒不單要養成讀經的習慣，更要學習明白聖經。主日崇拜的講道應以「釋經講道」為主，特別是要操練「以基督為中心的講道」，讓聖經的整體信息，藉宣講得以傳揚。

聖禮方面，福音派教會應從歷史學習不同傳統的聖禮神學，特別是宗教改革神學中，以聖約為基礎的聖禮傳統，學習享受聖禮所帶來的豐富恩典，這是本書第八章的主題。本章與讀者分享筆者所領受的聖禮神學，盼望令華人教會更重視聖禮，好像重視聖道一樣：多教導、經常的施行（特別是聖餐）、慎重的領受、並多研究探討，以建立豐富的聖禮神學。

深盼在不久的將來，在普世和華人的「福音派」教會當中，「福音派教會論」再也不會被形容為一個「矛盾的修辭」！

1

教會是聖靈的殿

一　引言：聖經中的教會觀

當使徒保羅論及家庭中的夫妻關係時，他把這種人倫關係與基督和教會之間的關係扣連起來：

> 你們作丈夫的，要愛你們的妻子，正如基督愛教會，為教會捨己，要用水藉著道把教會洗淨，成為聖潔，可以獻給自己，作個榮耀的教會，毫無玷污、皺紋等類的病，乃是聖潔沒有瑕疵的。（弗五 25～27）

保羅在此指出，基督對教會的愛，是毫無保留的捨己委身，為要使教會的一切罪污，可以「用水藉著道」，完全得以潔淨，得以預備好迎接那榮耀的未來，就是成為基督聖潔無瑕的新婦（啟十九 5～7，二十一 2）。好一幅美麗的圖畫！

然而，這蒙愛的羣體究竟所指為何？

從狹義的角度看，這羣體是指那在五旬節聖靈降臨之後，領受聖靈生命與能力的新約教會（徒二章），她要將天國的福音傳到地極（一8），並要將這福音「傳遍天下，向萬民作見證」，然後主才會再來（太二十四14）。

從較廣義的角度，我們可以追溯舊約時代上帝子民的歷史。當耶和華上帝呼召並拯救以色列人離開埃及，到曠野聚集敬拜上帝，上帝就在西奈曠野，與他們立約，向他們頒佈律法，並吩咐他們在全地為上帝作見證（出十九～三十一章）。在這個時候，舊約的「會眾=教會」（希伯來文為 *Qahal*）就已經開始。其實，上帝透過摩西與以色列人立約（出十九1～6），是實現祂對亞伯拉罕的應許（創十二1～3，十七1～14）。當上帝選召亞伯拉罕，要他成為大國時，上帝的子民便開始藉先祖（亞伯拉罕、以撒、雅各）的家族，被建立起來。

再進一步，從最廣義的角度看，當亞當、夏娃按上帝的形像被造，並領受從上帝而來「治理全地」的使命時（創一26～28），這一對上帝所創造、人類的始祖，已是上帝所差派、被委以重任的「小羣體」！不錯，他們的確違背了上帝的命令，犯罪墮落，引致全人類都被定罪，受罪的污染（羅五12～19；弗二1～3），但亞當和他的後代領受上帝恩典的應許（創三15），蒙選召作屬上帝子民的進程，並沒有因此停止，反而是不斷地延續，藉挪亞、亞伯拉罕、摩西、大衛、耶穌基督等領袖，在歷史中建立了天國的羣體。

所以，當我們全面檢視聖經所啟示的「教會觀」時，我們固然應十分重視「新約教會」的建立與發展，同時也要有更廣闊的視野，就是回到以色列、亞伯拉罕，甚至亞當的時代，去了解上帝建立祂子民的心意與歷史。「廣義」和「狹義」的教會觀，是一個歷史進程的不同角度，就像上帝的「創造」和「救贖」工作，兩者需要放在一起地去看，不能分割，才能建立聖經所啟示、整全的「教會觀」和「使命觀」。

二　新約教會：聖靈的創造

1 聖靈：末世時代的特徵

在基督受死、復活、升天之後，在五旬節聖靈降臨的那一天，舊約先知所預言的、那彌賽亞末世救恩的時代，便正式開始了，而這也是新約教會的開始，因為聖靈是「末世時代」（eschatological age）的標記（賽四十四 3；結三十七 27）。使徒彼得當日被聖靈充滿，傳講耶穌時，引用了先知約珥的預言（珥二 28、29；徒二 17～21），指出這聖靈大能的降臨與澆灌，證明了猶太人所拒絕，和羅馬人所殺害的耶穌已經復活升天，並將從父所賜的聖靈澆灌下來，這耶穌正是父上帝所立的主基督（彌賽亞君王）。當日的講道帶領了三千人悔改歸主，也開始了二千多年的教會發展與普世宣教運動，這完全是聖靈大能的作為。這聖靈不單是主賜予教會的禮物（徒二 38），祂也是教會的創造主！

聖靈不單是那上帝賜予教會的屬天能力和幫助，祂本來就是那位有位格、有主權、有大能、有憐憫，並厚賜世人的至高三一上帝。祂自有永有，與聖父和聖子同尊同榮，並且在創造、管治、救贖等工作上，不斷與聖父、聖子同工配搭。其實，聖子耶穌在地上還未開始祂的彌賽亞工作之前，聖父就已差遣聖靈降在祂的身上，賜祂能力和智慧去完成父差祂來世的使命。作為彌賽亞所救贖的羣體，教會在五旬節那天，與基督一樣得著聖靈內住、能力和權柄，被差遣去完成天國的使命。使徒行傳記載，聖靈是上帝，祂賜教會能力，可以為主作見證（徒一 8），引領著教會的羣體生活（二 42～47，四 32～37）、設立領袖（二十 28）、訂立法令（十五 28）、行按手之禮（六 6，十三 2、3），印證教會的信息（五 32），並施行教會紀律（五 1～11）。這一切明顯的工作，使初期教會信徒更自覺、更認識自己就是上帝所呼召、在末世中為基督作見證的彌賽亞羣體。

使徒保羅在他的書信中，將聖靈的工作與上帝在末世中藉基督成就的救贖，緊緊連在一起。[1] 首先，保羅看基督的受死與復活，為宇宙「新創造」的開始（林後五 17）；其次，他認為，作為末後的亞當，基督的復活使祂與聖靈完全認同（林前十五 45；林後三 17）。這認同並不表示保羅混淆了聖子和聖靈的本體位格，乃是描述祂與聖靈在救贖工作上的合一；從此以後，信徒有基督的內住，就是有聖靈的內住（羅八 9、10）。換句話說，在基督復活升天之後，祂在地上的救贖工作，就是聖靈的工作。因此，若有人問：那帶著身體升到天上、榮耀的基督，如何與人同在？答案很簡單：藉著聖靈——那父上帝所差來、

1 參 Küng, *The Church*, 166～169。

永遠與信徒同在的「另一位保惠師」（another Paraclete；約十四 16、17、26、27；太二十八 20；弗三 16～17 等）。

保羅看聖靈在末世中的工作，可分為兩個階段：一、使人的內在生命得著重生和更新（約三 3～5；林後四 16～18）；二、使人的外顯生命得以復活、得著榮耀（腓三 20～21；林後五 1～4）。

這正好展示了保羅神學思想中兩個階段的末世結構，而新約信徒/教會正處於這個「已然—未然」的處境和張力之中。保羅在書信中稱聖靈為「初結果子」（first fruits；羅八 23）、「憑據」（deposit；林後一 22）和「印記」（seal；弗一 13），這些名詞都是表達教會信徒在末世當中，其生命被聖靈改變的兩個階段。這兩個階段之間有著密切的關係——信徒被聖靈重生，是末世的開始，也保證將來身體必然復活，就是末世救恩的完全實現。因此，這內住的聖靈，鼓勵信徒今天活在聖靈裏，有積極的生活和事奉，就是在患難困苦中，仍能持守信仰，有活潑的盼望。[2]

2 聖靈上帝：教會的創造主

聖靈是那創造世界、創造和建立教會的上帝！祂在教會之先，而教會也因祂而存活。祂是那按自己的旨意行事、有主權的上帝（約三 8）。不但如此，祂更是名副其實的「生命之靈」，因為地上一切生靈，包括人類的生命，都是聖靈的賜予（詩一○

2　參 Sinclair B. Ferguson, *The Holy Spirit* (Downers Grove: IVP, 1996), 176～186。

四 30）。然而，由於亞當的罪使全人類都成為罪人，以致不得進入上帝的國度（或稱永生）。自從先祖犯罪以後，人類的生命就有雙重問題：

1. 屬地／血氣的（創二 7；林前十五 45a）；
2. 屬罪／肉體的（羅七 14b；加五 19 ～ 21）。

人若要進入上帝的國，就必須藉著聖靈雙重的工作，一方面是內在生命的更新，也就是「重生」（約三 3 ～ 5）；另一方面就是外顯生命的更新，也就是「身體復活」（林前十五 50 ～ 57）。

問題一：為何人必須重生？

回答：因為人若非靠聖靈，就不能稱耶穌為主（林前十二 3），而人若不稱耶穌為主，就不能得救／進天國（羅十 9）。

問題二：為何人必須身體復活？

回答：因為要進入榮耀的新天新地，人必須有榮耀的身體，否則不能適應！連耶穌也是在身體復活以後，才能進「天堂」與聖父一同掌權（來八 1、2，九 11、12、24、25）。由此可見，教會就是一羣藉著聖靈重生、尊耶穌為主、活在聖靈中，並盼望身體復活的上帝國子民。因此，作為教會的羣體，他們是「聖靈的創造」（the creation of the Spirit）。當然，人若要藉著聖靈重生，必須先相信福音真道（太十三 1 ～ 23；雅一 18；彼前一 23 ～ 25；約一 1 ～ 16；羅一 13 ～ 17）。由此可見，聖靈與聖道二者乃互相配合，就如聖子與聖靈在救恩的工作上是互相配搭一樣。

救恩的工作，一方面是聖子道成肉身、受死復活、升天再來，在歷史中所成就的工作（historical accomplishment）；另一方面，也須藉福音的宣講、聖靈的感動、光照、更新、建立，榮耀的復活實施在信徒的身上（personal application）。而教會就是建立在這兩個層面的救恩基礎上。因此，教會羣體在歷史進程中，從開始到末了，無論是生命的更新建造，抑或是到最終在上帝國裏復活得榮耀，都完全是聖靈大能的工作，祂是教會的創造主！

三　舊約時代中的聖殿

1 歷史的回顧

先祖亞當和夏娃在伊甸園裏與上帝同行、同工，領受上帝的供應、話語和使命。若「聖殿」是神人同在相會的地方，對先祖來說，這伊甸園就像聖殿一樣。

很不幸地，先祖違命，吃了上帝吩咐他們不可吃的分別善惡樹的果子，引致他們與上帝、與人、與大地的關係破裂，不單要面對罪所帶來的咒詛（創三 16～19），並且被上帝逐出伊甸園，離開上帝的面，不得吃生命樹的果子（創三 22～24），也不能完成治理大地的使命（創一 26～28）。

然而，上帝的恩典並沒有離開人。首先，上帝並沒有即時審判先祖——亞當、夏娃並沒有立刻死亡，仍然存活；並且上帝主動賜予他們「女人後裔」的救贖應許（創三15），又給他們皮衣穿，為他們遮蓋罪所帶來的羞恥（創三7、21）。在使命方面，上帝又在往後的人類歷史中，多次藉祂的子民——挪亞、亞伯拉罕、以撒、雅各和以色列民族——重申這使命，顯出祂對人類的寬容忍耐。一如所料，在歷史中，以色列選民失敗了，不能完成上帝所交託予他們見證上主、治理全地的使命。但慈愛信實的上帝並沒有放棄，仍然透過歷史完成救贖！

2 伊甸聖殿的失落與重建

A. 伊甸園是個聖殿？亞當是祭司？

從表面現象來看，答案應該是否定的，因為一個園子與一座聖殿建築物，似乎是風馬牛不相及，很難相提並論，而亞當也從來沒有被委任為祭司。然而，與這問題有關的聖經神學課題研究，在過去三十多年，受到一些北美福音派學者的重視，並且有相關課題的書籍出版。[3]

對聖經學者畢爾（G.K. Beale）來說，以上問題的答案應該是肯定的。他認為，從創世記二至三章的記載，和整本聖經的啟示來看，伊甸園確是一個「聖殿」。原因何在？以下是一些支

---

3 較為重要的著作有：Beale, *The Temple and the Church's Mission*；G.K. Beale, *A New Testament Biblical Theology* (Grand Rapids: Baker, 2011)；T.D. Alexander, *From Eden to the New Jerusalem* (Grand Rapids: Kregel Inc., 2009)；Edmund P. Clowney, "The Final Temple," *Westminster Theological Journal* 35 (1972): 156～189；William J. Dumbrell, *The End of the Beginning: Revelation 21～22 and the Old Testament* (Homebush West: Lancer, 1985) 等。

持「伊甸園是一個聖殿」的重要線索：[4]

- 舊約的會幕和聖殿是神人相會之處。亞當在伊甸園中與上帝同行、相會、交通。創世記三章 8 節記載耶和華上帝在園中行走，而摩西律法，如：利未記二十六章 12 節及申命記二十三章 14 節等經文，描述上帝在會幕中與子民同在，在他們中間行走，是同樣地表達了「聖殿」之最大特徵——神人同在同行。
- 亞當在園中有祭司的責任：創世記二章 15 節記載上帝將亞當放在園中，使他修理、看守。「修理」一詞有服事的意思，常用以描述祭司在殿中的事奉，而「看守」就是守護之意，常用以表達祭司守護聖殿，不准不潔之物進入，免得污穢聖殿（參民三 7～8，八 25～26）。
- 伊甸園中的生命樹，有可能是聖殿中至聖所的金燈臺的模式。
- 以色列後期的聖殿，在木刻的裝飾上有園景的圖案，可能是反映起初的伊甸園（王上六 18、29～35，七 18～20）。
- 伊甸園的入口面向東邊及座落在山上（創三 24；結二十八 14、16）；這與以色列的聖殿和以西結的聖殿異象是一樣的（出十五 17；結四十 6）。
- 從伊甸園出來有一條河，這與被擄後的聖殿，和末日聖殿的情況，也是相類似的（結四十七 1～12；啟二十二 1～2）。這當然也配合了詩人用河流，去描述以色列的聖殿和上帝豐

4　參 Beale, *A New Testament Biblical Theology*, 617～622。

富的供應（詩三十六 8～9）。

- 伊甸園的三重結構：「上帝的居所—園子—世界」，與聖殿的三重結構：「至聖所—聖所—外院」前後平行呼應，反映了伊甸園像是一個以上帝的居所為中心的聖殿。
- 在以西結書二十八章 12 至 19 節，先知對亞當所說的預言中，提到伊甸園、聖山、聖所，和亞當的祭司服飾（參出二十八 17～21），都指向一個意思：伊甸園是一個聖殿，而亞當則是在其中服事的祭司！

B. 從小聖殿到大聖殿：人類的使命

從上述的線索來看，伊甸園確實有「聖殿」的特徵，而亞當在伊甸園中也確有「祭司」的功能。在以下的論述中，我們會從聖經的歷史啟示，去說明一件事情，就是上帝「起初的創造」（創一～三章）和「末後的新創造」（啟二十一～二十二章），是貫通和有連續性的。二者皆為神人同在的聖殿，而亞當與基督（末後的亞當）都領受了上帝給予他們「君王」的使命——「治理全地」，因此亞當和基督均有君王和祭司的雙重職分。創世記一章 28 節記載上帝賜予亞當的祝福與使命：

> 上帝賜福給他們，上帝對他們說：「要生養眾多，遍滿這地，治理它；要管理海裏的魚、天空的鳥和地上各樣活動的生物。」

這使命所涵蓋的，是亞當有責任將伊甸園的範圍擴大，直到有上帝同在的「聖殿」的範圍遍達全地。這當然不是亞當和夏娃兩人可以完成的使命，而必須藉著他們未來的後裔，代代相傳的努力不懈，方能作成。然而，亞當犯罪，被逐出園子，失去在「聖殿」中的祭司職分，而人類也因此陷在罪中。挪亞洪水之後，上帝重申祂對人類的信實、慈愛和普世恩典（創八 20～22，九 9～17），更新祂賜予人類的使命（創九 1～7）；可惜挪亞一家仍然違命，未能忠於所託。而後來的巴別塔事件（創十一 1～9），更顯出人的驕傲與反叛，以致再惹動上帝的忿怒，被上帝審判，使全人類口音變亂，分散全地。

就當人類落在如此絕境中，上帝以祂的慈愛恩典，主動呼召亞伯拉罕和他的後裔，至終差遣聖子耶穌道成肉身，來到地上，重建那已失去了的、神人同在的聖殿（創十一 10～十二 3；出三 1～22；約一 1～18）。

以賽亞先知在異象中，預告那未來、榮耀的新天新地，就描繪了一幅很美麗的圖畫：

> 野狼必與小綿羊同住，豹子與小山羊同臥；少壯獅子、牛犢和肥畜同群；孩童要牽引牠們。牛必與熊同食，牛犢與小熊同臥；獅子與牛一樣吃草。吃奶的嬰孩在虺蛇的洞口玩耍，斷奶的幼兒必按手在毒蛇的穴上。在我聖山各處，牠們都不傷人，不害物；因為認識耶和華的知識要遍滿全地，好像水充滿海洋一般。（賽十一 6～9）

先知要告訴我們，伊甸園「小聖殿」的範圍，將來會擴展至全地都有上帝的同在；而這擴大了的聖殿，將會是一個新的天地（啟二十一1～二十二5）。當我們如此理解上帝所賜亞當的使命、人類的犯罪墮落，和上帝對人的救贖旨意時，我們就可以明白，啟示錄二十一至二十二章所描繪的榮耀異象，看似三幅不同的圖畫：（1）新天新地（二十一1～8）、（2）聖城耶路撒冷（二十一2、9～27）、（3）新伊甸園（二十二1～5），其實都是指向同一個終極現實，就是在基督裏，藉著聖靈，上帝為祂子民所要建立的，其實是一個涵蓋天地的新創造，又是聖城耶路撒冷，又是新伊甸園，三幅圖畫結合的一個「聖殿」！[5]（這方面較詳細的討論，請參閱本章最後部分）

3 舊約應許中的聖殿：從亞伯拉罕到以色列

A. 先祖：亞當使命的傳承

巴別塔之後，耶和華呼召先祖亞伯拉罕，吩咐他離開本族本家，往上帝要他去的地方。上帝應許賜福給他，使他的後裔極其繁多，並且地上萬族都要因他得福(創十二2～3，十七2、6、8，二十二17～18)。這是上帝主動與人訂立恩典之約，並開始把起初交給亞當的使命，傳予先祖的歷史行動。其後，以撒也繼承了這「生養—治理」的使命（創二十六2～4、24)；而第三代先祖雅各也蒙上帝恩待，在人生的不同階段，承受了這使命（創二十八3、4、13～14，三十五11～12，四十七27)。

先祖們領受耶和華的祝福與使命，有以下相同的經歷：

5 參 Dumbrell, *The End of the Beginning*, 37～76。

- 上帝向他們顯現；
- 他們支搭帳棚；
- 他們築壇，求告敬拜上帝；
- 他們為那地起名(如：伯特利=上帝的殿；創二十八 10 ～ 19)。

先祖們築壇和敬拜的行動，使日後成為以色列的迦南地到處有不少的聖壇。這些小型聖壇皆指向那後來以色列的會幕和聖殿。

雅各以後，以色列民在埃及地居住了四百多年，「生養眾多，並且繁茂，極其強盛，滿了那地」(出一 7)。這正是上帝對亞伯拉罕應許的初步實現(參詩一○七 38；賽五十一 2)。

B. 會幕與聖殿：上帝同在的聖所

以色列人出埃及以後，上帝吩咐他們建造會幕，這與其後在耶路撒冷的聖殿一樣，都是伊甸園「聖殿」的延續和重建。曠野的會幕和耶路撒冷的聖殿在結構、功能，和象徵意義上，都十分相似，也都是耶和華與子民同在的場所。[6]

(i) 會幕

耶和華上帝從埃及地領以色列人到西奈曠野，立他們作自

---

6 參 Merrill C. Tenney, ed., *The Zondervan Pictorial Encyclopaedia of the Bible*, vol. 5 (Grand Rapids: Zondervan, 1976), 572 ～ 583, 622 ～ 634；David N. Freedman, ed., *The Anchor Bible Dictionary*, vol.6 (New York: Doubleday, 1992), 292 ～ 300, 350 ～ 369。

己的子民，並彰顯祂的同在（出十九1～6、11、17～18）。上帝又吩咐他們要建造會幕（出二十五～三十一章）作上帝的居所，因為上帝的同在，是上帝的子民最重要的標記（出三十三15、16）。會幕也是他們敬拜上帝和獻祭贖罪的地方。當會幕建成立起後，上帝的榮光就充滿了帳幕，充分顯出上帝以會幕為祂的居所（出四十34～38）。上帝的同在是以色列民的祝福，但這同在也可以帶來上帝的審判，包括人因得罪上帝而死亡的可能（出十九21，二十八35、43，三十三20等）。

(ii) 聖殿

所羅門王為上帝建造聖殿（代下二～五章），這聖殿的功能與會幕相似。當以色列人完成聖殿的建造，將聖殿獻上給上帝的時候，上帝的榮光就充滿了殿(代下五13～六2，七1～3)，顯明上帝與祂的子民同住。

問題：耶和華居於地上的聖殿中，又將自己的名立於這殿（王下二十三27；代下三十三7)，與祂居於天上的聖所，並於天上垂聽禱告(王上八30、32、34)，兩者有沒有矛盾呢？

回答：沒有！因為上帝是超越的（transcendent），也是內住的（immanent），二者並存。同樣地，上帝是無處不在的，但在舊約時代，祂在聖殿和祂的子民中，也有特殊的同在。這二者是並存的，並不矛盾。

最終來說，以色列的聖殿是上帝設計，卻又藉著子民建造，是上帝在地與人同住之所在，卻又只是暫時而非永恆的。論到聖殿，詩人說，上帝「蓋造他的聖所，好像高峯，又像他建立永存之地」(詩七十八 69)；意思是：上帝所設計在地上的聖殿，乃是天地的小模型。好像是在預告未來的新天新地，將是那終極的神人同住的聖殿！

與此配合的經文是以賽亞書六十六章 1 節，上帝藉先知宣告說：

> 天是我的座位；地是我的腳凳。你們能為我造怎樣的殿宇呢？哪裏是我安歇的地方呢？

上帝告訴子民，小小的聖殿絕非上帝永恆的居所。它與伊甸園一樣，皆指向一個更大、更永恆的、上帝與人同在的聖殿，就是那將會更新的天地，就是那上帝與人永遠同在的榮耀居所(啟二十一 3；帖前四 15～16)。

由此可見，地上的聖殿只是上帝天上聖殿、亦即天堂的一個小模型，一個影兒(來八 5，九 1～11、23～24，四 1、11～13)。這天上的聖殿將來會從天降臨(啟二十一 2～3)，而這神人同在的聖殿將會充滿整個大地(啟二十一 22，二十二 5)。

問題：若是這樣，舊約以色列的聖殿，除了指向那更大的聖殿之外，還有何意義呢？

回答：它代表上帝的同在、信實和恩典，鼓勵選民作上帝忠心的見證人。再者，聖殿提醒選民，上帝給了他們治理全地的使命（創一28），因此他們有責任將上帝「聖殿」的範圍不斷擴闊，以至遍及全地。這涵蓋全地的國度，也是以色列先知們的異象和遠象（賽五十四2～3；但二34～35、44～45）。

C. 上帝同在的其他形式

(i) 雲彩

在西奈山，主耶和華在雲中降臨，和摩西一同站立，宣告祂自己的名字（出三十四5～7）。所羅門王在獻殿時，將約櫃運送入聖殿後，有雲與榮光充滿聖殿；王並且說：「耶和華曾說，祂必住在黑雲中；我已經建造殿宇作你的居所，為你永遠的住處。」（王上八10～13；作者自譯）

以雲彩作為上帝同在的形式源於西奈山，在其後的歷史啟示中，上帝常以此形式向人顯現。出埃及記四十章34至38節記載，在西奈曠野，會幕立起之日，雲彩遮蓋會幕，並停在其上，顯示上帝的同在。當雲彩從帳幕收上去，以色列人就起程前行；雲彩若停留，以色列人就不起程。如此，雲彩成了選民日間分辨上帝帶領的方法；至於在夜間，則有火柱引導選民的旅程（民九15～22）。

(ii) 榮光

榮光可以直接等同上帝的同在（詩二十六8；出二十九43，三十三18～23；民十六19；結八4，十18、19等）。榮光也常與雲彩連在一起（出十六10，二十四16、17），特別是與聖殿有關的事件（王上八 11；出四十 35；代下七 1～3；結十 4 等）。在新約聖經，雲彩出現的次數不多，其中包括耶穌登山變像（太十七 5）、耶穌升天（徒一 9），和論及以色列人過紅海（林前十 1～2）等事迹。其實，在描述上帝的同在時，新約作者們多以聖靈為主要媒介；這是很自然的，因為新約教會的時代常被稱為「聖靈的時代」。

(iii) 上帝的靈

雖然在舊約時代，上帝的靈只是間歇性地幫助一些個別領袖，給他們恩賜與能力去事奉上帝，但聖靈在創造和救贖工作上的角色，是非常明確的。[7] 以下是一些論及上帝藉祂的靈與人同在的經文：

- **詩篇一三九篇 7 節：**詩人說：「我往哪裏去躲避你的靈？我往哪裏逃，躲避你的面？」表達了上帝的靈就是上帝的同在，因為靈就是上帝，祂無所不在。
- **詩篇五十一篇 1 節：**上帝若從詩人收回祂的聖靈，就是收回祂的同在。
- **詩篇一〇四篇 30 節：**上帝的靈創造及更新一切有生命的受造物，祂在這方面的工作超越有形的聖殿！
- **以賽亞書六十三章 7 至 15 節：**先知回顧出埃及事件，上帝如何拯救和看顧百姓，並與他們一同受苦。在整個過程中，先

7 參陳若愚：《基督、聖靈與救贖：基督教要義導覽》（香港：基道出版社，2010），頁 312～321。

知看見有位格的聖靈的工作，包括擔憂、臨在、使百姓得安息（10～11、14 節）。

- **以賽亞書三十二章 15 節，四十四章 3 節：**先知前瞻在末世上帝子民被重建時，聖靈將澆灌大地，使人的生命得著滋潤和滿足。
- **以賽亞書四章 2 至 5 節：**先知用出埃及事件，展望未來末世的榮耀；他將聖靈、雲彩和榮光等上帝同在的特徵結合，構成一幅美麗的圖畫。
- **哈該書二章 2 至 7 節：**先知鼓勵聖殿的重建者，要他們剛強，因為上帝會按祂在西奈的應許，藉著聖靈與他們同在，並且上帝要使萬國的珍寶都運來，使這殿充滿榮耀。
- **尼希米記九章 19 至 20 節：**尼希米回顧上帝在曠野藉雲柱、火柱引領子民，並賜下聖靈教導他們。

從以上經文可見，從出埃及到先知時代，聖靈的工作包括上帝同在所帶來的拯救、引導、生命的創造更新、餵養等。這些都與上帝的子民和聖殿有關，但也超越聖殿的建築物範圍。此外，聖靈的工作也與雲彩和榮光相連（結十一 16～24）。上帝的同在、上帝的靈和上帝的榮光，彼此連結。此外，這「同在」雖與聖殿有關，但卻不受有形的聖殿所規限，因為上帝應許子民，將來要把他們從被擄之地領回以色列地（17～20 節）。即使子民在列邦中，上帝還以自己暫時作為他們的聖所，而上帝的靈和榮光，也將與被擄到巴比倫的子民同在（16、22～24 節）。由此可見，上帝與子民的同在，無論是在本土，還是被擄之地，主要是藉著聖靈，而不是受有形的聖殿所規限。如此的發展方向，正好為新約時代，以基督和教會作為聖殿的啟示鋪路。這發展也預備上帝子民的心，去接受先知「末世聖殿預言」的實現。

D. 舊約先知的聖殿預言

(i)選民的失敗與上帝的憐憫

由於以色列選民的失敗，沒有忠於見證上帝榮耀的使命（出十九 3～6；賽四十二 6，四十九 6），反倒自高自大，行事為人往往與他們作為聖民的身分，和他們在聖殿中的敬拜相矛盾，因此惹動上帝的忿怒（耶七 4、8～11、23～24、32～34）。上帝藉外邦人的手管教他們，將他們擄去。以色列人背叛上帝，破壞上帝的律法典章，被上帝管教責罰，罪有應得。但上帝藉與亞伯拉罕所立「恩典之約」，並沒有離開他們，正如以賽亞先知所言：

> 「我的怒氣漲溢，頃刻之間向你掩面，卻要以永遠的慈愛憐恤你。」這是耶和華你的救贖主說的。「這事在我好像挪亞的洪水，我怎樣起誓不再使挪亞的洪水漫過遍地，我也照樣起誓不再向你發怒，也不斥責你。大山可以挪開，小山可以遷移，但我的慈愛必不離開你，我平安的約也不遷移。」這是憐恤你的耶和華說的。（賽五十四 8～10）

可見上帝的慈愛和憐憫，超越人的罪惡與刑罰，因此，上帝所應許的彌賽亞，必會來臨，藉十架實現那「恩典之約」。[8] 而在基督來臨以先，舊約先知早已預言，這應許在末世中必然實現。

(ii) 先知的末世預言

先知的末世預言，應許上帝藉著基督的來臨、聖靈的澆灌，帶來祂的子民的重建，這重建有以下的特色：

> 以色列人將會得著復興，外邦人也會蒙福（賽三十二15，四十四3）。
>
> 上帝會洗淨他們一切的罪污，並且有聖靈賜他們新心和新生命，使他們能真正地過順服和榮耀上帝的生活（結三十六25～27，三十七14）。
>
> 因著聖靈的澆灌，上帝會親自與子民同在，向他們仰臉（結三十九28～29）。
>
> 上帝會與祂子民的仇敵為敵，而子民也將會為被釘的彌賽亞哀傷（亞十二9～10）。
>
> 聖靈的澆灌帶來先知的恩賜、神蹟奇事，和救恩的臨到。這是一個上帝與人立的新約，藉此子民可以得到完全的赦罪，擁有新的生命、新的關係，和新的生活。
>
> 這是一個神人同在的居所，一個永恆的聖殿（結三十七27～28）。

---

8 有關恩典之約與律法之約的關係，請參閱本書第二章。

新約時代的基督與祂的子民（教會），就是這些先知預言的應驗，是新約末世時代「聖靈的殿」！[9]

四　新約時代中的聖殿

1 基督是聖靈的殿

A. 約翰福音二章 14 至 22 節

耶穌在耶路撒冷潔淨聖殿，將買賣牛羊和兌換銀錢者從聖殿中趕出去，直接挑戰當時的猶太宗教領袖，引起以下一段對話：

> 因此猶太人問他：「你能顯甚麼神蹟給我們看，表明你可以做這些事呢？」耶穌回答他們說：「你們拆毀這殿，我三日內要把它重建。」猶太人說：「這殿造了四十六年，你三日內就能重建嗎？」但耶穌所說的殿是指他的身體。所以他從死人中復活以後，門徒想起他曾說過這事，就信了聖經和耶穌所說的話。（18～22 節）

猶太領袖要求耶穌顯神蹟，其實是要質問祂，祂憑甚麼權柄潔淨聖殿。耶穌回答說，他們拆毀聖殿，祂可以三天內重建。他們的回應表達了他們對耶穌的言論所存的懷疑。希律王花了四十六年才建成的殿，耶穌怎可能三天內重建！作者的

9　參 J.R. Green, "The Spirit in the Temple: Bridging the Gap Between OT Absence and NT Assumption," *JETS* 55 (2012): 717～742。

解釋是：耶穌所指的是祂自己的身體將要死而復活。作者又指出，當時的門徒，也是在耶穌復活後才想起這話，並相信聖經和耶穌所說的。

新約學者畢爾正確地指出，耶穌這句話有雙重的意思：[10]

1. 舊約時代以色列的聖殿和敬拜，在基督裏將會被取代，因為基督死而復活，完成救贖，是新約聖殿的建立，為祂的子民帶來新的敬拜、信仰與生活。
2. 基督的身體就是神人同在的聖殿（以馬內利），這殿在祂被釘十架時被拆毀了，但在祂復活後，這殿得以重建。馬可福音十五章 39 節記載了百夫長的驚歎：「這人真是上帝的兒子！」可以算是這重建工作的初步實現。

毫無疑問，耶穌這句話的重點，是指出祂自己的身體本身就是聖殿，特別是那被聖靈復活的身體會大大彰顯上帝的榮耀（林前十五 42 ～ 49；啟二十一 22）；而信徒的身體，因著與耶穌聯合，也成了聖靈的殿（林前三 16，六 19）。

基督藉著身體復活帶來一個新的聖殿，正實現了一些舊約先知的預言，就是：彌賽亞將在榮耀中掌王權，建造耶和華的殿（亞六 12 ～ 13）；又如：大衛的子孫將永遠治理建立上帝的家（撒上七 12、13）。其實，上帝在舊約中的應許，無論是藉摩西律法、先知預言、人物制度所頒布的，都在基督裏實現了（林後

---

10 參 Beale, *The Temple and the Church's Mission*, 192 ～ 200。

一 20）。當然，基督作為真正的聖殿，更明確地實現了舊約的會幕與聖殿的本質，因為藉著祂，「神人同在」得以完全地實現了！

其實，這新舊交替的歷史進程，在約翰福音二章迦拿婚筵和潔淨聖殿兩個事件中，經已啟示出來。前者帶出了酒和水的對比，象徵上帝國度的榮美豐盛（摩九 11 ～ 14），取代了在本質上只屬暫時性與無能的律法（來十 1 ～ 13；羅七 7 ～ 25）。舊約聖殿的敬拜，也被新時代基督復活所帶來的真敬拜所取代；正如基督對撒瑪利亞婦人所言，新時代的敬拜是在「聖靈」和「真理」中的敬拜（約四 21 ～ 24），其關鍵在於基督的復活，因為「聖靈」是在基督復活後降臨的（約二十 20 ～ 23；徒二 32 ～ 33），而「真理」不單是從基督而來（約一 17），基督本身就是真理（約一 1 ～ 3，十四 6）！[11]

總的來說，基督復活的身體就是那新時代的聖殿。祂並不是「好像聖殿」（將聖殿看為只是一個對照基督的比喻），祂本身就是「聖殿」！在新約時代，人要認識上帝，享受與上帝同在的福樂，不再需要前往耶路撒冷，或是任何所謂的「聖地」，或是期待將來在聖地所要建築的聖殿，乃是要相信耶穌，單單的信靠祂（約二 11、22，三 15、16）。正如克羅尼教授（Edmund P. Clowney）所言：「以色列的盼望是⋯⋯上帝在耶穌基督裏的豐盛⋯⋯沒有人能立別的根基：耶穌基督是那真正的、終極的聖殿。」[12] 換句話說，作為末後的亞當和真以色列，基督成全了

第
1
章

11 參 Herman N. Ridderbos, *The Gospel of John: A Theological Commentary* (Grand Rapids: Eerdmans, 1997), 120 ～ 121。

12 參 Clowney, “The Final Temple,” 189。

亞當從上帝所領受的使命（創一26～28），也實現了上帝透過舊約先知所宣告的應許，和以色列會幕及聖殿所指向的末世聖殿（the eschatological temple）。

B. 約翰福音一章14節

既然在舊約時代，上帝的同在藏於會幕及聖殿的至聖所內，那麼，這「同在」今天又如何來到這個世界呢？

使徒約翰的答案是：

> 道成了肉身，住在我們中間，充充滿滿地有恩典有真理。我們也見過他的榮光，正是父獨生子的榮光。

「道」代表三一上帝的第二位聖子的身分，而「肉身」（flesh）則表達了人作為受造者，有別於創造主的身分，其本身並不包含罪性；因此，肉身可以向世人顯明上帝的榮耀。

道成為人，表達了耶穌基督與世人認同，有完全的人性（full humanity），與祂的完全神性（full deity）結合，而為一個位格（one person）；祂住在（tabernacied=支搭會幕）人間，實現了舊約上帝同在的應許。祂一生成全律法，與世人認同，並為他們承擔罪孽，死在十架上。然而，當祂在聖靈裏復活後，就成為一個榮耀的新「聖殿」，並且藉著聖靈將人帶進至聖所，與神相交（來十19～25）。[13]

---

13 參 Ridderbos, *The Gospel of John*, 48～55。

C. 約翰福音二章 51 節

耶穌對拿但業說：「你們將要看見天開了，上帝的使者上去下來在人子身上。」這宣告不單接受了拿但業對祂是彌賽亞的認信，並且預告祂自己就是那連接天地的人子，那將上帝的同在帶到人間的聖殿。在此祂引用了創世記二十八章 11 至 16 節，即雅各與上帝相遇的經歷，來啟示基督就是那伯特利小聖殿的實現，是那新耶路撒冷末世聖殿的建設者，而門徒將會見證天國的能力在耶穌身上彰顯，並且要藉著祂，在聖靈和真理中經歷末世的敬拜（約四 21 ～ 26）。

耶穌在雅各井旁告訴撒瑪利亞婦人，祂可以賜她活水，滿足她的乾渴，因為：

> 凡喝這水的還要再渴；人若喝我所賜的水就永遠不渴。我所賜的水要在他裏頭成為泉源，直湧到永生。（約四 13 ～ 14）

舊約詩人表達了人心中對上帝的渴求（詩四十二 1），而先知則呼召生命乾渴的人到上帝面前來得救恩、得飽足（賽五十五 11 ～ 13），因為耶和華是生命和活水的泉源（詩三十六 9；耶二 13），而耶穌就是這一切舊約應許的實現者，因為祂是父所差來的彌賽亞，藉死和復活帶給我們豐盛的生命，使人能有真正的滿足。

先知以西結預言，在末日新伊甸園聖殿的門檻下，有水流出，引到生命河（結四十七 1 ～ 12），這預言在新天新地中將完全實現（啟二十二 1～2，二十一 22）。而基督作為聖殿，已成就那叫人生命得滿足的救贖。祂所賜予人的活水，要在人的生命裏成為泉源，直湧到永生！

D. 約翰福音七章 37 至 39 節

耶穌呼召一切口渴的人，到祂那裏得水喝，藉信心得著生命的滿足；「從他腹中要流出活水的江河來」（38 節）。信徒從耶穌那裏得活水，這活水也會湧流出來，請留意：

- 活水的源頭是聖殿的至聖所，就是上帝的居所（結四十七 1）。
- 39 節解釋這活水是耶穌在五旬節所要賜給信徒的（徒二 32～38）；而約翰福音二十章 22 節也展示了耶穌才是那賜聖靈者。可見，耶穌作為末世的聖殿，是那活水江河的源頭。
- 藉這活水江河，信的人得著生命的滿足，也能惠及他人，使他人得滿足。

2 新約教會是「聖靈的殿」

A. 基督、聖靈與新約子民

作為父上帝所差遣的彌賽亞，基督在受洗時得著聖靈的內住和充滿，完成天國救贖工作；其後復活升天、被聖靈改變更新，賜下聖靈予新約教會（徒二 32～38），並應許信眾將來在聖靈裏有復活的榮耀（腓三 20～21）。

作為彌賽亞的羣體，教會藉聖靈與基督聯合，可以與祂同作聖靈的殿。聖靈是創造生命之主（創一 2；伯三十三 4；詩一○四 30），在舊約時代已顯出祂的能力和智慧，並賜諸般事奉恩賜，但其大能救贖工作，在五旬節聖靈降臨之後，就是先知們所預言的末世時代（徒二 17 ～ 21），才充分地顯明出來。

舊約先知預言彌賽亞的來臨，就早已預先看見，在祂身上將有耶和華所賜的聖靈，和聖靈所給予祂特殊的智慧、能力、公義、使命與敬虔（賽十一 2，四十二 1，四十八 16，六十一 1）。這聖靈也將會帶來大地的豐足（賽三十二 15，四十四 3 ～ 5），以及上帝子民內在生命和道德的更新（結三十六 26 ～ 27），這更新是一個死而復活的生命（結三十七 1 ～ 14）。以西結書三十七章所描繪的骸骨復活的異象預言，在救恩歷史進程中，在三個不同階段中，逐步實現：

1. 以色列的回歸和重建；
2. 新約教會藉聖靈重生、更新、得能力；
3. 末日子民身體復活，與主同在。

這一切都是聖靈大能的作為（該二 5；亞四 6），因祂的慈愛與能力，彌賽亞子民得以重建（賽三十四 16，五十九 21；亞十二 10；珥二 28 ～ 29）；[14] 而這子民與彌賽亞聯合，同作聖靈的殿，始於五旬節聖靈的降臨。

14 參 Beale, *A New Testament Biblical Theology*, 559 ～ 565。

B. 五旬節：末世聖殿的開始

在五旬節那一天，上帝藉聖靈降臨在祂的子民當中，實現了上帝與人同在的應許，這是祂屬天會幕的臨在。使徒行傳二章所記載的歷史事件，不單是上帝親自向人顯現，更是天上聖殿延展至地上，是新約末世聖殿的開始，也是基督作為聖靈的殿的一個延續。這樣的構思，有舊約聖經的支持：[15]

- 使徒行傳二章 3 節的記載是西奈「聖殿」在末世時代的顯現：五旬節的響聲和舌頭的火焰（徒二 2、3），使人記起上帝在西奈曠野首次顯現的情景（出十九 16 ～ 18，二十四 17）。在舊約聖經中，以色列人在西奈山的聚集，常被描述為一個山上的「聖殿」，因此使徒行傳二章中相同的現象顯示，五旬節也是一個「聖殿」，是一個新約末世時代的「聖殿」。
- 五旬節舌頭如火焰，和其他舊約所載同類超自然現象，都是表達上帝從天上的聖殿降臨，向人顯現的情景（如：賽三十 27 ～ 30，五 24 ～ 25 等）。而猶太教的典籍也有同類的記載。
- 五旬節聖靈降臨，應驗了約珥書二章 28 至 29 節和以賽亞二章 2 至 3 節的預言：

15 參 Beale, *A New Testament Biblical Theology*, 592 ～ 613；G.K. Beale, "The Descent of the Eschatological Temple in the form of the Spirit at Pentecost–Part 1: The Clearest Evidence," *Tyndale Bulletin* 56, no.1 (2005): 73 ～ 99；G.K. Beale, "The Descent of the Eschatological Temple in the form of the Spirit at Pentecost–Part 2: Corroborating Evidence," *Tyndale Bulletin* 56, no.2 (2005): 63 ～ 90。

> 上帝說：在末後的日子，我要將我的靈澆灌凡有血氣的。你們的兒女要說預言；你們的少年人要見異象；老年人要做異夢。在那些日子，我要將我的靈澆灌我的僕人和使女，他們就要說預言。在天上，我要顯出奇事；在地下，我要顯出神蹟；有血、有火、有煙霧。日頭要變為黑暗，月亮要變為血；這都在主大而明顯的日子未到以前。到那時候，凡求告主名的，就必得救。（徒二 17 ～ 21）

- 這些先知預言，在末世萬民都要登耶和華聖殿的山，聽上帝的道，行上帝的路。這就是五旬節那天開始的末世聖殿。再者，聖靈帶來先知及其他恩賜，使所有上帝的子民皆有資格事奉，不像在舊約時代，事奉只是限於聖職人員在聖殿中的事奉。最後，約珥書二章和三章是相連的；由於三章 16、17、21 節預言上帝將從天上的聖殿出來，我們可以推論，使徒行傳二章引用約珥書二章 28 至 32 節所載，上帝藉聖靈的顯現，是出於上帝天上的聖殿。可見五旬節聖靈的降臨，是體現了「在聖殿中上帝的臨在」。
- 使徒行傳二章 1 至 40 節也多次引用其他舊約經文，而這些經文大部分都與聖殿有關，包括地上、天上，或末世的聖殿，包括：

使徒行傳經文	舊約經文	使徒行傳經文	舊約經文
二 2～3	代下七 1～3	二 30	詩一三二 11
二 32、33a	詩一一八 16	二 33、34	詩六十八 18
二 34、35	詩一一〇 1	二 36	詩二十 6a
二 39	賽五十七 19	二 21、39	珥二 32

- 以上的資料都支持一個看法：使徒行傳二章 1 至 40 節所描述的五旬節聖靈降臨的情況，是一個「聖殿」的情況。主耶穌基督從死裏復活、升天、坐著為王、賜下聖靈，並且藉聖靈建立祂的子民，這就是那末世中聖靈的殿。其實，基督的復活就是「新創造」的開始（林後五 14～17），而這新的創造就是末世的聖殿，這殿有其「已然」（already）和「未然」（not yet）的歷史時段，就是「新約教會」和「新天新地」這兩個「末世聖殿」的歷史階段，在地上逐步的實現！

C. 新約教會是聖靈的殿

(i) 舊約先知末世預言的應驗

a) 哥林多後書一章 20 至 22 節

自五旬節起，教會成為末世的聖殿，這是使徒保羅重要的信息。保羅並非說：你們「好像」聖殿，乃是說：「你們就是聖殿！」即是說，他將聖徒與聖殿完全等同。哥林多教會實現了舊約的聖殿應許（20 節），這些應許在基督、在信徒、在教會身上，都一一實現了，並且上帝用聖靈為印記，讓眾信徒得著印證。上帝賜下聖靈在他們心裏作憑據（21～22 節）。

b）以弗所書二章 19 至 22 節

> 這樣，你們不再做外人和客旅，是與聖徒同國，是上帝家裏的人了。並且被建造在使徒和先知的根基上，有基督耶穌自己為房角石，各房靠他聯絡得合式，漸漸成為主的聖殿，你們也靠他同被建造，成為上帝藉著聖靈居住的所在。

保羅在此進一步宣告，新約普世教會是那舊約先知所預言末世「聖靈的殿」，因為：

- 以弗所書二章 17 節應驗了以賽亞書五十七章 19 節的預言，指出「猶太人與外邦人在基督裏得以和好」，成為一個「新人」（15 節），超越一切民族國家的分界與怨仇（15～16 節），可以藉一個聖靈進到天父面前（18 節），並得以被建立成為一個聖靈的殿（19～22 節）。這聖殿乃是被建造在使徒和先知的根基上（20 節），有基督耶穌為房角石；而這聖殿中的每一塊石頭（參彼前二 5）在基督裏彼此配搭，同被建造，得以成長（21～22 節）。藉著「聖殿」和「身體」兩個隱喻的結合，保羅帶出了聖靈內住、生命成長、肢體配搭、羣體建立等重要真理。
- 以賽亞書五十七章 19 節預言以色列人的回歸，始於「猶太人與外邦人」一同信靠基督，得著真正以色列人的產業。13 至 15 節則論及以色列人歸回故土，是要居住在聖山上的殿，並有新的復活生命。而以賽亞書五十六章 3 至 8 節也提到，蒙救贖的猶太人和外邦人，將在末世一同在聖殿中敬拜上帝（參賽六十六 1、2；徒七 50）。可見在末世中，外邦人不再需要去到巴勒斯坦歸附以色列，乃是要歸到那真正的以色列，即是「基督」的名下（參賽五十六 6，六十六 18～21；來十二 18～24 等）。

c）小結

可見，保羅看教會是上帝藉聖靈居住的聖殿，這殿將會不斷成長，就像上帝吩咐亞當、夏娃在地上擴展伊甸園，直到全地充滿了上帝的子民和上帝的榮耀。這聖殿成長的使命，其後藉著基督從死裏復活，初步實現在新約教會中，並將在新天新地中完全的實現。[16]

（ii）教會是「聖靈的殿」的重大意義

a）教會的建造（林前三 1～17）

1 誰是建造者？（1～7 節）

使徒保羅責備哥林多人結黨紛爭（1～3 節），顯出他們的幼稚和不成熟，行事為人與聖徒的身分不符。他們有人甚至利用保羅、亞波羅等領袖的名義，作為結黨的工具（4 節），這引起保羅的回應和教導。

保羅明言，他與亞波羅只是上帝家的「執事」（*diakonos*），

---

16 參 Ronald Y.K. Fung, "Some Pauline Pictures of the Church," *Evangelical Quarterly* 53 (1981): 89～107；Beale, *The Temple and the Church's Mission*, 245～268。

即是僕人和服事者，只是按主所分派的，引領他們相信；並不是保羅或亞波羅自己作主，也不是為一己的利益而行事(5 節)。保羅又說，作為上帝家裏的僕人，就好像園子裏的園丁，角色很清楚：

> 我栽種了，亞波羅澆灌了，惟有上帝使它生長。可見，栽種的算不了甚麼，澆灌的也算不了甚麼；惟有上帝能使它生長。(6～7 節)

可見，利用保羅和亞波羅作為結黨的工具，是何等可笑的行為！使徒保羅知道自己的位分，只是栽種和澆灌的僕人，只有上帝才是建造者。使徒的謙卑，應成為今日教會領袖的榜樣。這也提醒我們要忠心事奉，將果效交託上帝，也將一切榮耀歸於上帝，不要歸於自己。

2 參與建造者的賞賜？(8～15 節)

使徒保羅繼續教導，領袖是栽種者和澆灌者，大家都有同一目標，就是建立教會，因為教會是一個園子，反映起初的伊甸園，那原始的聖殿；他們也是建造者，因為教會是殿，有基督為根基，而各人要參與建造，並且將來各人要按他所作的得賞賜(8～9 節)。而論到賞賜，保羅有以下的教導：

> 我照上帝所給我的恩，好像一個聰明的工頭立好了根基，有別人在上面建造，只是各人要謹慎怎樣在上面建

> 造。因為那已經立好的根基就是耶穌基督，此外沒有人能立別的根基。若有人用金、銀、寶石、草、木、禾稭在這根基上建造，各人的工程必然顯露；因為那日子要將它表明出來，有火發現，這火要試驗各人的工程怎樣。人在那根基上所建造的工程若存得住，他就要得賞賜；人的工程若被燒了，他就要受虧損，自己卻要得救，雖然得救，乃像從火裏經過的一樣。（10～15 節）

這段經文常被錯解為分別兩類的信徒：一類是忠心、努力、用貴重材料事奉者，他們將會得到賞賜，是「得勝」的聖徒；另一類則是不忠心，以「草木禾稭」事奉，「僅僅得救，卻不得勝」的信徒。這解釋錯將信徒勉強劃分為兩類（聖經沒有這樣的教導），也忽略了這段經文的前文後理，其實它承接上文，論及事奉者建造教會的工程是否能存到永遠。因此，其重點不在於分別兩類的信徒，而是分辨兩種工程！保羅是在此鼓勵事奉者用上好的材料建立教會，使建造的工程能夠永存。讓我進一步說明。

保羅稱教會為聖靈的殿（16～17 節），有基督為根基，而工人在上面所用的建築材料：「金銀寶石」抑「草木禾稭」，將會影響他們將來所得的賞賜。末日的火會燒毀一切草木禾稭所建造的工程（對照世上的智慧使人滅亡；參三 18～20，一 18～21），而金銀寶石的工程將會存留（對照在基督裏使人得救的智慧；參三 21～23；林前一 21～25；彼前一 23～27）。這樣，忠心的工人將會得到的賞賜是甚麼呢？就是他們所帶領的人有得救的生命！而不忠心的工人將蒙受損失，就是工程被燒毀——會眾沒有生命，即部分或全部不能得救。然而，事奉者自己會得救，但會像從火經過的一樣（三 15 下）。

這段經文的舊約背景是瑪拉基書三章 1 至 3 節及四章 1 節。先知預言主會進入祂的殿，用火燒盡一切行惡的人，並將善與惡、事奉上帝和不事奉上帝者，分別出來（瑪三 18）；經得起考驗者方能至終成為真正永恆的聖殿（啟二十一 1 ～二十二 5）。

此外，教會工人在根基上建造（三 10、12、14），暗示聖殿會有成長和擴展的前景（6、7 節），反映了上帝給予亞當、挪亞、先祖、選民的使命，就是擴充上帝的聖殿遍及全地（創一 28）。[17]

3 破壞教會者的結局（16 ～ 17 節）

保羅三次稱哥林多教會為「上帝的殿」，因為聖靈在他們裏面居住，並且他們是屬基督的（23 節）。這就是教會的身分。而由於教會是上帝的殿，是神聖的，因此若有人毀壞這殿，上帝必會審判他、毀壞他。這是上帝藉保羅警戒那些破壞教會合一的哥林多人，也是對歷代教會信徒的一個嚴重警戒（參林前十一 27 ～ 30）。

b）教會和信徒應有的生活方式

1 哥林多前書六章 18 至 20 節

保羅勸勉信徒遠避淫行，因為他們的身體是被主重價買贖

17 參 David E. Garland, *I Corinthian* (Grand Rapids: Baker, 2003), 104 ～ 121。

的，是聖靈的殿，所以應當反映上帝的榮耀，因為在末日，上帝的殿將完全反映上帝的榮耀（啟二十一 11），而一切不潔的將被拒諸門外（啟二十一 27）。

2 哥林多後書六章 16 至 18 節

使徒保羅在此對哥林多信徒的勸勉，其實是延續他在五章 15 至 17 節的教導，就是指出信徒既已在基督裏，與祂同死同復活，他們就是「新創造」的一部分（17 節），舊的時代已成過去，新的時代已經來臨。這是因為復活的基督與新約的教會，已經開始實現舊約聖殿所應許和預表的，成為「新的聖殿」，那末世中的「新創造」！

這段經文清楚指出，教會是那舊約先知所預言的、末世的聖殿。16 節引用了利未記二十六章 11 至 12 節，以及以西結書三十七章 26 至 27 節的末世應許，指出上帝與子民訂立永約，並應許與他們永遠同在，這在新約教會中實現了。17 節又引用以賽亞書五十二章 11 節，以及以西結書二十章 34、41 節的預言，帶出新約教會作為上帝的殿，應該分別為聖，就如被擄到巴比倫的以色列人，雖在異邦居住，卻有耶和華的同在，作為他們的聖殿，因此也應過聖潔的生活。18 節引用撒母耳記下七章 14 節，指出教會藉著聖子彌賽亞作上帝的兒女，與上帝建立了親密的父子關係，帶出了七章 1 節的結論：

> 親愛的弟兄啊，我們既有這等應許，就當潔淨自己，除去身體、靈魂一切的污穢，敬畏上帝，得以成聖。

這成聖的目標，是教會作為聖殿的身分應有的表現和努力的方向，也是藉聖靈不斷更新的結果（林後三 18）。[18]

c）聖徒生命的全面更新（林後四 16～五 10）

1 榮耀的身體？（五 1～5）

信徒在地上的身體至終將會朽壞，但他有身體復活的盼望，就是將來得以穿上這新的、上帝所建造的、永恆不朽的「房屋」；這房屋就是聖徒那復活的榮耀身體，這復活的身體就是新天新地——新聖殿——的一部分！但這榮耀的身體在今日的形態又是怎樣的呢？

2 每日的更新（四 16～18）

這今日的形態就是聖靈重生的生命，那是吞滅死亡的生命。16 節指出，信徒今天的外體（外面的人）會不斷的衰敗毀壞，但內心（裏面的人）卻一天新似一天，這內裏的更新是聖靈今日的工作，而聖靈的重生與更新，是信徒將來身體復活的憑據（五 5；羅八 23；弗一 13、14）。信徒面對今生的艱苦，不必喪膽，因為這些（比較上）至暫至輕的苦楚，會帶來極重無比永遠的榮耀（16～17 節）。這榮耀其實就是新約聖殿的榮耀，今天藉信徒內在的生命彰顯出來（林前六 19～20）；但這榮耀卻要待天地更新之日，才完全（包括身體）顯明（啟二十一 11～26）。

18 參 Clowney, "The Final Temple," 185～186。

3 今日的挑戰（林後五 6～10）

當然，這信徒內在的生命與能力，往往與苦難和軟弱並存。二者看來似乎有矛盾，卻不是真正的矛盾，因為上帝的能力，是在軟弱的人身上顯得完全；而瓦器雖然軟弱，卻藏著上帝的寶貝，就是聖靈與福音的大能與榮耀（林後四 7，十二 9～10）。要活出這軟弱中的剛強，信徒需要操練：行事為人憑信心、不憑眼見（7 節）；無懼死亡，視之為離開身體與主同在（6、7 節）；立志討主喜悅（9 節）；忠心事主，並隨時準備好向主交賬（10 節）。

D. 基督、教會與天堂

(i) 榮耀的基督進了天堂（來八～九章）

希伯來書闡釋基督的超越：祂超越天使、摩西、約書亞和利未祭司，因為祂藉十架設立了那更美的新約，取代了舊約；同時祂藉復活升天，進入天上的聖所（天堂），與父上帝一同掌權，並且被立為永遠的大祭司，取代了舊約的會幕/聖殿，正如作者所言：

> 我們所講的事，其中第一要緊的，就是我們有這樣的大祭司，已經坐在天上至大者寶座的右邊，在聖所，就是真帳幕裏，作執事；這帳幕是主所支的，不是人所支的。（來八 1～2）

這天上上帝的寶座所在之處，不單是皇宮，更是聖所，就是天上的會幕，作者稱為「真帳幕」，因為舊約的會幕只是它的形象和影兒（出二十五 40），那天上上帝的居所才是真的（來八 5，九 11、24），因為它實現了舊約那暫時、人手所建造、只在地上的聖所。這真的、永恆的聖所，有大祭司基督一次獻上，卻永遠有效的祭（來九 11～14）。[19]

今天，我們不需要盼望那舊約的聖殿可以在以色列地重建，也不必期待在以色列地再次獻上律法所設立的各樣的祭，因為基督已成全實現了一切舊約的制度與建築，包括獻祭、聖殿、嗎哪、君王、祭司等。正如希伯來書九章 11 至 12 節及 23 至 25 節所言：

> 但現在基督已經來到，作了將來美事的大祭司，經過那更大更全備的帳幕，不是人手所造，也不是屬乎這世界的；並且不用山羊和牛犢的血，乃用自己的血，只一次進入聖所，成了永遠贖罪的事。……照著天上樣式做的物件必須用這些祭物去潔淨；但那天上的本物自然當用更美的祭物去潔淨。因為基督並不是進了人手所造的聖所（這不過是真聖所的影像），乃是進了天堂，如今為我們顯在上帝面前；也不是多次將自己獻上，像那大祭司每年帶著牛羊的血（牛羊的血：原文作不是自己的血）進入聖所。[20]

19 參 Philip E. Hughes, *A Commentary on the Epistle to the Hebrews* (Grand Rapids: Eerdmans, 1979), 283～291。

20 參 Clowney, "The Final Temple," 182～183；Beale, *The Temple and the Church's*

第
1
章

復活升天的基督，今日在天上的聖所坐著為王，並且執行大祭司的職分。祂忠心的管治整個宇宙，也為祂的子民代求。這天上的聖所，就是三一上帝寶座所在之處，將會繼續在天上運作，直到有一天，基督重臨大地，將這天上的聖所帶到地上來。在這更新的大地上，將會有上帝和羔羊寶座的設立，並且三一真神將永遠與屬祂的人同在（啟二十一 2～3，二十二 3）；而這更新的宇宙將成為榮耀的聖所，上帝永恆的國度。

基督不單是那天上聖所的君王和祭司，祂也是那聖所中的「幔子」（來十 19、20）；藉著祂身體被釘流血，基督為祂的子民開了一條新的生命之路，可以進入聖所，使人與上帝直接交通相遇，不必再通過利未祭司的獻祭（可十五 29、38～39；來九 11、24）。這新的生命之路，引領我們進入基督復活所帶來的新聖殿（the new temple），也是一個新創造（a new creation；林後五 14～17；加六 15、16；西一 18；啟三 14）。

（ii）錫安山上的聖殿：新約教會的羣體（來十二 18～29）

這段經文對比了屬地和屬天的兩個聖殿：西奈山與錫安山。前者作為以色列民與上帝相遇的經歷，有火焰、密雲、黑暗、暴風、上帝的聲音，和死亡的威脅，使人極其懼怕。而後者作為新約教會的景象，有完全不同的描述，正如作者所言：

> 你們乃是來到錫安山，永生上帝的城邑，就是天上的耶

Mission, 295～298。

> 路撒冷。那裏有千萬的天使，有名錄在天上諸長子之會所共聚的總會，有審判眾人的上帝和被成全之義人的靈魂，並新約的中保耶穌，以及所灑的血；這血所説的比亞伯的血所説的更美。（來十二 22～24）

這是一幅屬天聖殿的圖畫！這裏有蒙救贖的教會羣體，有中保耶穌和祂的十架寶血，有千萬的天使和天上城邑的榮耀。這新約教會的描述，需要新約信徒用信心的眼睛去看，並且要留意上帝藉愛子所發出的警戒，正如以色列民要留意上帝藉摩西所發出的警戒一樣。何況愛子所帶來的新約，比那舊約更高超、更榮美，因此拒絕基督警戒的人，將會比拒絕摩西警戒的人，受更重的刑罰！

26 至 27 節引用哈該書二章 6 節，預言在末日主再來時，上帝會震動天地，並帶來末後的聖殿。這末後的聖殿將會比起初的聖殿有更大的榮耀，因為它是上帝那不能震動的國，是那更新的創造！請注意：先知哈該的預言沒有藉希律的聖殿應驗，因為希律的殿並不比所羅門的殿偉大；因此，這預言應就是指向那至終、至偉大的聖殿，就是新天新地！

最後，作者基於這新約聖殿的實在，勸勉讀者説：

> 所以我們既得了不能震動的國，就當感恩，照上帝所喜悦的，用虔誠、敬畏的心事奉上帝。因為我們的上帝乃是烈火。（來十二 28～29）

新約教會所領受的，是一個不能震動的、永恆榮耀的國度（參但二 31～35，44～45），因此，「感恩、虔誠、敬畏上帝、作守約的子民」是合宜的生活和事奉態度。而因為上帝是烈火（申四 24），祂的忿氣與審判會臨到那些拒絕基督用寶血所立恩典之約的人（來十 26～31）。

(iii) 教會即聖殿：信徒皆祭司

a) 希伯來書十一至十三章

希伯來書教導信徒應向上帝獻祭，並且同時表達了「信徒皆祭司」的事奉原理：以口頌讚的祭、行善和捐輸的祭（十三 15～16）；平安、聖潔、恩典的祭（十二 14～16）；信心和盼望的祭（十一 13～17）等。

b) 彼得前書二章 4 至 9 節

這是新約聖經中，有關教會是聖殿最清楚的啟示。使徒彼得指出主耶穌是那生命的石頭，被人所棄，卻被父上帝所揀選所寶貴的（4 節）。教會因著祂，就成為一個特別的羣體，正如作者直截了當的宣告：

> 你們來到主面前，也就像活石，被建造成為靈宮，作聖潔的祭司，藉著耶穌基督奉獻上帝所悅納的靈祭。（5 節）

因著基督，信徒不單成為有生命的石頭，也成為了聖靈的殿，並且作了聖潔的祭司，藉著基督奉獻上帝所悅納的靈祭！作為聖殿，教會不斷地被建造，也不斷地成長，因為信徒在基督裏是有生命的個體。而作為祭司，新約信徒不再需要一個特殊的祭司階級，像舊約以色列人一樣，乃是可以直接地來到上帝面前，獻上各種「聖靈的祭」(如：詩一一六 1；羅十二 1，十五 16；林後八 3～5；腓二 17，四 18；啟五 8 等)。這些祭是藉著基督、在聖靈裏獻上的，因此都是聖潔、蒙上帝悅納、榮耀上帝的。

教會是末世的聖殿和祭司，而基督就是這殿的房角石和根基，信祂的人必不致羞愧(6 節；引自賽二十八 16)，但對於不信的人，這石頭就成了絆腳石(7～8 節；引自詩一一八 22；賽八 14)。他們如此絆跌，也是上帝在祂主權中所預定的(參弗一 4；彼後二 3；猶 4；徒十三 48；羅八 29～30，九 14～24 等)。

教會的身分與使命，在二章 9 節有更清晰的表達。使徒彼得告訴讀者，他們作為上帝所揀選的民族，乃是有君尊的祭司、聖潔的國度、上帝的寶貝子民，存在的目的並非單為享受上帝恩典，乃是要宣揚上帝的榮美和榮耀(參彼前三 14～15；賽八 12～14)。教會是上帝在舊約時代所應許，在末世時代要實現的(出十九 5～6；賽四十三 21；瑪三 17；啟一 6，五 10)，而這實現的形式，乃是一座聖殿。

c) 聖殿崇拜的祝禱(來十三 20～21)

希伯來書作者最後為讀者獻上的禱求，是一個牧者為信眾在殿中獻上的祭，也為這封書信(本身也是一篇講章)劃上一個美麗的句號：

> 但願賜平安的上帝，就是那憑永約之血、使羣羊的大牧人——我主耶穌從死裏復活的上帝，在各樣善事上成全你們，叫你們遵行他的旨意；又藉著耶穌基督在你們心裏行他所喜悅的事。願榮耀歸給他，直到永永遠遠。阿們！

(iv) 教會乃末世聖殿的開始（啟十一 1～4）

整卷啟示錄，充滿了末世聖殿的啟示。[21] 其中最清楚展示「教會是末世聖殿」的經文則是十一章 1 至 4 節和二十一章 1 節至二十二章 5 節。

> 有一根葦子賜給我，當作量度的杖；且有話說：「起來！將上帝的殿和祭壇，並在殿中禮拜的人都量一量。只是殿外的院子要留下不用量，因為這是給了外邦人的；他們要踐踏聖城四十二個月。我要使我那兩個見證人，穿著毛衣，傳道一千二百六十天。」他們就是那兩棵橄欖樹，兩個燈臺，立在世界之主面前的。（啟十一 1～4）

21 參 Ranko Stefanovic, "Finding Meaning in the Literary Pattern of Revelation," *Journal of the Adventist Theological Society* 13 (2002): 27～43。

a）1至2節

新約學者畢爾（G.K. Beale）和佩瑞斯（Vern S. Poythress）都認為，這段經文是以象徵性體裁，用以色列聖殿的圖象，去描述上帝透過祂的子民，與地上的人同在，這就是新約的教會。[22] 按這解釋，殿和祭壇代表內院，是指那些真實、有內在生命的信眾，而殿的外院則指上帝的子民的外在、會受迫害的生命。「量度」是代表教會信徒是上帝所認識，和受上帝所保護的（耶三十一38～40；亞一16），他們有上帝的印記（啟七1～8）。上述這一切的背景是以西結書四十至四十一章的聖殿預言。這種詮釋是很好的理解。

按這理解，新約教會像基督一樣，要面對苦難，也會受到挫敗。然而，上帝會保護她，使她不致受罪的污染以致滅亡，乃是經過患難卻至終得勝，因為上帝與她同在。教會不單像基督，她也與基督聯合，所以她與基督一同是末世的聖殿。這末世聖殿將分兩個階段實現：

1. 基督復活後的教會時期（啟十一1～4）：教會是聖靈的殿，而基督則是聖殿的房角石。這時期的教會將受到迫害，因為外邦人會踐踏她四十二個月。這代表教會的受苦只會維持一段有限的時間。

22 參 Vern S. Poythress, *The Returning King: A Guide to the Book of Revelation* (Phillipsburg: P & R Publishing, 2000), 126 ～ 131；G.K. Beale, *The Book of Revelation*, NIGTC (Grand Rapids: Eerdmans, 1999), 556 ～ 587；Beale, *The Temple and the Church's Mission,* 313 ～ 328。

2. 基督再來建立新天新地，上帝將永遠與人同在，而整個更新的天地，也將成為聖殿（啟十一 15～19，二十一 1～二十二 5）。這是以西結書四十至四十八章聖殿預言的完全應驗，特別是四十三章 1 至 12 節，以及三十七章 26 至 28 節描述上帝與祂的子民永遠同在。

b）3～4 節

3 節中的兩個見證人代表新約教會，就好像摩西和以利亞一樣，會作先知的見證，呼召人悔改，警告人上帝的審判將到。這傳道的工作是一千二百六十天，（也是四十二個月=三年半）。由於上帝的同在，雖然他們受逼迫，遭危難，他們的見證卻是有效的。

第 4 節的異象，其背景是撒迦利亞書四章。這裏說他們就是兩棵橄欖樹和兩個燈臺。燈臺是指教會（啟一～二章），而燈臺上的光則是代表上帝的同在或聖靈（亞四 2～6），表達了教會在逼迫中仍能作有力的見證，完全是依賴聖靈的能力。兩棵橄欖樹則代表兩位受膏者：大祭司約書亞和君王所羅巴伯（亞四 14）。當時聖殿在重建期間，面對諸般困難與反對，但這兩位受膏者蒙上帝應許：一切反對他們的勢力都會失敗，因為上帝與他們同在，又賜予聖靈使他們最終必然得勝，完成使命！同樣，新約教會作為末世的聖殿，是有君尊的祭司，肩負了「直到地極」作見證的重任，也面對一切逼迫和反對勢力，但不必驚慌膽怯，因為有聖靈的同在與能力（太二十八 20；徒一 8）。

(v)新天新地：終極的聖殿(啟二十一 1～二十二 5)

a)榮美的聖殿：新天新地？聖城？樂園？

> 我又看見一個新天新地；因為先前的天地已經過去了，海也不再有了。我又看見聖城新耶路撒冷由上帝那裏從天而降，預備好了，就如新婦妝飾整齊，等候丈夫。我聽見有大聲音從寶座出來說：「看哪，上帝的帳幕在人間。他要與人同住，他們要作他的子民。上帝要親自與他們同在，作他們的上帝。上帝要擦去他們一切的眼淚；不再有死亡，也不再有悲哀、哭號、疼痛，因為以前的事都過去了。」坐寶座的說：「看哪，我將一切都更新了！」又說：「你要寫上；因這些話是可信的，是真實的。」(啟二十一 1～5)

約翰在啟示的異象中，看見一個新天新地(二十一 1)，跟著他又看見聖城從天而降，而這城又像一個園子，有聖殿的形狀(二十一 2、10～21，二十二 1～5)。問題是：究竟這三者有何關係？新約學者畢爾認為，約翰將「新天新地」、「聖城」和「樂園」三者都指向同一個終極的現實。[23] 這看法有相當的支持：

- 二十一章 27 節說，不潔的不得進入聖城，因為他們的名字不

23 參 Beale, *The Temple and the Church's Mission*, 365～373。

在生命冊上；其實這些人應該也是不得進入新天新地的。而二十一章 8 節和二十二章 15 節又說，那些犯罪的都不得進城，而他們的結局是被丟在火湖裏；明顯這些人也是不得進入新天新地的。如此看來，不得進入聖城者也是不得進入新天新地的人。因此，「聖城／聖殿等於新天新地，而非只是新天新地的一個城市」，是合理的推論！

- 二十一章 1 節記載約翰看見新天新地，第 2 節說他看見新耶路撒冷，第 3 節，他聽見從寶座的聲音說：上帝與人同住。很有可能，第 2 節是解釋第 1 節，而第 3 節又說明 1、2 節的意思。換句話說，「新天新地」與「新耶路撒冷」是等同的，況且 1 至 2 節與 3 節所表達的神人同住的實況，都是一樣的。可見，啟示錄二十一章 1 至 3 節是用不同的詞語去表達同一現實（參利二十六 11 ～ 12；結三十七 27）。
- 二十一章 22 節說聖城中沒有聖殿，因為上帝和羔羊就是城中的聖殿，這在二十二章 1 至 5 節有所描述，就是神人同在的樂園。可以這樣說：新天新地、聖城、樂園乃是以不同的形象去表達同一個終極的現實。
- 在舊約聖經預言中，新天新地往往與耶路撒冷和樂園等同（見賽六十五 17 ～ 18）。

小結：新創造與耶路撒冷就是啟示錄二十一章所描述，上帝的帳幕、上帝的殿、上帝與人同住之處。作為神人同在的居所，舊約以色列人的會幕和聖殿是在有限的時空中，表達神人相交同在的關係；但到了新約時代，藉著基督和教會，這聖殿開始擴展至全地，直到有一天，這末世的聖殿將充滿整個天地（啟二十一 1～二十二 5）。這樣，新天新地不單確定了伊甸聖殿的重要，並將它提升和擴張了！新天新地是上帝的聖殿應許的終極實現，因為整個創造都是上帝拯救的對象（弗一 9～10）。這完全是上帝白白的恩典，人領受天國的福音、天國的使命、天國的獎賞，一切都是恩典，感謝讚美主！

b）榮美的終極聖殿與今日信徒

1 天堂降臨大地：全地皆聖殿

由於天堂——包括上帝的寶座和聖城——從天降臨大地，使整個新天新地都成為神人同在的聖殿（啟二十一 1～3、10、22），因此舊約聖殿的三部分：「至聖所—聖所—外院」，和與這三部分平行的宇宙分界：「隱祕的天堂／上帝的居所—可見的天空—可見的地」都不再存在了。這是因為上帝在天上的聖殿已進駐新天新地，使她成為上帝的至聖所。其中明顯的指標包括：

- 整個末日聖城是精金（啟二十一 18），因為舊約的聖殿都鋪上精金（王上六 20～22），這聖殿的光輝最終於新天地中實現。
- 所有上帝的子民都將成為祭司，他們都要見上帝的面（啟二十二 4）。
- 上帝的寶座原本在隱祕天堂／至聖所（參啟四～五章天上的敬拜），在新天地中已轉到在子民當中，整個新天新地皆可見上帝的寶座（啟二十二 1）！

意義：在新天新地的聖殿中，每一個人皆可敬拜上帝；那是享受與上帝同在的樂園，正如主耶穌所說：「清心的人有福了！因為他們必得見上帝。」（太五 8）

2 治理的職分：使命的實現

在新天新地，上帝和羔羊的寶座就在上帝的子民當中，而上帝的子民也會與上帝一同掌權，管治大地，甚至審判天使。這是主的應許（參太二十五 20～23；路十二 32，十九 11～19；啟七 14～15 等）。這原是上帝給予亞當和人類的使命，但因為罪的緣故，人不能完成。直到基督成就救贖工作，自己重新得著權柄能力（但七 13～14），並賜予人有權柄和能力，去承擔這管治大地的使命。[24]

3 復活的身體：配合更新的大地

將來的新天新地，並非舊天地完全被上帝消滅，從頭做起的另一個世界，乃是原來創造的更新。這也絕對不是一個非物質的靈界，乃是一個可見、可摸的，充滿榮耀的物質世界，像耶穌的復活身體一樣。

意義：我們將來在新天地的生活和事奉，是全人的生活和事奉，包括身體和心靈。我們的身體不會再服役於罪，而是要作義的奴僕。在那裏，工作是必然的，但不再是勞苦愁煩，乃是有喜樂和安息，又是滿有果效的，不會再感到空虛的勞苦（羅

---

24 參 Randy Alcorn, *Heaven* (Wheaton: Tyndale House Publishers, 2007), chs. 4, 5, 7。

八 19 ～ 23）。

4 聖潔的羣體：教會乃被殺羔羊的新婦

因為罪的緣故，今天人類的羣體，包括婚姻、家庭、社羣、國家，和整個人類，都充滿了仇恨、矛盾、衝突、不和、爭鬥、戰禍。連那稱為聖靈的殿的教會也不能倖免，令人心痛！在新天新地裏，我們熱切期待那愛心社羣的重建，雖然在那裏已不再有今世的婚姻（太二十二 23 ～ 33），但各類的羣體仍然存在。在三一真神愛的團契的感染和指引之下，我們將會一同享受羔羊的婚筵（啟十九 6 ～ 9，二十一 2），一同學習，一同享受屬天的生活和配搭事奉的喜樂。作為聖靈的殿，教會將進入一個新的階段、一個新的境界，願榮耀頌讚歸與三一至高上帝！

討論問題

1. 「新約教會是聖靈所創造的末世聖殿」，這定義有甚麼聖經根據？請引證之。
2. 「伊甸園是一個聖殿」，有何聖經神學的依據？這帶給信徒有甚麼未來盼望？
3. 舊約的「會幕」和「聖殿」，對「神人關係」有甚麼啟示？試簡述之。
4. 舊約先知的聖殿預言，如何在新約的「五旬節聖靈降臨」事件中得到應驗？

5. 基督曾說祂的身體是「聖殿」(約二 19)，是甚麼意思？這句話如何影響我們對「救恩」和「教會」的看法？
6. 保羅說教會是聖靈的殿，這真理對教會的成立、建造，和信徒應有的倫理標準和生活方式，有甚麼意義？
7. 基督已升天，作了大祭司，對今日教會和信徒有何祝福？試引聖經說明之。
8. 舊約律法的獻祭，如何在基督裏實現？新約信徒又當如何獻上靈祭給主？試舉例說明之。
9. 試引啟示錄經文，簡單描述將來「新天新地」作為「終極聖殿」的榮耀樣式。
10. 對「終極聖殿」的盼望，會如何影響今日信徒的人生觀和世界觀？

2

教會是父上帝的選民

一　引言：基督的復活改變一切

在論及新約聖經中「教會」作為「上帝的末世子民」（eschatological people of God）時，天主教神學家孔漢思（Hans Küng）有這樣的話：「若不是耶穌從死裏復活，基督教的宣講及信仰便是徒然的了（林前十五 14～21）！其實，若不是基督耶穌從死裏復活，也就沒有教會了。」[1]

孔氏的話一點也不錯！基督復活的歷史事件，對新約教會實在太重要了！無論是對教會的成立、福音信息的宣講，和教會過去二千多年的發展，都有關鍵性的影響。因此，孔氏所言「沒有復活，就沒有教會」是真的，一點也不誇張。

第一，從教會的開始來看，主耶穌被釘後，門徒的哀傷、

1　見 Küng, *The Church*, 79。

失望、膽怯、隔離，顯出他們對前景十分迷惘，但當他們親眼見證復活榮耀的主後，他們變得喜樂、勇敢，滿有盼望，能放膽宣講福音，努力建立教會（路二十四 50～53；徒二 14～47，三章，四 1～31 等）。我們可以這樣說，基督的復活改變了一切！

其實，復活榮耀的主在升天前，曾經用上四十天的時間，教導門徒有關天國的道理（徒一 3）。這是非常重要的，因為「天國」的真理，就是他們將要宣講的信息。當中包括：基督的工作和教導如何應驗了舊約的應許；祂受死復活的救贖工作；天國子民的生活倫理；天國的盼望等。這些真理對使徒們未來的事奉和教導，都十分重要。然後，主又囑咐他們要等候聖靈的來臨（一 4）。最後，使徒們在與主的談話中，也表達了對以色列國的復興與獨立，仍存有一絲的期望，但都被主耶穌即時修正過來（註：耶穌在此並沒有否定門徒對上帝國度實現的期望，也沒有提出「政教分離」，或「屬靈、屬世國度之分」，只是指出時間日期的權柄在父上帝手裏），並且清楚指示他們，要依靠聖靈的能力，實踐使命，將福音傳到地極。[2] 路加有如此記載：

> 他們聚集的時候，問耶穌說：「主啊，你復興以色列國就在這時候嗎？」耶穌對他們說：「父憑著自己的權柄所定的時候、日期，不是你們可以知道的。但聖靈降臨在你們身上，你們就必得著能力，並要在耶路撒冷、猶太

2 參 F.F. Bruce, *Commentary on the Book of the Acts*, NICNT (Grand Rapids: Eerdmans, 1971), 30～39。

全地，和撒馬利亞，直到地極，作我的見證。」(徒一6～8)

第二，從使徒和新約教會所傳的福音信息來看，基督的復活也極為重要。比方說，使徒行傳二章記載，使徒彼得在五旬節首篇講道中，就明確的指出，基督的復活充分證明是上帝所應許和差遣的聖僕彌賽亞、大衛的子孫、受膏的君王、上帝的兒子，祂就是主(徒二 14～36)！這信息立刻使在場眾多未信的猶太人，為了自己的罪，特別是殺害耶穌的罪，而知罪、認罪和悔改。在當日就有三千人受洗歸主，領受上帝所賜的聖靈(二37～41)。這樣，一個新的教會羣體就在耶路撒冷誕生了！綜觀整卷使徒行傳的記載，不同使徒的多次福音信息，也都是以基督的受死和復活為其核心內容，足證基督復活的重要。可以這樣說：沒有基督的復活，就沒有福音(參林前十五章，特別是1～4節)。

第三，基督的復活帶來聖靈的降臨(徒二 32～33)，這聖靈叫人知罪悔改(約十六 7～11)，受感動歸信主。此外，這聖靈也內住教會信眾心中；在祂的引導下，教會開始活出了「末世上帝子民」的樣式，就是：

都恆心遵守使徒的教訓，彼此交接，擘餅，祈禱。眾人都懼怕；使徒又行了許多奇事神蹟。信的人都在一處，凡物公用，並且賣了田產、家業，照各人所需用的分給各人。他們天天同心合意恆切地在殿裏，且在家中擘

第
2
章

> 餅，存著歡喜、誠實的心用飯，讚美上帝，得眾民的喜愛。主將得救的人天天加給他們。（徒二 42～47）

這裏記載，他們存喜樂的心所作的，包括擘餅、讚美敬拜、遵守使徒的教導、在愛裏的分享、守新約的洗禮和聖餐等，這些都是在過去二千多年，歷代教會信徒所實踐的基本信仰和生活方式；而這些信仰表達，也是建基於他們深信基督已經復活，並已經賜下聖靈。

小結：我們確信，上帝在歷史中藉著基督復活所成就的救恩，是建立教會的根基。這救恩不單是個人性的，也同時是羣體性的。其實在舊、新約聖經中，我們都可以看見，蒙救贖羣體的出現，並非由於個別信徒在蒙恩後，一同招聚起來組成教會，乃是因為上帝原來的計劃就是要建立一個教會羣體。一個信徒在基督裏，從歸主受洗開始，就是主的教會的一分子。在聖經中，從來沒有不屬於教會的信徒，因為從歸主受洗那一刻開始，信徒就已經與三一上帝聯合，是上帝天國的子民，上帝家裏的人了（太二十八 19；林前十二 13；羅六 3～4；弗二 11～13、18～19）！

二　蒙召聚集的子民

上帝的子民是一個祂所呼召聚集的羣體（a called assembly）。舊約時代上帝子民聚集的典範，是西奈山曠野以色列的大會（出十九章）；而新約聚集的典範，則是錫安山上聖徒大會的異象（來十二 18～29）；這些聚集都顯示，教會信眾聚集的重要。

1 舊約時代聚集的子民

西奈山曠野的大會（希伯來文 *qahal*），是以色列人蒙召離開埃及，上帝吩咐他們要守的節（出五 1）。這是一個子民與上帝相遇，敬拜上帝的聚集。在這大會中，上帝與以色列人重新立約（出十九 3～8），並吩咐他們要聽上帝的話，學習敬畏上帝，又教導兒女要如此行（申四 10）。他們領受上帝的律法（申十 4；出二十～二十三章）。在這個大會中，以色列人請摩西求上帝不要直接向他們說話，也不要叫他們再看見大火，免得他們死亡。上帝答允他們所求，並應許要為他們興起「一位先知像摩西」，那就是日後的基督，作為上帝話語的出口（申十八 16～18）。

西奈大會確立了以色列民為聖約的民族、聚集的子民；然後，上帝就定規他們舉行三種經常性、有祭司吹號的聚集：

1. 曠野起行的聚集（民十 1～8）：作為在曠野漂流的民族，以色列在行程當中的時間、次序和形式，都有上帝所定的指引和祝福。
2. 打仗前的聚集（民十 9）：以色列與敵人打仗前要吹號聚集，才可以在上帝面前蒙記念、得拯救。歷代志下二十章 1 至 30 節就記載了約沙法王招聚以色列民聚集，準備抵抗外族入侵，並最後打了一場勝仗。

3. 守節期、獻祭的聚集（民十10）：這些都是以色列子民慶祝、敬拜和事奉上帝的經常性聚集。

除了上述經常性聚集以外，在以色列歷史中，也有一些特殊情況下的聚集，如：約書亞記二十四章1至27節所載，約書亞在離世前，帶領以色列民在示劍與上帝更新聖約，並挑戰他們專心事奉耶和華。又如：尼希米記八至十章記載尼希米召開立約更新大會，其中有文士以斯拉宣讀講解律法七天，帶領子民守住棚節、禁食祈禱、簽約書、獻祭，並向耶和華委身。又如：歷代志上二十八章1節至二十九章25節記載大衛王召集各支派首領和全地百姓到耶路撒冷聚集，宣告確立所羅門為他的指定繼承人，並道明上帝所啟示的建殿計劃，最後以頌讚和獻祭膏立所羅門為王作結。這些聚集帶來的結果是：耶和華使所羅門在以色列眾人眼前甚為尊大，極其威嚴，勝過他以前的以色列王（代上二十九25）。

從上述的例子可見，舊約上帝的子民（*qahal*；希臘文譯作*ecclesia*），是一個動態的聚集羣體。她蒙耶和華呼召，與祂立約，委身順服事奉祂。不論是在曠野，或在迦南地，以色列子民的敬拜、爭戰、旅程，皆有上帝的同在、賜福，以及律法上的引導。無論是經常或特殊的聚集，子民都可以表達對上帝的尊崇、依靠及敬畏。可以說，由於她是在耶和華面前的羣體，因此她的聚集也不是一般社羣的政治集會，乃是具有豐富的信仰含義，因為都是神人契通的場合。此外，我們也要小心，不能單以 *qahal* 一詞就推論說，只有在進行聚集活動中的子民才是子民，因為舊約中另一個可譯作「會眾」的詞 *edhah*，也包括不在聚集中的子民（如：民十四 5）。[3] 先知約珥在提到以色列重建的應許時，也呼召子民聚集、禁食、禱告，懇求上帝的恩典和賜福（珥二 15～17）。在預言外邦人在末世的歸主運動時，先知和詩人也用了萬民匯聚錫安的圖象（賽二 2～4，五十六 6～8；詩八十七篇等）。這些都是有關新約末世時聚集的子民（即新約教會）的預言。

2 新約時代聚集的子民

A. 耶穌、天國與教會

(i) 教會的建造（太十六 15～19）

符類福音記載耶穌在地上的工作，主要是宣講天國的臨在，彰顯天國的大能，並完成天國的救贖。在凱撒利亞 · 腓立比，祂問門徒：「你們說我是誰？」西門彼得回答說：「你是基督，是永生上帝的兒子。」耶穌就稱讚彼得說，這是從天父而來的認信，並預言新約教會的建立，以及彼得將要在這教會被建立的過程中，擔當重要的角色。關於耶穌是否有意成立一個教會羣體這問題，神學家都有不同的看法，但我們不同意近代自由主義學者（如：布特曼〔R. Bultmann〕、哈納克〔A. von Harnack〕等）的看法。他們認為耶穌所傳講有關「天國」的福音信息，只是強調個人內心的信仰，不會帶來一個有形的教會羣體，因此這段經文的內容，與耶穌的「天國信息」不協調。然

3　參 Edmund P. Clowney, *The Doctrine of the Church* (Nutley: Presbyterian and Reformed Pub. Co., 1969), 32。

而，福音派學者則認為，耶穌看自己為屬天的彌賽亞人子，而這榮耀的君王亦將擁有祂自己的子民，正如先知但以理所預言的：

> 我在夜間的異象中觀看，見有一位像人子的，駕著天雲而來，被領到亙古常在者面前，得了權柄、榮耀、國度，使各方、各國、各族的人都事奉他。他的權柄是永遠的，不能廢去；他的國必不敗壞。（但七 13～14）

這子民（*ecclesia*）不單是屬於彌賽亞，也是舊約中的餘民（remnant）的延續。其實耶穌在地上的時候，已稱呼祂的門徒為小羊羣（the little flock；太二十六 31；路十二 32；約十 16，二十一 15～16），並且選召了十二門徒作為未來新約教會的核心代表。[4] 其實，耶穌所傳講的天國，不單是一個內在的宗教信仰，也是涵蓋個人、羣體，和宇宙的整全國度。這天國的實現是一個歷史進程，而教會羣體就是天國實現的一個階段。或有人問：教會和天國有何關係？簡單來說，有以下幾方面：

- 天國是上帝整個救贖計劃，在基督裏、在歷史中的全面實現；而教會則是上帝所呼召和拯救的天國羣體，為要得嘗天國的福氣。二者有明顯的分別。
- 教會彰顯天國的救贖、榮耀與福氣，因此二者有密切關係：教會是天國啟示的果子，而天國在歷史中的實現，也不能缺

4 參 Herman Ridderbos, *The Coming of the Kingdom* (St. Catharines: Paideia Press, 1978), 334～396。

少了教會羣體的參與！

- 教會是天國君王的僕人：藉著認信，傳揚天國的福音，遵守天國君王基督的吩咐；教會成為天國的器皿。而將來在新天新地中，教會也將成為基督的新婦，享受羔羊的婚筵，也會與基督一同治理已經更新了的大地，上帝榮耀的國度。

可見，教會不等於天國，因為天國是上帝在整個宇宙中的工作，而教會卻是這個國度的子民；但由於教會領受了天國的能力和恩賜，她必須為天國福音作忠心的管家，結出美好的果子。此外，她從君王基督也領受了神聖的使命，正如馬太福音十六章 18 至 19 節所記載，耶穌對彼得所言：

> 我還告訴你，你是彼得，我要把我的教會建造在這磐石上；陰間的權柄（權柄：原文是門），不能勝過他。我要把天國的鑰匙給你，凡你在地上所捆綁的，在天上也要捆綁；凡你在地上所釋放的，在天上也要釋放。

這是耶穌基督在受死復活前，有關教會和彼得的預言。這預言也回答了幾個重要的問題：

問題一：誰是教會（ecclesia）的建造者？何時建造？

回答：是基督！彌賽亞的子民是彌賽亞在未來，就是在基督死而復活、賜下聖靈後，所要建造的，而由於這子民是復活的主、天國君王所建造的，她將不會被消滅。

問題二：誰是這教會的磐石？

回答：從耶穌的回答來看，被委任為教會的磐石的，的確是彼得！*Petra* 和 *Petros* 的意思都是一樣，指「石頭」，就是耶穌為彼得所起的名字（約一 42）。因著這委任，再加上耶穌在復活後吩咐彼得牧養祂的羊羣（約二十一 15～17），羅馬天主教會一直認為彼得是耶穌所委任的首位教皇。但宗教改革後的基督教會（protestant church）大多認為，耶穌所指的只是彼得的認信：「耶穌是基督、永生上帝的兒子」，這才是教會建造的基礎！從記載的前文後理來看，耶穌當時明顯是指著彼得說的，而這也配合他「磐石」的名字。結合上述兩個觀點，我們認為耶穌所委任的，是「認信的使徒彼得」（the confessing Apostle Peter）。為何認信的彼得才是教會的磐石？因為其後當他要勸阻耶穌上耶路撒冷受難時，主就稱他為「撒但」（太十六 22～23）。還有一點，彼得當時對主的認信（15～16 節），是代表在場的眾使徒而發的（耶穌當時也是在問他們）；這也配合新約聖經的一貫立場：使徒作為一個團體（the Apostolate），是新約教會的根基（弗二 20；啟二十一 14）。我們不否認彼得在初期教會的領導角色，那是很明顯的（見徒一 15，二 14；加一 18，二 7～9），但卻並沒有迹象顯示，彼得的領導權超過其他使徒，或與他們有基本的分別。他也從來沒有好像羅馬天主教會的教皇一樣，被主耶穌或教會賦予絕對的權威。而加拉太書二章 11 至 16 節所載，使徒保羅當眾指摘彼得的行為與福音不符；這就足以證明，在信仰和教義上，彼得並沒有絕對的權威！

問題三：耶穌所賜天國的鑰匙（19 節上）是指甚麼？

回答：是指彼得與其他使徒從主領受了權柄，決定誰可否進入天國。這當然不是說，彼得在最後審判中，會取代基督的地位（太七 23，二十五 34）；乃是說，他在地上有法理上的權柄，他有權宣告誰可以、誰不可以進天國。而 19 節下進一步解釋這使徒的權威，包括了捆綁和釋放，就是讓其他人能否有進天國的權利。這與約翰福音二十章 22 節中，主復活後賜予使徒赦罪的權柄是相類似的。

問題四：彼得所領受的權柄，是主單賜予他，還是也賜予新約教會羣體的呢？

回答：上文已提到，彼得在認信基督，和領受天國的權柄上，都是以「使徒團」代表的身分去表達和領受的；再者，使徒團作為新約教會的根基，是獨特和不可傳承的。因此，耶穌在馬太福音十六章 18 至 19 節的宣告，不能被視為祂委任彼得為首任教皇的歷史事件，這是可以肯定的。不過，至於這權柄是否也給予整個新約教會，則要看耶穌在馬太福音十八章 15 至 20 節的教導了。

無論如何，馬太福音十六章 15 至 19 節所展示的，是天國的王要建立祂的子民，就是教會；而祂也賜予使徒法理上的權柄，去治理教會。這教會羣體為復活的主所建造，因此將永不消滅。

(ii) 紀律的權柄 (太十八 15 ～ 20)

這段經文論及教會的紀律，和天國的權柄。教會的紀律始於個人私下的勸勉 (15 節)，犯錯的弟兄若聽勸，那勸告者便得了他的弟兄；若他不聽，便要另外帶一、兩個人同去作見證，再次勸告他 (16 節)。若他依然不聽他們，就要告訴教會 (17 節上)。這裏的教會是指地方教會的會眾。被勸者若不聽從教會，便要視他為外人，亦即是逐他出教會 (17 節下)。耶穌繼續宣告：

> 「我實在告訴你們，凡你們在地上所捆綁的，在天上也要捆綁；凡你們在地上所釋放的，在天上也要釋放。我又告訴你們，若是你們中間有兩個人在地上同心合意地求甚麼事，我在天上的父必為他們成全。因為無論在哪裏，有兩三個人奉我的名聚會，那裏就有我在他們中間。」(太十八 18 ～ 20)

18 節論到「捆綁」和「釋放」，是指教會「施行紀律、革除會籍」的權柄，用詞與馬太福音十六章 19 節「天國鑰匙」是一樣的。十六章 19 節耶穌所指的，乃新約教會的使徒從主領受了決定人可否進天國的權柄；而十八章 18 節則是指向地方教會有開除和給予會籍的權柄。雖然二者在處境上稍有分別，卻是同樣論及有關教會在法理上、紀律上的權柄。當教會在地上運用這些權柄時，在天上的上帝也會確定堅立。

重要的是：在十六章 18 至 19 節，主將這權柄賜予使徒彼得(和其他使徒),而十八章 17 至 20 節,耶穌論到誰會使用這權柄時,並沒有限制只是彼得和使徒有這種權柄,乃是指個別信徒(參 15、16 節的「你」,和「兩三個人」),和聚集的信眾(參 17 節的「教會」,18～19 節的「你們」,和 20 節的「他們」)。可見耶穌在吩咐教會使用紀律和治理權柄時,是將這權柄給予教會的信徒羣體,而不是單給予領袖,當然也不是單給予使徒或彼得本人了(參林前五 2～5 的另一類似個案)。

19 至 20 節又論到兩三個人若聚集禱告,便有主的同在。這並非指任何信徒的小組聚會,乃是指教會羣體若按上帝的旨意一起聚集,為教會的治理紀律同心奉主名禱告時,就算只有兩三個人在,那天國的王耶穌基督,也會與他們同在,確立他們所作的,並應允成就他們所祈求的。[5]

小結:新約的教會(*ecclesia*),是耶穌天國福音的一部分,是天國的子民。耶穌的死不但沒有結束子民的匯聚,反而促成了她的建造。新約教會是天國君王基督藉死和復活所買贖,並且被賦予權柄去建立、執行紀律,和治理的羣體。天國不單是未來的榮耀國度,也是今天歷史中的教會。建造教會的天國權柄不單賜給了彼得和使徒們,也給了教會的信眾,叫他們從今天一直到永恆的新天新地,都得與基督一同掌權。

B. 新約教會(*ecclesia*)的形態

新約聖經提到上帝子民的聚集,在初期教會以三種形式

5　參 Ridderbos, *The Coming of the Kingdom*, 363～369;R.T. France, *The Gospel of Matthew*, NICNT (Grand Rapids: Eerdmans, 2007), 689～699。

出現：

(i)地方教會

保羅寫信給一個地方的教會時，常會用單數(the church)，或眾數(the churches)來表達，視乎這地區的會眾聚集是一個或是多個而定(參帖前一1；加一2)。他也多次向一個地方教會提及其他地區的眾教會(參帖後一4；林前七17；林後八19；羅十六4、16等)。可見教會(*ecclesia*)一詞，常是指一個地方經常一起聚集的信徒羣體。哥林多前書十一至十四章就是一個典型例子，因為在這幾章書信中，「教會」往往就是「聚集的信徒」的同義詞，如：十一章18節及十四章35節。當然，有時保羅也會加上「在父上帝和主耶穌基督裏的」字眼(帖前一1；帖後一1)，以表示教會與社會中的其他羣體聚集有所分別。新約聖經中，並沒有用單數教會(church)一詞來表達一個地區性教會組織，或一個國家的聯合教會或宗派。可以這樣說，新約的記載中，地方教會是教會的主要形態，而每一個地方教會都是上帝的教會(the Church of God)，而非只是教會的一部分，或只是身體上的一個肢體；這是因為聖經提到任何一個地方教會，都看它是一個完整的「基督的身體」(the Body of Christ)。

(ii)家庭教會

初期教會也會以「教會」的名稱去描述在一個家庭中聚集的羣體(如：西四15；門2；徒十六15、40；林前十六19；羅十六5等)。這些教會在家庭中聚集，也許是由於缺乏公眾的敬拜場所，也許是因為人數不多，或其他因素，無論如何，使徒稱這些家庭聚會為教會（*ecclesia*），顯示這些羣體雖然可能規模不大，但在上帝的眼中卻堂堂正正地是上帝的子民、基督的身體。

（iii）榮耀、屬天的普世教會

希伯來書十二章 22 至 24 節所描述的聖徒聚集，是那榮耀的、屬天的普世教會，就是錫安山，也即是新耶路撒冷的異象。在其中，作者帶領我們看見，在那裏有千萬的天使、全體的聖徒（包括舊、新兩約有名字記錄在上帝生命冊上的子民）、審判世人的上帝、一切被稱義者的靈魂、新約的中保耶穌，和祂在十架上所灑的血。這一切的描述皆指向這聚集羣體的身分：歷代在基督裏得蒙救贖，與上帝立約的子民。雖然新約學者奧拜仁（Peter T. O'Brien）認為不應稱之為「普世教會」，只可稱之為「屬天、榮耀的教會」，[6] 但我們認為稱之為「榮耀、屬天的普世教會」倒是頗適切的，[7] 因為按新約聖經的教會觀和末世觀，教會雖仍在盼望將來的新天新地，她實際上已開始活在末世時代中。信徒不單已經與主同復活、同升天（弗二 5 ～ 6），他們也在享受著主所賜的「天上屬靈的福氣」（弗一 3 ～ 14；西三 1 ～ 17）。因此，希伯來書十二章 22 至 24 節所描述的屬天羣體

6　見 Peter T. O'Brien, "The Church as a Heavenly and Eschatological Entity," in *The Church in the Bible and the World: An International Study*, ed. D.A. Carson (Exeter: Paternoster, 1987), 89 ～ 99。

7　參 Hughes, *A Commentary on the Epistle to the Hebrews*, 544 ～ 555。

的異象，正好配合在這末世中，普世教會的身分：一方面，已離世的舊約聖徒，今天已可以與新約聖徒同享在基督裏的救贖和榮耀（來十一 39 ～ 40）；另一方面，這個普世教會（Universal Church）的異象，今天正具體落實在世界各處的地方教會中，讓我們得見其豐盛與榮耀！地方教會與普世教會都是上帝的子民，二者並不互相隸屬，也不互相排斥，二者的並存並不產生矛盾，因為都是上帝的教會、基督的身體、聖靈的殿。當然，新約作者在討論教會問題時，多是有關一些地方教會的處境問題，但在較後期的新約書卷中，如以弗所書、歌羅西書、希伯來書、啟示錄等，它們較多教導普世教會的真理（如：弗一 22 ～ 23，二 14 ～ 17，三 5 ～ 6，五 23 ～ 32；西一 18、24；來十二 18 ～ 24；啟十一 1 ～ 4，二十一 2、10 ～ 27 等），讓眾聖徒對上帝所呼召、所買贖的普世教會，有更全面和廣闊的了解。

三　與上帝立約的子民

1 聖約神學精要

聖約（covenant）是聖經中一個重要的主題，因為它是上帝在歷史中，與人建立關係的重要方式和媒介。[8] 使徒保羅在加拉太書論及上帝藉基督賜予我們救恩，是透過舊約歷史中與人設

---

8 參 Walter A. Elwell, ed., *Evangelical Dictionary of Theology* (Grand Rapids: Baker, 1989), 276 ～ 280；T. Desmond Alexander and David W. Baker, eds., *Dictionary of the Old Testament: Pentateuch: A Compendium of Contemporary Biblical Scholarship* (Downers Grove: IVP, 2003), 139 ～ 155。

立兩類的聖約，一類是以律法為主的，就如西奈之約，另一類是以恩典為主的，就如亞伯拉罕之約。這兩類的聖約，都在基督所立的新約中完全實現了。以下是這個「聖約神學」的說明：

A. 兩個母親的故事

保羅對加拉太信徒說：

你們這願意在律法以下的人，請告訴我，你們豈沒有聽見律法嗎？因為律法上記著，亞伯拉罕有兩個兒子，一個是使女生的，一個是自主之婦人生的。然而那使女所生的是按著血氣生的，那自主之婦人所生的是憑著應許生的。這都是比方：那兩個婦人就是兩約。一約是出於西奈山，生子為奴，乃是夏甲。這夏甲二字是指著阿拉伯的西奈山，與現在的耶路撒冷同類，因耶路撒冷和她的兒女都是為奴的。但那在上的耶路撒冷是自主的，她是我們的母。因為經上記著：「不懷孕不生養的，你要歡樂！未曾經過產難的，你要高聲歡呼！因為沒有丈夫的，比有丈夫的兒女更多。」弟兄們，我們是憑著應許做兒女，如同以撒一樣。當時那按著血氣生的逼迫了那按著聖靈生的，現在也是這樣。然而經上是怎麼說的呢？是說：「把使女和她兒子趕出去，因為使女的兒子不可與自主婦人的兒子一同承受產業。」弟兄們，這樣看來，我們不是使女的兒女，乃是自主婦人的兒女了。基督釋放了我們，叫我們得以自由，所以要站立得穩，

不要再被奴僕的軛挾制。（加四 21～五 1）

(i) 律法之約：從夏甲到摩西

a) 運作的原理

上帝藉著摩西與以色列人立約，其原則是以色列人須對上帝完全的順服，藉此承受上帝應許的祝福，但若是犯罪背叛上帝，他們就會受到咒詛。上帝對他們所應許的福氣，是屬地和暫時的（申二十八章）。這些屬地的祝福，乃是永恆屬天祝福的預表。然而，歷史告訴我們，以色列人並沒有守約，他們沒有也不能信守這約，因此上帝的審判和咒詛臨到他們，就像對他們的始祖亞當一樣。他們和始祖均沒有順服上帝的命令，背棄了上帝與他們所立的行為之約（covenant of works；何六 4～7）。

律法之約的運作原則是：人若遵行律法，就必因此活著（利十八 5；加三 12），而以色列人在立約時的承諾是：耶和華所吩咐的，我們都必遵行（出二十四 3、7；參書二十四 21、24）。可惜的是，他們都沒有兌現這些承諾，這是由於人性的軟弱，也當然是歷史的事實。

b) 運作的模式

摩西之約運作模式很像古代「近東宗主盟約」（Near Eastern suzereign treaty），[9] 這是美國舊約學者格連（M.G. Kline）研究的

9 參 Michael Horton, *Introducing Covenant Theology* (Grand Rapids: Baker, 2006), 23～28。

成果。[10] 格連認為，摩西之約（出二十章；申一～三十四章）所展示的，是這些盟約的結構與內容，其中包括：

- 君主自稱（king's self-identification；出二十 1；申一 1～5）；
- 歷史導言（historical prologue；出二十 2；申一 6～四 49）；
- 契約規條（covenant stipulations；出二十 4 ～ 17；申五 1～二十六 49）；
- 制裁賞罰（covenant sanctions；出二十 6、12 等；申二十七 1～三十 20）；
- 約的延續（covenant continuity；申三十一 1～三十四 12）。

（ii）應許之約：從撒拉到基督

上帝與亞伯拉罕和撒拉訂立應許之約（創十五、十七章），這約在基督裏完全的實現，帶來屬天的祝福，就是那新耶路撒冷（來十二 22～24；啟二十一 2～二十二 5），也帶來保羅對加拉太人所說的，那在基督裏的新自由（加五 1～23），就是不必靠律法稱義，因基督已經成為他們的義，並且可以倚靠聖靈成聖，結出聖靈的果子，而不受律法的禁止。

這應許之約的特徵，就是無條件的恩典，值得注意的是：

a）這是上帝的禮物

上帝作為宗主君王，將禮物贈予忠心的屬臣，將白白的

---

10 見 M.G. Kline, *Treaty of the Great King: The Covenant Structure of Deuteronomy: Studies and Commentary* (Eugene: Wipf & Stock Publishers, 2012)。

恩典，無條件地賜予亞伯拉罕和他的後裔(創十五 1～5、18～21，十七 1～8)，這是令人驚訝的。

b)這是出自上主捨己的愛

更使人驚訝的，是上帝藉著自己經過火燒的祭，向亞伯拉罕承諾必然守約，甚至願意為人的背約自己受咒詛(創十五 8～17)；這預表了基督在十架上的代贖，也充分表達了與亞伯拉罕立恩典之約，上帝所要付出的代價。[11]

c)割禮的命令(創十七 10～14)

這不是約的條件，而是上帝所應許的福氣的記號和印證，就好像上帝與挪亞立約時，以天虹為記號一樣(創九 12～15)。

d)罪人的出路

對日後失敗跌倒的以色列人來說，摩西的律法之約，使他們沒有出路。然而，上帝並沒有忘記祂曾與亞伯拉罕和列祖所立的約(出三 6、15；申四 30～31)。因此，這應許之約是以色列的盼望，但它也是普世人類的盼望，因為縱然世人都犯了罪，在新約時代，基督實現了這亞伯拉罕應許之約，使凡相信祂的都得蒙救贖(羅三 21～26)。

---

11 參 Edward P. Clowney, *The Unfolding Mystery: Discovering Christ in the Old Testament* (Phillipsburg: P & R Publishing, 1991), 58～60。

（iii）「律法之約」與「應許之約」的配合

至於上帝與亞伯拉罕所立的應許之約，在歷史中如何發展？與律法之約又如何配合？以下我們可以稍作分析說明：

a）最早的應許（創三 15）

早於亞當犯罪之後，上帝在審判引誘夏娃的蛇之時，已經宣告女人的後裔要傷蛇的頭，而蛇卻要傷他的腳跟，這是最早的彌賽亞救主的預告和應許，[12] 是上帝與亞伯拉罕所立「應許之約」的前身，至終藉基督於新約中實現。

b）初步的實現

亞伯拉罕之約在以色列人蒙拯救、出埃及的事件中，得以初步實現。出埃及事件預表基督的救贖（何十一 1；太二 13～15；路九 30～31），也帶來以色列選民的神權社會及歷史發展，以及基督的救贖和恩典的得勝。

c）大衛之約

應許之約的延續，是上帝與大衛立約，應許他承受上帝無條件的祝福（撒下七 8～16，二十三 1～5；詩八十九篇）。大衛是合上帝心意的人，但上帝應許祝福他，並非基於他的表現和成就，乃完全是上帝的恩典和憐憫，因為他也是罪人（參撒下十一～十二章；詩五十一篇）。他是上帝所立、所喜悅的君王，

12 參 Derek Kidner, *Genesis: An Introduction and Commentary.* Tyndale Old Testament Commentaries (Downers Grove: IVP, 1967), 70～71。

是彌賽亞君王基督耶穌的預表（太二4～6；詩二篇等）。

d）背約與被擄

以色列被擄，是因為他們背棄了上帝與他們所立的摩西之約（詩八十九38～39；耶十三12～27）。其實這律法之約在主前八世紀，當約西亞王在位的時候，當時的先知和王曾在上帝面前重新肯定這約，重新悔改歸向上帝（王下二十二2～二十三25）。然而，約西亞以後的君王，卻仍然背棄這約；因此，最終以色列還是被擄受罰（王下二十三26～二十五21）。

e）基督的新約：兩個傳統（律法與恩典）的結合

亞當犯罪破壞了上帝與他所立「行為之約」（或稱為「創造之約」），將人類帶進了罪惡與墮落。[13] 這「行為之約」的原理是：「上帝的命令→人的順服→上帝的賞賜」，這原理與「摩西之約」的原理是一樣的（出十九4～6；申二十八章），只是處境不同；前者是在人墮落前的清白時期，後者卻在人墮落後以色列立國時期，但兩者皆以律法為主，並顯出了人對上帝的背叛。

舊約先知在責備和警告犯罪的以色列民時，都強調這「律法之約」的傳統（申四十三1～26；賽一2～3；耶二4～13），但舊約先知也預言，將來會有「應許之約」的實現，就是上帝與祂的子民所要立的新約（耶三十一31～34），這約所展示的是恩典、赦罪和新的生命，而不是律法和定罪。

---

13 參 Horton, *Introducing Covenant Theology*, 83～104。

基督所帶來的新約，是「亞伯拉罕之約」和「大衛之約」的延續和兌現，是上帝與人「恩典之約」的末世實現（eschatological fulfillment），藉祂的受死與復活，為人類帶來福音的喜訊。我們可以說：基督是上帝「恩典之約」的化身，祂不單實現了亞伯拉罕「應許之約」，更是超越了摩西「律法之約」（約一 17）。這更美的新約超越了那建基於律法的舊約，使它成為過去（來八～十章）。

然而，基督卻是生在律法以下，因為祂是末後的亞當，世上沒有一個人能滿足上帝「律法之約」的要求，但基督藉著完全的順服，並遵守全律法，使祂有資格為人贖罪，使人藉信與祂聯合，得蒙拯救，重獲自由（加四 4～7；羅六 3～22）。

換句話說，基督親自成全律法，並藉十架為違背律法的罪人帶來赦罪的恩典。這兩個聖約的傳統在基督裏並沒有矛盾，而是有完美的配搭和結合。

新約的啟示更清楚展示，這恩典的新約與律法的舊約，兩者有強烈的對比（詳情請閱下文）。因此，新約信徒應活在聖靈裏，不應停留在律法時代中，因為不論是稱義也好，成聖也好，律法都是無能的，惟有聖靈的生命與能力，能真正幫助人得拯救和過得勝的生活（羅七～八章）。[14] 其實，因著基督的得勝，信徒也會得勝（來二 14～15；羅六 14～19）。

B. 新約的超越性（來八 6～13；耶三十一 31～34）

為何新約是「更美之約」?

---

14 參 Horton, *Introducing Covenant Theology*, 51～76。

因為它有基督為大祭司。作者在此清楚指出，基督作為新約的大祭司，祂的職事較舊約祭司職事優勝，因為：

- 基督是被立為永遠的大祭司，因為是父上帝起誓立的（來七21～22；詩一一〇4），而舊約的祭司卻是暫時的。
- 基督的祭司職分是永遠有效的，因為祂獻上了自己，作為完美的祭牲（來七25～28），成就永遠的贖罪，與舊約的祭司職分，以牛羊作祭牲，有極大的分別（來九11～15）。

至於有關新約中更美的應許，希伯來書八章8至13節引用耶利米先知的預言（耶三十一31～34），說明這新約的內容和特徵：

> 所以主指責他的百姓說：「日子將到，我要與以色列家和猶大家另立新約，不像我拉著他們祖宗的手，領他們出埃及的時候，與他們所立的約。因為他們不恆心守我的約，我也不理他們。這是主說的。」主又說：「那些日子以後，我與以色列家所立的約乃是這樣：我要將我的律法放在他們裏面，寫在他們心上；我要作他們的上帝，他們要作我的子民。他們不用各人教導自己的鄉鄰和自己的弟兄，說：『你該認識主』，因為他們從最小的到至大的，都必認識我。我要寬恕他們的不義，不再記念他們的罪愆。」既說新約，就以前約為舊了；但那漸舊漸衰的，就必快歸無有了。

(i) 新約補足了舊約的缺欠

舊約「律法之約」的問題是它缺少了使罪人稱義的恩典，和幫助軟弱的人生命更新的能力，這使舊約失去了它應有的功效（來八 9；參結十一 19～20）。新約應許子民一個全面的生命更新（來八 10～12），這包括：上帝的律法寫在子民的心中，使他們從心裏順服上帝；上帝與祂的子民有親密的交通；人人認識上帝，不論大小老幼，都不必經過教導才能認識真神；享受上帝完全的寬恕，並且上帝也不再記念他們的罪。這一切生命的恩典，在舊約時代的律法和先知中也有提及，但不同的是，新約提供了基督十架的代贖、復活的生命，和聖靈的能力，使這些生命更新的應許得以保證和落實。當然，新約時代也分兩個階段實現：主再來前和主再來後。在首階段中，教會有聖靈的內住、指引和加力，但信徒仍會受罪和死的困擾，因此，某些恩典，如：人人都認識上帝，所以不必教導任何人去認識祂，也許要在新天新地中，方可完全地實現。[15]

(ii) 新約帶來末世光明的遠景

耶利米先知所處的時代，是以色列面對內憂外患的黑暗時期：列強入侵、選民背棄真神、領袖腐敗、民族敗亡被擄。但耶利米所預言的新約時代，卻會是一個黃金時代。對處身於水深火熱中的以色列民，這上帝的應許真是一個好消息。雖然上帝並沒有為這個預言提供具體的時間表，但在那個黑暗的時

15 參 Hughes, *Hebrews*, 295～304；Dumbrell, *The End of the Beginning*, 86～95。

代，新約的應許是一個光明美麗的前景，是所有以色列民都熱切期待的！

(iii) 新約是子民復合的時代(來八8下)

以西結先知所預言的，北國以色列和南國猶大在分裂後的復合(參結三十七15～22)，是當時許多以色列人的期盼。新約使徒將這個預言重新詮釋，視之為猶太人和外邦人在基督裏合一，成為一個教會，[16] 因為新約所帶來的，不單是以色列內部的復和，更是基督的十架使神人復和，以致不同的種族、階級、性別的人，都得以在基督裏成為合一的新羣體(林後五18～21；弗二11～19；加三28)。

(iv) 新約是萬有更新的國度

新約作為「恩典之約」的實現，完全是上帝主動和恩典的作為：立約的是上帝、應許的是上帝、成就應許的也是上帝；並且面對人的軟弱無能，上帝的大能更新一切，包括個人的生命、羣體的關係，和宇宙的合一(參弗二1～10，二11～22，一9～10)，這是超過人所想所求的。

(v) 新約是更榮耀的職事(林後三3～18)

保羅在此論到他自己能以承擔新約的執事，不是憑著字句(指律法)，乃是憑著聖靈(和合本誤譯為「精意」)，因為律法

16 參 Bruce K. Waltke, *An Old Testament Theology: An Exegetical, Canonical, and Thematic Approach* (Grand Rapids: Zondervan, 2007), 438。

是使人死（引人犯罪違背律法，而帶來罪的刑罰：死亡），而聖靈是使人活（聖靈乃生命之靈）。保羅在此將新約與舊約對比：

- 新約是屬聖靈，使人得生命的職事；而舊約則是屬律法，使人被定罪的職事（6 節）；
- 舊約屬律法的職事，透過摩西臉上的光，顯出是有榮光的職事；但新約是聖靈的職事，有更大的榮光（7～11 節）；
- 舊約時代的猶太人，害怕看見摩西臉上的榮光，故摩西與他們見面時要蒙上帕子（7、13 節）；但新約的信徒，卻能敞著臉面對基督藉聖靈所發出的榮光，故得以榮上加榮，在基督和聖靈裏成聖（18 節）。因此，保羅勸勉當代的猶太人，要靠著聖靈得自由，揭去帕子，因為這帕子在基督裏已被廢去（12～17 節）。假若他們仍蒙上帕子，即是不信耶穌，就是自絕於新約恩典之門外，甘作滅亡之子（四 3、4），非常可惜！

保羅在哥林多後書三章，論到新約的職事時，清楚指出這職事是榮耀的，因為它帶來聖靈的生命與自由；同時，這職事也是信徒在基督的榮光中，敞著臉得以不斷成聖的職事。在領受這新約的恩典時，信徒應明白保羅所說「主就是那靈」（17 節），是指復活的主基督，與生命的主聖靈，在救贖工作和職事上完全認同，合而為一，有完美的配合。這也呼應了為何保羅在前文（3 節）所說，哥林多信徒是「基督」為使徒所寫的推薦信，卻也是用「聖靈」所寫成的；因為他們的生命是使徒在基督裏建立的，而且也是聖靈所賜予的新生命（參羅八 9～10）。

小結：我們在基督裏，領受了這更美、更榮耀、更屬乎恩典的新約，當如何支取這恩約的祝福，過一個自由、豐盛的人生呢？又如何與人分享這寶貴的聖約呢？

四　上帝子民的倫理、使命與身分

1 上帝對子民的倫理要求

與人立約的上帝，要求人對祂有信心的委身，並順服祂的命令。這「律法之約」的順服，是蒙上帝賜福的條件（出十九 4～6；申六 1～25）；然而，「應許之約」的順服，卻是上帝賜福的回應（創十二 1～4，十七 1、9～14；羅十二 1～2）。

在舊約時代，這些律例典章的「精簡版」，是以色列人早晚念誦的「認信禱告」（*Shema*）：

> 以色列啊，你要聽！耶和華——我們上帝是獨一的主。你要盡心、盡性、盡力愛耶和華——你的上帝。（申六 4～5）

到了新約時代，上帝對子民全然委身，敬拜順服上帝的要求，基本上沒有改變（約十四 23～24；羅十二 1～2）；但由於聖子耶穌基督已經降臨，祂不廢棄律法，卻是要「成全」（有確立和超越的雙重意思）律法（太五 17～18）。當被文士問到：「誡命中哪是第一要緊的呢？」耶穌回答說：

「第一要緊的就是說：『以色列啊，你要聽，主──我們上帝是獨一的主。你要盡心、盡性、盡意、盡力愛主──你的上帝。』其次就是說：『要愛人如己。』再沒有比這兩條誡命更大的了。」(可十二 29～31)

耶穌首先重申了舊約以色列人律法中的認信禱告，祂沒有廢掉這律法，卻是「成全」(確定和提升) 這律法，其中包括兩方面：

1. 將「愛人如己」這誡命 (利十九 18) 與「全然愛上帝」放在同一水平，相提並論，就是以愛人、服事幫助人為愛上帝之具體表現和證明 (參約壹四 20；雅二 14～17；太二十五 31～46，十九 16～22 等)，並且這種愛心是沒有種族界限的 (參路十 25～37)。猶太律法師常問：「誰是我的鄰舍？」(參利十九 18；主要是吩咐要愛本國的子民)，耶穌卻說：「不要問誰是我的鄰舍？」要問：「我是否那些有需要的人的好鄰舍？」(路十 25～37)
2. 將「愛主你的上帝」應用在「愛耶穌、跟隨和順服耶穌」這新約的處境中，因為「道成為人」的耶穌，就是舊約中「主耶和華」的對等 (可十二 35～37；徒二 36；腓二 9～11；羅十 9；太十九 21；路九 57～62；約二十一 18～22)，因此，愛耶穌、跟隨耶穌，是作門徒應盡的本分和生活方式 (太十九 21；約二十一 15～22)。

假若我們留心福音書所載，就會發現，主耶穌對門徒的要求，是「愛我、跟隨和順服我」，及「愛人如己，謙卑服事人」。這是祂常常強調和重複的教導，可以說是成了「耶穌的信經」（the Jesus Creed；注意：耶穌從沒有吩咐門徒去「愛上帝」）。門徒「愛耶穌，和愛人如己」，不單確立了律法，並且是超越了律法的要求。[17]

當然，從一個涵蓋性的角度看，主對門徒的要求，是遵守祂一切所吩咐的（太二十八19），在凡事上以耶穌為主，因為祂是天國的君王。福音書中記載了不少「天國的倫理」，如：馬太福音五至七章中的登山寶訓，以及羅馬書十二章9至20節等。

2 新約子民的身分確立

在新約時代，上帝子民的身分不再是按人的出身、國籍，和律法禮儀的記號來決定，乃是按他是否信靠基督，和是否有聖靈的生命、果子，和恩賜來分辨。正如保羅所說，在新約時代，真正亞伯拉罕的後代，有資格承受上帝應許產業的人，是信靠歸向基督的人（加三26～29），而不是天生的猶太人。真正的猶太人選民，並非肉身的猶太人，乃是經歷聖靈內在割禮的人：

> 因為表面上作猶太人的並不是猶太人，在肉身上表面的割禮也不是割禮。惟有在內心作猶太人的才是猶太人；

17 參 Scott McKnight, *The Jesus Creed: Loving God, Loving Others* (Brewster: Paraclete Press, 2005)。

割禮也是心裏的，是靠著聖靈而不是靠著儀文。這樣的人所受的稱讚，不是從人來的，而是從上帝來的。（羅二 28 ～ 29，《聖經新譯本》）

在這些宣告中，我們看見了一個有關上帝子民的新定義，和對以色列的一個全新的觀念。這些新的定義和觀念，是建立在基督被釘十架、復活升天、賜下聖靈等救贖歷史的基礎上。

福音書記載，耶穌在被賣的那一天，與門徒一起吃逾越節晚餐時，設立新約的聖禮——聖餐，作為新約的記號與印證（太二十六 26 ～ 29；林前十一 23 ～ 26），也是記念基督作為新約逾越節的羔羊（參出十二 7、13、22 ～ 23；林前五 7），實現了祂為「受苦的僕人」的先知預言（賽五十三 5 ～ 6、8、10、11 ～ 12），建立一個神人契通的彌賽亞羣體。[18]

當然，十架並非事情的終局，因為耶穌預告在父上帝的國裏，祂將與門徒同在，享受屬天的筵席（太二十六 29）。這給新約信徒在領受聖餐的時候充滿著盼望，在記念主的時候滿有喜樂的心，因為基督是一位復活的主，祂必再來，並會帶著榮耀的身體與我們一同坐席！

3 新約子民的福音使命

馬太福音二十八章 18 至 20 節記載，耶穌復活之後，在加利利向門徒頒佈福音「大使命」（the Great Commission），說：

---

18 參 France, *The Gospel of Matthew*, 986 ～ 996。

> 天上地下所有的權柄都賜給我了。所以，你們要去，使萬民作我的門徒，奉父、子、聖靈的名給他們施洗。凡我所吩咐你們的，都教訓他們遵守，我就常與你們同在，直到世界的末了。

這使命是新約教會在過去二千年發展的重要基石。它一方面是承接亞當從上帝領受的「創造使命」（創一 28），和以色列所領受的「見證使命」（出十九 5～6；賽四十三 21），另一方面它也有以下新的特徵：

- 復活的基督從父上帝得了天地的權柄，確定祂是那得勝榮耀的彌賽亞人子（但七 13～14），亦是大衛的子孫，那坐在寶座上的天國君王（撒下七 13）。
- 門徒被差到萬民中，實踐普世使命，使人作主耶穌基督的門徒。
- 在舊約時代，萬國萬民都要來耶路撒冷朝拜上帝，但在新約時代，子民要帶著基督的權柄和聖靈的能力，出去領萬民歸主。
- 洗禮作為新約子民與三一上帝聯合的聖禮，成全了舊約的割禮（創十七 10～14；西二 11）。
- 上帝的子民要受教，遵行主耶穌所吩咐的一切，這是對主救贖恩典的回應，有別於律法之約的原理——人遵命是上帝祝福的條件（參上文「聖約神學精要」）。
- 由於人類的罪和創造的墮落，這使命是救贖性和以基督為中心的。

- 主同在的應許，重申歷史聖約中，上帝說：「我要作他們的上帝，他們要作我的子民」這神人契合的心意。不同的是，在新約教會時代，這應許是「在基督裏，藉著聖靈」的同在。

這新約的「大使命」為普世人類帶來福音信息、教會建立，這是救贖性的使命，成全了上帝自亞伯拉罕以來，歷代與選民所立「恩典之約」。[19] 至於這「大使命」與整全使命的關係，請參閱本書第五章論及教會「整全使命」的探討。

4 新約子民的普世性和合一性

A. 教會的普世性（Universality）

(i) 在基督裏

舊約上帝的子民主要是以色列人，但新約的子民則是一個普世的羣體；她不受國籍、社會階級、民族、性別、年齡等因素的規限。正如保羅所說，

> 你們受洗歸入基督的都是披戴基督了。並不分猶太人、希臘人，自主的、為奴的，或男或女，因為你們在基督耶穌裏都成為一了。（加三 27～28）
>
> 在此並不分希臘人、猶太人，受割禮的、未受割禮的，化外人、西古提人，為奴的、自主的，惟有基督是

19 參 Dumbrell, *The End of the Beginning*, 104～107。

包括一切，又住在各人之內。（西三 11）

這個超越國家民族的上帝選民的觀念，在傳統以色列人中是沒有的。受猶太教文化及宗教影響的人，都不能想像，外邦人可以與猶太人同屬一個團體。使徒保羅雖然生為猶太人，也曾為猶太教大發熱心，要除滅一切跟隨耶穌的人，但復活的主向他顯現，使他完全改變了人生方向，而上帝也藉聖靈向他啟示了「基督的奧祕」，就是：

這奧祕就是外邦人在基督耶穌裏，藉著福音，得以同為後嗣，同為一體，同蒙應許。（弗三 6）

其實在歷史中，所有的外邦人在猶太人的眼中都是外人，在上帝的應許和聖約上無分無關（弗二 12），並且活在世上，沒有盼望，沒有上帝，因為他們遠離了上帝。然而，因著基督的十架，他們可以與猶太選民同作上帝的子民，因為：

你們從前遠離上帝的人，如今卻在基督耶穌裏，靠著他的血，已經得親近了。因他使我們和睦，將兩下合而為一，拆毀了中間隔斷的牆；而且以自己的身體廢掉冤仇，就是那記在律法上的規條，為要將兩下藉著自己造成一個新人，如此便成就了和睦。既在十字架上滅了冤仇，便藉這十字架使兩下歸為一體，與上帝和好了。（弗二 13～16）

不單如此，外邦人也成了天國的子民，上帝家裏的人，又是上帝聖殿的一分子，可以藉聖靈進到父面前（弗二 18 ～ 21）。這一切的改變，全是因為基督的十架（12 ～ 16 節）。

（ii）同被稱義

另一方面，這教會的普世性特徵，與「因信稱義」的救恩真理是息息相關的，因為：

> 上帝的義，因信耶穌基督加給一切相信的人，並沒有分別。因為世人都犯了罪，虧缺了上帝的榮耀……難道上帝只作猶太人的上帝嗎？不也是作外邦人的上帝嗎？是的，也作外邦人的上帝。（羅三 22 ～ 23、29）

按這原理，救恩和教會的門，向普世的人，包括外邦人，應該永遠是開放的（參羅一 16，十 12）！不單是民族的差異，就是社會階級、性別、貧富、背景，或其他差異，都不應攔阻人歸主加入教會，並參與事奉。

這樣看來，猶太教中的民族主義和宗教優越感，都有違舊新約聖經的一貫啟示。特別在新約教會時期，當復活的彌賽亞君王將聖靈的恩賜，與普世宣教使命同時帶給祂的子民時，這些狹窄的民族和宗教優越感，就顯得更難以固守了；因為它顯然與上帝在歷史中的工作背道而馳！

或許有人會問，教會的普世性（universality）會否引致普救論（universalism）？

答案是否定的！不錯，救恩會臨到萬民，並且是超越一切種族、階級、性別、貧富等分界，但並非所有的人都會得救，都是上帝的兒女/子民。救恩不錯是普世性的，但它也同時是特殊性的，因為惟有在基督耶穌裏(加三 29)，憑信心承受應許(羅四 16)，蒙上帝呼召的人(八 28～30，九 24)，才是上帝的兒女。保羅在論及稱義的原理時(五 12～19)，帶出了因亞當的罪，所有人(all men)都被定罪；照様，因基督的義行，所有人(all men)也被稱義(18～19 節)；這給人一個印象，就是在基督裏，全人類都得稱為義了。這當然是不對的，「所有人」的範圍，是按照「在亞當裏」(即他的後裔=全人類)和「在基督裏」(與祂聯合=信靠祂的人)去界定的，並非一律的指「全人類」!

B. 教會的合一性(Unity)

教會的普世性和合一性是緊密相連的，教會的合一是一個事實，也是一個要努力的目標。信徒在基督裏，無論是甚麼種族、階級、性別和背景，在基督裏都是一個身體，一個子民，都是平等和不應在教會中受到任何歧視的。可惜，實際情況並非如此，願主憐憫恩待我們！

但如何持守教會的合一？使徒保羅教導以弗所信徒：

> 凡事謙虛、溫柔、忍耐，用愛心互相寬容，用和平彼此聯絡，竭力保守聖靈所賜合而為一的心。(弗四 2～3)

在寫給羅馬教會的書信中，保羅簡單而重要的勸勉是：

所以，你們要彼此接納，如同基督接納你們一樣，使榮耀歸與上帝。（羅十五7）

「接納」在此的意思，不是指「勉強容忍」不同的人在教會中和平共存，或只是「承認」他們的「合法」地位，乃是全然地，從心裏接納他們與我們都是平等的，是上帝家裏的家人，並且歡喜快樂地與他們在主裏團契和同工，就好像基督完全無條件地接納了我們一樣，使榮耀歸與父上帝！[20]

五 蒙上帝揀選的子民：亞伯拉罕、以色列、基督

上帝的揀選不單是「救恩論」中一個重要的環節，[21] 也是「教會論」中不可缺少的教義。

使徒保羅與猶太教的對立（羅二1～三30），引致猶太教徒對他的控告，説他宣講因信（耶穌）而稱義，就是廢掉律法，也同時否定了猶太人作為亞伯拉罕子孫的權利（羅三31，四1）。保羅對此的回應是：非也！信耶穌乃是堅固律法，也沒有否定亞伯拉罕子孫的權利；而舊約聖經所載，上帝對亞伯拉罕的呼召和應許，就足以支持這論點（羅三31～四25）。

20 參 Douglas Moo, *The Epistle to the Romans*, NICNT (Grand Rapids: Eerdmans, 1996), 872～884。

21 參陳若愚：《基督、聖靈與救贖》，頁235～302。

1 亞伯拉罕與上帝的應許

A. 亞伯拉罕的眾子孫（羅四章）

問題一：誰是亞伯拉罕的子孫／後裔（眾數）？

回答：保羅在此清楚指出，猶太人肉身的先祖亞伯拉罕，與他的子孫一同從上帝領受應許的祝福，而這些子孫並非指亞伯拉罕肉身的後裔。

問題二：原因何在？

回答：因為上帝所應許的福，並非給予受割禮者，乃是給予那沒有受割禮者，包括亞伯拉罕自己本人（3～14節）；而由於亞伯拉罕自己也是因信稱義（6節），因此，他也成了藉信而稱義之人的父（9～14節）。可見，上帝從起初就立了一個原理：所有亞伯拉罕的子孫，和屬上帝的子民，都是藉信心稱義，才得以稱亞伯拉罕為父，成為他家的一分子（15～25節）。舊約時代的子民，相信上帝所應許將要來的彌賽亞；而新約時代的信徒，則信靠那已降世為人、受死、復活的基督；這兩個時代的信徒，皆藉信與基督聯合，最終都成了一家人！

B. 亞伯拉罕的一個子孫（加三15～29）

問題：誰是那上帝所應許的亞伯拉罕的子孫（單數）？

回答：是指他的一個後裔，就是基督（16節）！因此，所有信耶穌的人，都是上帝的兒子（26節），而所有受洗歸入基督、披戴基督者，皆是亞伯拉罕的後裔，按上帝的應許承受產業，並在基督裏合而為一的了（27～29 節）。這是一個以基督為中心的（Christological）亞伯拉罕子孫的概念，是使徒保羅從上帝所領受的啟示。

2 上帝對以色列的應許是否落了空(羅九～十一章)?

保羅首先表達了自己面對同胞的不信，心裏所感受的傷痛（九 1～3），但他肯定以色列人作為上帝的選民，有上帝所賜的特殊身分、榮耀，和祝福（九 4～5）。然而，在處理以色列人不信耶穌這歷史現象時，他必須回答一個反對者的問題：以色列選民由於不信而不能承受上帝應許之福，這是否證明上帝應許的話落了空（九 6 上）？要回答這個問題，保羅先要澄清另一些問題：

A. 誰是亞伯拉罕的子孫？

亞伯拉罕的子孫是誰？上帝揀選祂的子民又是甚麼回事？

(i) 從以色列生的，不都是以色列人（九 6 下）

保羅並沒有從亞伯拉罕肉身的子孫說起，因為他看到，上帝從起初就將亞伯拉罕肉身的後裔，分為兩類，下列例子可以證明：

例一：以實瑪利是亞伯拉罕肉身的兒子，但以撒卻是蒙應許的兒子（九 7～9），只有後者才是上帝應許給亞伯拉罕和撒拉的兒子（9 節）。這個分別帶出一個重要的結果：以撒和一切憑信心接受上帝應許的人，都是蒙上帝應許的兒女，是按聖靈而生的（加四 28～29）。可見，上帝揀選人的基礎，不在於人的條件，乃在於上帝恩典的應許，和聖靈的能力。

例二：雅各和以掃的出生和上帝揀選的記載（九 9～13），也同出一理。兩個兒子出生前，上帝已告訴利百加：將來大的要服事小的（12 節），小兒子雅各是上帝子民的傳承者！這不單是違反了猶太傳統，更是表明了上帝揀選人不在乎人的行為，因為兩人還未出生，仍未有善惡的表現，因此誰是誰不是蒙上帝揀選，全在乎那揀選呼召人的上帝（10～11 節）。

（ii）上帝主權中的恩典和自由（九 11～29）

a）人蒙揀選乃在於上帝的主權（九 11）

以色列蒙上帝的揀選，在歷史中實現了。上帝從萬民中呼召他們，成為上帝的子民。這揀選的基礎並非在於以色列民人數眾多，或是因他們的義行（申七 6～8，九 4～6），乃是因著上帝的愛和恩典。這再次證實人蒙上帝的揀選，不在於人的行為，乃在於上帝主權中的美意（sovereign goodwill；羅九 11）。

b）上帝的憐憫與人的剛硬（九 14～18）

上帝憐憫以色列人，卻使法老的心剛硬，再次顯出祂的自由和主權；並且上帝藉法老的剛硬，成就祂的恩典與憐憫，彰顯祂榮耀的聖名。

c）窰匠與泥土的比喻（九 19～29）

罪人的抗議：若一切都是上帝主權的作為，上帝為何還指責人？有誰能抗拒祂的旨意呢（19 節）？

保羅用窰匠與泥土的比喻去回答（20～24 節）：一方面表達了造物主與受造者的分別（the Creator-creature distinction），即是我們不能當上帝與我們這些受造的人是在同一水平的存有。上帝有絕對的自由行事，但作為受造者的人，所擁的自由有限，是在造物主的絕對自由裏運作的。另一方面，上帝在歷史中的作為有一個目的，就是要成就祂恩典的美意，彰顯祂對選民的憐憫，這包括猶太人和外邦人，正如先知所預言的（25～29 節）。這樣，新約是舊約應許的實現，二者不單沒有矛盾，反而是一個救恩歷史的連續性發展。

B. 上帝如何處理以色列的不信？

（i）以色列的不信和上帝的憐憫（九 31～十一 32）

在歷史中，以色列因錯解上帝的選召，追求律法的義，而被絆跌（九 31～33）。羅馬書十章展示了保羅內心的渴求：他希望以色列同胞得救，但卻是失望，因為他們是不信、悖逆、頂嘴的百姓（十 1～21）。然而，就是因為以色列的不信，讓外邦人有機會得救（九 30），顯出上帝對外邦人的憐憫和拯救，最終引發以色列人的發奮和悔改（十一 11～15）。這樣的整個歷史過程，都顯明了上帝的慈愛和恩典。這再次證實普世教會（包括猶太人和外邦人）同蒙選召，並不是靠人的行為，乃完全是上帝主權和恩典的作為（十一 16～32）。這使蒙恩得救的人，尤其是外邦信徒，不得誇口，反而要在上帝面前謙卑俯伏，稱頌上帝的榮耀（十一 33 ～ 36）。

（ii）永恆揀選、救贖歷史、信心：協調抑矛盾？

新約聖經，特別是保羅書信，充滿了論父上帝永恆揀選恩典的啟示，包括：有關上帝的旨意（羅八 28，九 11；弗一 9 ～ 11，三 11；提後一 9）；上帝創世之前的揀選（弗一 4）；上帝的預知和預定（羅八 29，十一 2；彼前一 2；羅八 29 ～ 30；林前二 7；弗一 5、11）；上帝一早的預備（羅九 23；弗二 10）；上帝所喜悅的旨意（弗一 5、9；腓二 13）；上帝的奧祕（林前二 7；弗一 9，三 9）等。然而，這些經文同時又論及父上帝所揀選的教會，同時是屬於基督、在基督裏、與基督聯合的。可見，永恆的揀選和救贖的歷史並不互相矛盾，乃是彼此配合、相輔相成的。上帝揀選的愛，帶給教會安慰、鼓勵，和信心；而這愛是在基督耶穌裏的（羅八 28 ～ 39）。另一方面，教會的蒙恩被建立，也是植根於聖子基督在歷史中的救贖行動：祂的降生、宣講與作為、受死、復活、升天、再來，使天國逐步的實現。在這個過程中，聖靈藉福音的宣講，感召選民，使他們作出信心的回應，被建立成為天國子民的羣體。由此可見，父上帝在永恆的揀選、基督的歷史救贖，和聖靈大能的作為，使人（包括個人與羣體）藉著信得救；一切都有完美的配合，而且一切都是恩典（參約六 35 ～ 58；羅十 1 ～ 21，十一 1 ～ 32）。[22]

22 參 Herman N. Ridderbos, *Paul: An Outline of His Theology* (Grand Rapids: Eerdmans, 1975), 341 ～ 354；G.C. Berkouwer, *Studies in Dogmatics: Divine*

3 以色列選民有未來嗎(羅十一1～32)?

答案是：當然有！以下，就讓我們與使徒保羅對話：

A. 新約教會是否取代了以色列選民的地位？

按上文所說，教會是一個普世性的、合一的、有聖靈賜予同一生命的羣體；而以色列人蒙恩得救，與外邦人一樣，都是藉著信靠耶穌，而二者同屬亞伯拉罕的後裔，也同是上帝的兒女。那麼，新約教會是否已完全取代了以色列選民的地位？猶太人又是否與其他民族毫無分別呢？

答案是否定的！不錯，保羅曾說，在新約時代，上帝的奧祕已被啟示，這奧祕就是外邦人藉著福音，可以與猶太人同為後嗣，同為一體，同蒙應許(弗三6)，但猶太民族在上帝的計劃中，仍然有其獨特的地位。她從上帝所領受的祝福也不少，包括：

- **羅馬書三章16節：**猶太人有上帝的聖言交託予他們，而他們的不信，並沒有廢掉上帝與他們所立的約，因為上帝是守約和信實的。
- **羅馬書九章4至6節：**保羅指出猶太人從上帝領受許多恩惠，其中包括：

他們是以色列人；那兒子的名分、榮耀、諸約、律法、

Election (Grand Rapids: Eerdmans, 1960)。

> 禮儀、應許都是他們的。列祖就是他們的祖宗；按肉體說，基督也是從他們出來的。他是在萬有之上，永遠可稱頌的上帝。阿們！

- **羅馬書九章30節至十章21節：**然而，使徒的領受是：從以色列生的，不都是真以色列人！為甚麼？因為猶太人並不缺乏上帝的聖言和福音的知識，但他們大都錯解了上帝的恩典和猶太人的權利，以致不願意相信耶穌，因此至終不能得救。
- **羅馬書十一章1至10節：**雖然猶太人大部分是頑梗不信的，但上帝在每一個時代，在背叛的選民中仍留下一些餘民（remnant），就像以利亞時代一樣；這是上帝恩待猶太選民的明證。

B. 上帝是否已經棄絕了祂的百姓以色列？

不是！除了肯定在不信的以色列民當中仍有剩餘之民外（十一2～10），保羅還帶出了，在歷史中，猶太人一個表面矛盾的現象，那就是：

> 就著福音說，他們為你們的緣故是仇敵；就著揀選說，他們為列祖的緣故是蒙愛的。因為上帝的恩賜和選召是沒有後悔的。（羅十一28～29）

是的，猶太人的不信顯出他們是上帝的仇敵，但就著上帝的揀選，他們是蒙愛的。這是基於上帝是信實的，祂的恩賜和呼召永不會廢去。不錯，他們因不信而跌倒了（11、22 節），但他們的跌倒，卻帶來了外邦人的得救（12、15、27、30 節）。若他們的缺乏成為外邦人的富足，他們的被接納，豈不帶來更大的祝福（死而復生）嗎（12～16 節）？事實上，外邦人的蒙恩確實令一些猶太人發奮，使他們重新歸向上帝（11、13、15、23～24 節）。因此我們可以如此說：外邦人的得救是猶太人的不信所帶動的，但外邦人的蒙恩也引發一些不信的猶太人悔改歸主。二者有互動的關係！

C. 羅馬書十一章 25 節的「奧祕」是指甚麼？

保羅在論及以色列的未來時，有這樣的話，說：

> 弟兄們，我不願意你們不知道這奧祕（恐怕你們自以為聰明），就是以色列人有幾分是硬心的，等到外邦人的數目添滿了，於是以色列全家都要得救。如經上所記：「必有一位救主從錫安出來，要消除雅各家的一切罪惡。」又說：「我除去他們罪的時候，這就是我與他們所立的約。」（羅十一 25～27）

這不是一個哲理性的奧祕，而是一個歷史性的奧祕，就是一個在過去一直是隱藏著，但如今被啟示出來的上帝旨意，這旨意配合過去先知的預言。這歷史性的奧祕（historical mystery），就是：

- 以色列民族的心硬並非永久性的，乃是直到外邦人得救的數目添滿為止。然後，上帝將會成就猶太人歸主的事。
- 「於是」(and in this way)是指上文所描述的歷史發展模式：以色列心硬不信→福音臨到外邦人→外邦人歸主激發以色列全家歸主得救。
- 以色列全家並非指每一個以色列人都會得救，乃是指以色列作為一個整體(參可一5)將會歸信主而得救。其實，不信主而已經離世，或將離世的猶太人都不可能得救。而那些將會得救的猶太人，將會因為相信耶穌而被上帝接納，像從死裏復活一樣(羅十一15；參結三十七1～28)。
- 以賽亞書五十九章20至21節及二十七章9節的預言，皆指向以色列在將來會歸主而得拯救。

D. 分析與結論

舊約學者華爾基(Bruce Waltke)對羅馬書十一章11至26節作了簡要的分析：保羅用了四個「平行的三部曲」，去描述猶太人與外邦人在「歸主」與「被棄」之間的歷史互動關係：

- 11～12節：以色列的過錯→外邦人得救→以色列的豐滿；
- 13～16節：以色列的被棄→天下的復和→以色列被接納＝死而復生；
- 17～24節：原來樹枝被折下來→野生枝子得接在其中→原來枝子重新接上；
- 25～26節：以色列的硬心→外邦人數目添滿→以色列全家

得救。

這個分析支持上文對 25 至 26 節的了解，也配合了保羅就外邦信徒在 28 至 32 節所作出的結論：

> 就著福音說，他們為你們的緣故是仇敵；就著揀選說，他們為列祖的緣故是蒙愛的。因為上帝的恩賜和選召是沒有後悔的。你們從前不順服上帝，如今因他們的不順服，你們倒蒙了憐恤。這樣，他們也是不順服，叫他們因著施給你們的憐恤，現在也就蒙憐恤。因為上帝將眾人都圈在不順服之中，特意要憐恤眾人。

不錯！上帝的憐憫臨到外邦人，也臨到猶太人。因此，他們在基督裏都成了「一個新人」(弗二 15)。這是上帝智慧和奇妙的工作！[23]

面對上帝如此奇妙的作為和智慧的啟示，使徒保羅在十一章 33 至 36 節不禁發出讚歎與敬拜：

> 深哉，上帝豐富的智慧和知識！他的判斷何其難測！他的蹤迹何其難尋！「誰知道主的心？誰作過他的謀士呢？誰是先給了他，使他後來償還呢？」因為萬有都是本於他，倚靠他，歸於他。願榮耀歸給他，直到永遠。

---

23 參 Waltke, *An Old Testament Theology*, 325 ～ 332；Moo, *The Epistle to the Romans*, 710 ～ 739；Ridderbos, *Paul*, 354 ～ 361。

阿們！

這讚美詩並不是說，上帝的本性和作為是「不可知的」（unknowable），因為羅馬書一至十一章就正是上帝救贖計劃的清楚啟示。這頌歌乃是保羅對上帝奇妙救贖作為和超越智慧的稱頌和讚美，引發讀者的共鳴！聖經告訴我們，人可以按上帝的啟示認識上帝，祂是「可知的」（knowable），但祂也是「深不可測的」（incomprehensible），因為祂是那至高和超越的上帝！

4「以色列的未來」的總結

總的來說，以色列選民的歷史與未來，與外邦人的歸主過程，有千絲萬縷的關係。二者至終同在基督裏成了一個身體，飲於一位聖靈（林前十二 13）。以色列民有上帝的應許和聖約的關係，雖然曾經不信，她的至終得救，會顯明上帝的信實、慈愛、智慧，和能力。從當代教會使命的角度來看，帶領以色列人歸主，仍然是普世教會使命重要的一環，特別是在這末世的時候。

我們相信，以色列的整體歸主是指日可待的，但她的得救仍須藉著信靠耶穌，而不是憑著亞伯拉罕肉身後裔的身分！

討論問題

1. 孔漢思說：「若沒有基督的復活，就沒有教會」，你同意嗎？請說明你同意或不同意的原因。
2. 舊約聚集的子民，與耶和華上帝有何關係？他們有甚麼聚集的原則？試簡述之。
3. 主耶穌要建立的「天國子民」是怎樣的？它有何屬天的權柄？它有甚麼不同的表達形態？
4. 聖經中記載上帝與子民訂立「律法之約」和「應許之約」（加四21～五1），二者的特徵是甚麼？有何分別？二者如何在基督裏得著協調，互相結合？
5. 「新約」如何超越「舊約」？試分析描述之。這「超越」對新約的信徒有甚麼意義？
6. 主耶穌對新約子民有甚麼「倫理要求」？與對舊約子民的要求有何異同？
7. 新約子民有甚麼新的特性？領受了甚麼使命？如何實踐？
8. 在新約時代，誰是「亞伯拉罕的子孫」？這定義如何影響猶太人和外邦人之間的關係？
9. 以色列曾蒙上帝揀選，卻又因不信而絆跌（羅九31～33），那麼，上帝是否棄絕了祂曾揀選的百姓？為甚麼？
10. 「以色列全家得救」（羅十一25～26）是甚麼意思？以色列民與外邦信徒之間的關係，在歷史中是如何發展的？終局又會是如何？這歷史的過程，如何反映了上帝的屬性？

3

教會是基督的身體

一　引言：教會是甚麼？聖經如何形容她？

美國新約學者邁尼亞（Paul S. Minear，1906～2007 年）在他的著作《新約聖經中的教會諸表象》（*Images of the Church in the New Testament*），[1] 介紹了約一百個新約有關教會的象喻（image），並闡釋了一些較為重要的。這些象喻，表達了新約作者們對「教會」多元和豐富的認識。在眾多的象喻中，本書選取了三個較為重要的（也許是最重要的），作為探討「聖經教會觀」的主題：

1.　「聖靈的殿」——教會是神人同在的羣體，榮耀聖靈的

1　Paul S. Minear, *Images of the Church in the New Testament* (Louisville: WJK, 2004)；中譯本：保羅．邁尼亞：《新約聖經中的教會諸表象》，郭得烈、賴英澤譯（台北：東南亞神學院協會，1966）。

居所。

2. 「上帝的子民」——教會是父上帝所揀選、呼召，和與之立約的天國子民。
3. 「基督的身體」——教會是基督耶穌所愛、所聖化潔淨，並要在末日獻予基督的榮耀新婦。

這三個象喻充分表達了教會與三一真神的密切關係，和教會高貴的身分。不錯，過去二千多年歷史中，教會經歷了諸般的艱難和困苦，也顯出她的諸般軟弱、失敗、缺欠和罪惡。但三一上帝——作為教會的創造主和救贖主——藉聖經的啟示和歷史的見證，顯明了祂對教會的旨意，是美善和榮耀的，而對她的實存的掙扎和軟弱，也滿有憐憫體恤（來四 14～16）。因著大祭司耶穌的代求，和聖靈「保惠師」（Paraclete）的加力，我們深信，教會信眾在地上的旅程，最終必能順利到達目的地（來七 25；羅八 9～11，16～39）。我們也確信，就在今天，在榮耀的新天新地未到以先，教會已能先嘗屬天的福氣（弗一 3～14；西三 12～17），彰顯天國子民的榮耀生命（太四～七章）。今天，新約教會正活在末世「已然未然」（already but not yet）的張力之中，努力完成主給她的使命，並期待著天國最終的實現，就是「上帝的旨意行在地上，如同行在天上」（太六 10）那一天的來臨。

在開始探討「教會是基督的身體」這主題時，我們必須先要問：這「基督的身體」所指為何？

二　「基督身體」的當代詮釋：喻意抑實體？

1 兩大類觀點

「基督的身體」作為教會的稱號，只在保羅書信中出現，這「身體」的意思，二十世紀新約學者們都有不同的意見，但大致上可分為兩大類：

1. 以這「身體」為喻意（metaphor）的表達，描述教會羣體與基督生命上的關係。這是傳統更正教（Protestant）和天主教（Catholic）學者的看法。
2. 以這「身體」為基督道成肉身、受死、復活、那本質（ontological）的身體，而這「身體」今天在教會的身上得以延續，因為教會在本質上和物質上就是基督的身體。這是較前衞和較自由的更正教和天主教學者的看法。

這兩類的觀點亦可稱為：（1）「喻意和集體性」（metaphorical-collective）；及（2）「本體和個人性」（ontological-personal）的兩種詮釋。[2]

以上兩類看法，可以進一步分析為下列四個觀點：

2　參 Ridderbos, *Paul*, 362～369。

A. 傳統更正教的「喻意性」觀點（以下簡稱 1a）

持這觀點的學者認為，基督復活升天之後，祂賜下聖靈，讓新約教會得以成立。聖靈就是高升的基督與教會聯合的形態。這帶出了基督身體的「喻意和集體性」的意義（metaphorical-collective sense），也承接了自奧古斯丁（Augustine）及加爾文（John Calvin）所提出的觀念：真正的教會乃是那「無形的教會」（the invisible Church）；而這也符合一個傳統看法，就是教會與基督之間，有一個「神祕聯合」的關係。

B. 傳統天主教的「喻意性」觀點（以下簡稱 1b）

這觀點建立於一個神學基礎，就是「教會」與「基督的神人二性」是連結的。這些學者認為，當教會領受聖餐時，她就是在分享基督的身體；而教會如此領受基督那祝謝後變質的身體（the transubstantiated body），就集體地與這真實的、具有神人二性的基督，有神祕的聯合（mystical union），但教會本身卻不會變成這真實的基督身體，只是在喻意上，與主聯合為一個「羣體—身體」（community-body）。

二十世紀後期，在歐美神學界興起了一個較新的神學觀點，與上述觀點有別的，就是以教會為「道成肉身的基督」在本體上的延續，其中包括：

C. 當代更正教的「本體性」觀點（以下簡稱 2a）

這些學者以基督的身體為那被釘、受死和復活的身體；他們一般都認為，既然教會與這位受死復活的主聯合（羅六章），她就成為基督的肉身。英國主教羅賓遜（John A.T. Robinson）認為，耶穌在歷史中設立聖餐時說：「這是我的身體……我的血」，即表示基督已將自己的身體傳遞給信眾，因此領受聖餐的教會也就成為基督的身體！羅氏還引用復活的主向掃羅顯現，將自己與教會認同（徒九 4、5），以證明教會就是復活的耶穌在地上真實的延續。[3]

我們認為，這新觀點犯了兩個錯誤：

1. 聖餐的餅不能與耶穌的身體等同，否則「領受」就等於「變成」（參本書第八章有關聖餐的討論）。
2. 基督與祂的教會認同，也不能推論出「教會=基督復活的身體」，否則我們必須接受「在往大馬士革路上向保羅顯現的，不單是耶穌，也是教會」，這就遠遠超出了經文（徒九 4～5，二十二 7～10，二十六 14～18 等）的原意，並且也明顯地與新約的整體教導有矛盾。[4]

D. 當代天主教的「本體性」觀點（以下簡稱 2b）

持這觀點的學者（如山福〔L. Cerfaux〕、伯諾阿〔P. Benoit〕）認為，在聖餐禮中，信眾合而為一，一同領受一個餅，就是基督被釘的身體，也是祂復活榮耀的身體；而由於教會與這榮耀充滿萬有的基督認同，她也與復活的基督一同領

3　見 John A.T. Robinson, *The Body: A Study in Pauline Theology* (London: SCM, 1952)。

4　參 Ridderbos, *Paul*, 365～367。

受了上帝豐盛的生命，所以信徒得以彼此合一，也與主基督合一；教會因此是基督受死和復活「個人和真實的身體」在歷史中之延續。這與 2a 的觀點很相似，而我們對 2a 觀點的評論，大致上也適用於 2b。

2 評論

綜合以上四種觀點，我們認為 1a 仍然是最接近新約啟示（特別是保羅）的觀點。原因如下：

A.「基督身體」有多重的意思

要明白一段經文中「基督的身體」所指為何，我們須按該段經文的主題和前文後理去界定這「身體」的意思。在保羅書信中，它可以指：

- 耶穌自己那道成為人，被釘、復活的「有形身體」（如：西一22；腓三 21）；
- 「聖餐中的餅」：它代表基督藉受死復活所帶來的救贖（如：林前十 16，十一 24）；
- 基督所愛、所救贖，與之聯合的「教會羣體」（如：弗四 12；林前十二 27）。

我們在了解經文時，若不正確地分辨「身體」的不同意思，有可能會引致混亂和不必要的錯謬！筆者認為 1b、2a、2b 等觀點，都是沒有正確分辨的結果。

B. 喻意的（metaphorical）也可以是真實的（reality）

也許有人以為，喻意地看「身體」，就會否定這「身體」的真實性。其實，喻意地了解「教會是基督的身體」，並不會否定她與復活的主真正地聯合。信徒和教會與主有一個救贖性，同時也是真實的關係（a redemptive and also real relationship），使他們都有主的新生命，而且這生命會逐漸更新成長，等候將來身體的復活。這樣，以「基督的身體」為喻意，並不否定「教會與耶穌的關係」的真確性。正如聖經中以「猶大的獅子」比喻耶穌（啟五 5），我們都不會以耶穌為一頭獅子，但也不會否定耶穌是那位真實的、出於猶大支派、得勝的彌賽亞君王！

C.「屬靈」=「在聖靈裏」，並非等於「不真實」

教會是「基督的身體」，同時也指向一個「屬靈」的關係，但其重點是「聖靈」，而非「內心」，因為基督復活後，祂的工作與聖靈的工作完全認同，因此「主就是那靈」（參林後三 17；林前十五 45；羅八 9～10 等），而今天聖徒與主聯合，就是與聖靈聯合。當然，聖靈今天居於聖徒心中，將來祂也必使信徒的身體復活，並且更新天地。所以聖靈的工作是全面性的，也是救贖性和歷史性的，而非單限制在人的內心（internal-spiritual）！針對某些持守 1a 觀點的人，這一點會修正他們一些未夠整全的屬靈觀。

D.「基督的身體」這比喻的歷史淵源

了解保羅使用「基督的身體」這比喻的歷史淵源，可加強支持那「喻意和集體性」的觀點。華人新約學者馮蔭坤在檢視不同的論點後，清楚指出「基督的身體」的神學觀念，並非源於單一哲學或神學傳統，乃是保羅受到不同思想文化傳統的影響，而產生這個理念。這些不同的傳統包括：

- 希臘—羅馬時代的作家，如辛尼加（Seneca）、斐羅（Philo）等，將古代城市或整個羅馬帝國比喻為一個身體，國家元首是頭，而人民則是互相依賴的眾多肢體。
- 保羅所熟悉的希伯來文化和其信仰中的「集體人格」（corporate personality）觀念，具體表達於亞當、亞伯拉罕、挪亞、摩西等歷史人物身上。猶太人都普遍接受「一體涵蓋多元、多元而又一體」的觀念；在保羅神學思想中，也常以此作為描述基督與信徒的關係（羅五 12 ～ 21；林前十五 22 ～ 45 等）。
- 耶穌的教導，特別是有關基督與祂的子民之間是「一體」（solidarity）關係（可九 37；太十八 5，二十五 40 等）；其中的特殊事件是：復活的主向保羅啟示，祂與受逼迫的子民認同（徒九 4 ～ 5），這是一個密切、而非等同的關係。[5]

三 「基督的身體」：保羅的解說

教會是「基督的身體」，這是使徒保羅獨特的教導課題。這

5 參 Ronald Y.K. Fung, "Body of Christ," in *Dictionary of Paul and His Letters*, ed. Gerald F. Hawthorne, Ralph P. Martin and Daniel G. Reid (Downers Grove: IVP, 1993), 76 ～ 82。

「身體」包括「地方教會」(Local Church)或「普世教會」(Universal Church)。羅馬書和哥林多前書多從地方教會的處境探討這課題，而歌羅西書和以弗所書則集中闡釋整體普世教會，她在基督裏的身分、生活與使命。其實，每一個地方教會，無論大或小，都是一個基督的身體；而並非身體的一部分，或只是一個肢體！同時，全世界的教會也是一個普世的基督身體，以基督為首，是合一的、不可分割的普世得贖羣體。可見，教會作為基督的身體，是地方性的，也是普世性的，二者沒有矛盾！

1 教會：多元而合一(哥林多前書、羅馬書)

在羅馬書和哥林多前書中，教會作為「基督的身體」，重點集中在她的多元與合一，以及這真理對信徒羣體的實際意義。在羅馬書十二章 3 至 8 節，保羅指出教會是在基督裏的「一個身體」，也是各有不同恩賜的肢體，因此，各人應了解自己在教會中的角色，並且按恩賜去事奉，彼此配搭。同樣地，「合一而多元」也是哥林多前書十二章 4 至 27 節的主題。不錯，教會的確是「一個身體」(12、13 節)，因為信眾皆藉同一聖靈受洗，也同飲於同一聖靈，因此肢體休戚與共，一同受苦，一起快樂(26 節)，是很自然的事。不過，同時間，教會也是由「多元肢體」所組成，各有不同的恩賜，所以要彼此尊重，互相依賴，配搭事奉(14～25 節)。[6] 在闡釋這「合一而多元」的真理時，保羅的

6　參陳若愚：《基督、聖靈與救贖》，頁 359～361；Fung, "Some Pauline Pictures of the Church," 92～93

出發點並非教會的羣體，而是基督，就如他在哥林多前書十二章 27 節再次重申：「你們就是基督的身子，並且各自作肢體」，若不是基督在救恩歷史中的工作，又藉聖靈使教會信眾與祂聯合，教會不可能成為基督的身體，而其「多元而合一」也毫無意義了。

當然，保羅從沒有忽略，教會也是在聖靈中（林前十二 3～4、7、11、13）；這是基於復活後基督的工作，與聖靈的工作，是同一回事（參林前十五 45；林後三 17；羅八 9、10 等）。

在論及聖餐時，「基督的身體」這比喻也浮現出來（林前十 16～17），但在這裏，保羅的著眼點是教會的合一；這是針對哥林多教會結黨紛爭的問題，而作出勸勉與教導。同樣，歌羅西書三章 15 節根據教會作為一體的真理，帶出信徒應彼此和睦。這些皆配合保羅在哥林多前書一章 10 至 13 節的教導，以及他頗為尖銳的問題：

> 基督是分開的嗎？保羅為你們釘了十字架嗎？你們是奉保羅的名受了洗嗎？（林前一 13）

教會作為基督的「一個」身體，是合一的，是基督在十架上捨身流血而建立的「一個新人」，因此應該有合一的表現。這是以弗所書重要的信息（弗二 14～18，四 2～4）。

最後，教會作為基督的身體，也引出使徒保羅的苦難，是要為教會「補滿基督患難的缺欠」（西一 24），就是要補足「彌賽亞的苦難」（woes of the Messiah）。這苦難有一定的分量，須由教會去滿足，基督才會再來。[7]這告訴我們，雖然基督已經升天，祂仍繼續藉教會與使徒經歷苦難；而保羅所受的苦，不單是為基督，也是為著教會，去滿足那本是教會要去滿足的「彌賽亞苦難」。可見，教會作為「基督的身體」，在基督再來之前，必然會經歷苦難（參約十五 18～20）。

2 基督是「教會的頭」

以弗所書和歌羅西書對教會作為「基督的身體」的真理，有更深入和進一步的闡釋和發展，那就是「耶穌基督是教會的頭」的觀念（其中主要的經文包括：弗一 20～23，四 8～10、12～16，五 22～33；西一 18，二 19）。「基督是教會的頭」這隱喻的含義豐富，以下幾方面是較重要的：

A. 基督是那高升的王，祂有權柄治理教會

保羅在歌羅西書一章 18 節說：

> 他也是教會全體之首。他是元始，是從死裏首先復生的，使他可以在凡事上居首位。

基督得以擁有治理教會的至高權柄，是由於祂是教會的源頭，並且祂是從死裏首先復生的；因此，教會應尊基督為主，順服於祂的話與祂的靈。這權柄在教會的成長和紀律上尤為重

7 參 Peter T. O'Brien, *Colosians-Philemon*, WBC (Waco: Word Books, 1982), 77 ～ 81。

要（弗四 15～16；林前五 3～5）。

B. 基督是教會的「代表」與「生命」

首先，基督是「代表教會的頭」（representative head），因為在基督裏的人都得稱為義，也都會復活（羅五 12～19；林前十五 21～22）。作為彌賽亞，基督是神人立約的中保和代表，祂是先知、祭司和君王（申十八 18；詩二 6、7，一一一 2～4），把祂的子民帶到父的面前；並且上帝藉著耶穌的復活，使他們能與祂一同復活，一同升天，享受屬天的福氣與榮耀（弗一 3～14，二 6～7；西三 1～2；腓三 9～10、21 等）。

其次，基督是教會「生命的頭」（vital head），因為信眾在基督裏得著生命，就是聖靈的生命（羅六 3～11，八 9～16；弗三 16～17；西一 27）；並且在元首基督裏，生命得以成長（弗四 15～16；西二 6～7；腓四 1）。這生命的傳遞、連結與成長，在基督的葡萄樹比喻中也表達得很清楚（約十五 1～8）。[8] 基督是我們的代表，也是我們的生命，祂帶給我們整全的生命與教會觀。

C. 基督與教會有「愛與順服」的關係

在以弗所書五章 22 至 33 節，保羅把基督的身體與基督的新婦（the Bride of Christ）這兩個隱喻放在一起，這是極具創意的！新約學者馮蔭坤正確的指出，基督的新婦這比喻由來已

8 參 Edmund P. Clowney, *The Doctrine of the Church* (Nutley: P & R, 1969), 60～74。

久，它根源於舊約先知文學和以色列的猶太教傳統，而新約時代承接這個傳統，視教會為許配予新郎基督的童女（林後十一2），因此當對基督忠貞。約翰福音三章 29 節亦以施洗約翰為新郎耶穌的朋友，見證新郎娶新婦，感到甚為喜樂。以弗所書五章 27 節說，保羅盼望在末日，教會被獻予基督時，將會是「榮耀、聖潔、毫無瑕疵的」。[9]

究竟教會作為「基督的新婦」，當如何理解？

首先，作為基督的新婦，教會與基督聯合，但教會仍有別於基督，因此二者不可混淆或等同，正如妻子是一個有位格，有獨立個性的人，而非丈夫的「附屬品」。然而，教會與基督聯合，就像妻子與丈夫聯合成為一體，有密切的關係（弗五 31 ～ 32）。

其次，基督愛教會，為教會捨己，為要聖化教會，獻上作基督的新婦，而教會的本分就是順服基督。同樣地，丈夫應以捨己的愛去愛妻子，而妻子也當凡事順服丈夫（弗五 22 ～ 30）。

最後，教會被建立之最終目的，乃是成為聖潔的新婦，被獻予主（弗五 27）。

身體與新婦兩個隱喻的結合，帶出了基督是「頭」的主要意思：權柄與帶領。因此教會應順服基督，就如丈夫是妻子的頭，妻子應順服丈夫一樣。然而，這結合也帶出了另一個意思，就是作為教會的頭，基督是用「愛」來拯救和帶領教會的，就如丈夫應以愛去帶領，並「保養顧惜」他的妻子一樣（弗五 23、25、28、29）。

9　參 Fung, "Body of Christ," 97 ～ 100。

教會是基督的新婦，強調了教會與基督的親密關係和她對主順服的本分，也帶出末日的榮耀和羔羊婚筵的美麗前景，給予信徒那終極的盼望！

D.「頭」與「身體」兩個比喻的關係

「基督是教會的頭」和「教會是基督的身體」這兩個比喻，是否可以結合，成為一個？

一般人很容易把「頭」和「身體」合成一個單元，這是基於日常生活的體驗。加上以弗所書四章 15 至 16 節，和歌羅西書二章 19 節也容易給人一個錯覺，就是保羅將「頭」和「身體」兩個比喻結合，描述教會的成長。然而，聖經中的隱喻，每一個都有其獨特性和限制，因此不一定可以合成一個單元。不錯，信徒與基督關係密切，但「頭」和「身體」卻是兩個有獨立意義而分開的比喻，不應放在一起，原因如下：

- 基督是教會的「頭」，卻不是教會「身體」的一部分。將兩個比喻結合，會引致「基督是教會的一部分」這個不合理，而且近乎荒謬的結論！
- 保羅書信常以教會為整個身體（弗四 16），並不是「頭」以外的身軀（the trunk）。比方說，哥林多前書十二章 16 節也以「耳」和「眼」（即「頭」的一些器官功能），為「身體／教會」的一部分，而非「頭／基督」的一部分。
- 「頭」的隱喻主要強調基督的權柄和領導（林前十一 3；弗一 21，五 22～24；西一 18，二 10 等）。例一：「上帝是基督的頭；基督是男人的頭；男人是女人的頭」(林前十一 3)，我們不能說後者是前者的頭！例二：「丈夫是妻子的頭，而妻子是丈夫的身子」(弗五 23、28～29)，很明顯，這是兩個獨立的隱喻！

- 雖然有學者支持從生理角度看這兩個比喻，構思「身體」從「頭」那裏得到滋養，又向著「頭」成長；但在古代和現代社會都沒有這種說法。不錯，保羅認為，「教會」要從「基督」得到生命滋養而不斷成長，但他並非將「頭」和「身體」兩個比喻結合。

總的來說，「頭」和「身體」是兩個獨立的比喻，各有不同的意思，兩者不可合為一個比喻，否則會產生不少問題。[10]

E. 基督為「教會之首」和「萬有之首」

(i) 兩者之關係

基督是「萬有之首」，也是「教會之首」，這雙重身分在歌羅西書中展示出來：

> 愛子是那不能看見之上帝的像，是首生的，在一切被造的以先。因為萬有都是靠他造的，無論是天上的，地上的；能看見的，不能看見的；或是有位的，主治的，執政的，掌權的；一概都是藉著他造的，又是為他造的。

10 參 Ridderbos, *Paul*, 379 ～ 381；Clowney, *The Biblical Doctrine of the Church*, 65～67。

> 他在萬有之先；萬有也靠他而立。他也是教會全體之首。他是元始，是從死裏首先復生的，使他可以在凡事上居首位。（西一 15～18）

15 至 17 節描述了基督在宇宙中的地位：祂是上帝的形像，在一切受造物以先，並且萬有是祂所創造的，也是依靠祂而得以存留運作。作為萬有之首，祂也是教會之首（18 節）。事實上，教會有基督為首，正是她的福氣，因為基督拯救她，就是要她分享祂的一切豐盛與榮耀，正如保羅進一步解釋，說：

> 〔上帝〕又將萬有服在他的腳下，使他為教會作萬有之首。教會是他的身體，是那充滿萬有者所充滿的。（弗一 22～23）

教會作為基督的身體，將被基督充滿，因此教會就得了一切的豐盛，因為充滿教會的基督，不單擁有宇宙一切的豐盛，祂既是萬有之主，祂也擁有父上帝自己的豐盛（西二 9）；所以，教會在基督裏，可以享有一切的豐盛！今日，教會在聖靈裏，已開始享受這豐盛，而在末日，這與基督的關係，將完全實現，因為上帝的計劃是：「照他自己所預定的美意，叫我們知道他旨意的奧祕，要照所安排的，在日期滿足的時候，使天上、地上一切所有的，都在基督裏面同歸於一。」（弗一 9～10）

(ii) 今日的應用

a) 有效地面對異端

歌羅西信徒面對一些異端的誘惑，保羅稱這些異端為「人間的遺傳、世上的小學」(西二 8)。保羅提醒信徒必須回到基督那裏得著真正的豐盛，因為父上帝喜歡叫一切的豐盛在基督裏居住(西一 19)。他們應持定元首基督，在祂裏面成長，享受上帝在基督裏的豐盛(西二 10 ～ 19)。

b) 更深體會基督的愛，活出上帝的屬性

以弗所書也有類似的信息，四章 10 節指出，基督復活升天後，就充滿萬有(參耶二十三 24；弗一 23)。當信眾藉禱告祈求聖靈的加力，和基督的內住，教會就能明白基督的愛之長闊高深，且被上帝的豐盛和美善所充滿(三 16 ～ 19)。

c) 恩賜的領受與運用

從恩賜的角度看基督為教會之首。以弗所書四章 7 至 16 節指出，基督在升天時得勝了仇敵，將各樣恩賜賞給教會眾信徒。藉這些恩賜，教會得以長大成人，長成基督的身量。這成長的過程，就是基督的身體在末世「已然—未然」的張力中，不斷地藉著恩賜配搭、真理教導、愛心説真理、連於基督，達到完全像主。

d) 得勝的生活與事奉

基督為宇宙之首，鼓勵信徒不必懼怕一切執政的、掌權

的、靈界惡魔的勢力，因為基督超越這一切，信徒依靠祂就能得勝（弗一 19～22，六 10～20；林後十 4～6）。此外，信徒領受基督的豐盛與能力，不單過得勝的生活（羅六 10～14），並且有能力事奉，宣講福音，建立成熟的教會，完成上帝交託的使命（西一 28～29）。

3 教會與基督的聯合：但怎樣的「聯合」？

A. 要避免的極端

一方面，中世紀的神祕主義（medieval mysticism）看教會與基督之聯合關係，是完全的、無形的和屬乎靈界的。另一方面，傳統的天主教神學（如：1943 年的教宗通諭）雖然仍稱教會為基督的「神祕身體」（mystical body），卻以這身體為那具體、有形、有組織結構的天主教會。前者傾向將基督與教會混淆融合，而後者強調教會之有形組織，抗拒任何的神祕主義元素，其實兩者都各走極端，皆未能準確掌握保羅的意思。此外，還有當代神學以教會為耶穌肉身在歷史中的延續，我們認為這也是錯解聖經的後果。

B. 是「認同」但不是「等同」

其實，教會是「基督的身體」這隱喻，肯定表達了一個意思：上帝的子民與主基督，有一個奇妙的密切關係，但這是怎樣的關係呢？可以如此說：是「認同」（identification）但不是「等同」（not identical）。

基督與教會認同是「真實」的事情，並不是一個「比喻」，所以：逼迫教會就是逼迫基督（徒九 4、5）！基督的教會不應結黨紛爭，因為教會要反映基督的一體；基督不是分開的，可見教會與基督不可分割（林前一 12 ～ 13）！然而，正如加爾文在他的《基督教要義》清楚指出，這認同並不是「本體上的等同」（ontologically identical），而是「聖靈裏的連結」。[11] 荷蘭神學家柏寇偉（G.C. Berkouwer）也認為，若是教會等於基督，後果會很糟糕，因為若然教會等於基督，當我們說基督「呼召／拯救／勸勉」我們，或是說我們要「順服／親近」主，這些話都變得毫無意義，甚至顯得極為荒謬！[12]

C. 聯合與密契（Union and Communion）

(i) 這是一個深入而真實的連結

保羅指出，信徒的身體是基督的肢體，所以與娼妓聯合成為一體（行淫），便是破壞與基督的關係（林前六 15 ～ 20）。可見，信徒／教會與主的關係會被人的罪行（特別是淫亂的罪）所破壞，這是因為聖徒與主的關係是「在聖靈裏」的，因此不單要保持聖潔，並且要求信徒全然委身基督。從救恩和主權的角度看，教會是上帝用重價買贖的，因此要在身體上榮耀上帝（19 ～ 20 節；另參徒二十 28）。[13]

11 見 John Calvin, *Institutes of the Christian Religion*, Book 3, Chapter 11, Section 10。

12 參 Berkouwer, *The Church*, 84 ～ 85。

13 參 Berkouwer, *The Church*, 78 ～ 84。

(ii)這是一個救贖性的聯合

a)基督作為教會的代替(substitution)和代表(representative)

作為逾越節的羔羊，基督在十架上被殺，作為祭被獻上(林前五 7)，代替我們受咒詛(加三 13)，這是與主聯合的結果(羅六 3；西二 11～14)。作為教會的代表，基督的復活升天，使我們在歸主時，與祂一同復活升天(弗二 5～6；羅六 4)。由於祂是那「末後的亞當」，為我們帶來今生內在生命的更新(林後四 16～18)，和將來身體復活的盼望(林後五 1～4；羅八 11)；教會作為信心的羣體，命運與基督的命運相同，因為她與主有聯合的關係。

b)基督作為教會的生命

這帶來一個「生命的契合」(*koinonia*)。新約聖經 *koinonia* 一詞有豐富的含義，包括：有分、分享、交通、團契等意思，可稱之為「生命的契合」。這包括客觀和主觀兩個層面：客觀方面，信徒在基督裏有分，就是與祂聯合了(來三 14；羅六 3～10)，這是一個與主合一的關係，就如保羅形容教會是基督身上的肢體，類似妻子與丈夫的關係(弗五 30)；其實，罪人能與聖潔的主聯合，完全是因著基督寶血的赦免，和聖靈的聖化。

主觀方面，這合一的關係，帶給信眾許多可以親身體驗的祝福，如：從罪中得釋放(羅八 1～6)，稱上帝為「阿爸！父！」(羅八 14～16)，聖靈藉「說不出來的歎息，替我們禱告」(羅八 26～27)，在患難中的喜樂和盼望(羅五 1～5)等等。

小結：教會是「基督的身體」，雖然是一個隱喻（metaphor），卻是表達了教會與基督之間一種真實、客觀和救贖性的生命關係，是一種可以親身體驗的關係。因著這共同在主裏的關係，聖徒可以彼此相通。

四　聖徒的相通（*Communio Sanctorum*）

1 聖徒相通惟在基督裏

A. 信經的表達

在初期教會《使徒信經》的歷史發展中（公元 200 ～ 750 年），「我信聖徒相通」這句認信，是在公元五五〇年才加上去的。[14] 在此之前，這句認信從未在任何大公教會之信經中出現。這反映了初期教會經過相當年日，才逐漸明白新約聖經中，有關聖徒分享契通（*koinonia*）這真理的重要性。這「聖徒相通」的功能反映了教會的本質。當然，這分享功能，乃基於聖徒在基督裏，所領受的豐盛生命。這有兩方面的意思，於一五六三年荷蘭教會的《海德堡要理問答》（Heidelberg Catechism）第五十五問中，有清楚的展示：

> 問：你對「聖徒相通」有何了解？
>
> 答：第一，一切信徒都是基督的肢體，與祂和祂一切的豐富和恩賜有分。

14 參 Philip Schaff, ed., *The Creeds of Christendom*, vol.2, 6th edition (Grand Rapids: Baker, 1993), 52 ～ 55。

> 第二，每個信徒必須自覺應當隨時高興去使用祂的恩賜，使其他肢體得益處。[15]

B. 潘霍華的「共同生活」(Life Together)

二十世紀為主殉道的德國神學家潘霍華（Dietrich Bonhoeffer)，在他的《共同生活》一書中闡釋了「在基督裏契通」(fellowship in Christ)的豐富含義，[16] 其主要信息是：

(i)聖徒相通是上帝恩典的賜予

基督來到世界，活在仇敵當中，經歷死亡，為要將上帝四散的子民聚集歸一(約十一 52)。這個應許將於末日之時應驗(太二十四 31)，而在末日以前，信徒應藉與肢體契通，活在這恩典的盼望之中。

信徒彼此契通，是藉著面對面的相聚，而非單在精神上的。與弟兄姊妹相見聚集，是使徒喜樂和力量的源頭(提後一 4；帖前三 10；約二 2)，因我們有受造的身體。基督道成為人，也有身體，並且在肉身復活，而將來聖徒在新天新地中，也將帶著身體彼此交通。因此，今天上帝賜我們在教會中的羣體生活，如：敬拜、分享、一同用飯等，皆是可見的身體活動，且是滿有意義的。

---

15 參湯清編譯：《歷代基督教信條》，頁 191～192。

16 參 Dietrich Bonhoeffer, *Life Together*, trans. John W. Doberstein (New York: Harper Collins Publishers, 1954), 17～39。

(ii) 相通是藉著基督，也是在基督裏的

聖徒相通的基礎，是藉信靠基督而得稱為義。這是一個在我以外的義(an alien righteousness)，因此是白白的恩典，藉這義我可以與其他聖徒契通。換句話說，基督是我們的和平(弗二14)，使我們能化解一切與上帝、與人的衝突，愛上帝愛弟兄，活出「基督身體」的樣式。

(iii) 在現實中感恩，在聖靈中得釋放

肢體相交往往帶來失望，因為我們都有軟弱，都是罪人。所以我們要面對現實，不能過分理想化，並且要常常為到上帝所賜予的肢體、相交機會，和一些微細的祝福而感恩，避免有過高的理想而感失望，甚至常常埋怨！

學習依靠聖靈，建立羣體，不刻意控制他人，又常給予他人有選擇的自由；這樣，我們自己也會得著釋放，而我們所屬的羣體也得以成長起來！

潘霍華明白並體會到，教會的肢體生活乃建基於她是「基督的身體」，若沒有基督和祂所賜的聖靈，聖徒相通根本不可能，而教會也就與一般社交團體沒有分別。這是今天的華人教會所需要的信息。

2 馬丁路德：重建「聖徒相通」的神學

「教會就是聖徒羣體」這聖經真理，在中世紀時受到忽視，甚至被壓抑。這是由於以羅馬教宗為首的天主教會，一直視教會的羣體只是建立教會組織，特別是「聖秩制度」的手段。其實

羅馬教會自中世紀開始，一直以「教會=『教宗＋主教』之聖秩制度」為其主流教會觀。到了二十世紀二次大戰後，這傳統觀念才受到挑戰。一九六二至一九六五年召開的梵諦岡第二次大公會議（Vatican II）的文獻中，教會被稱為「上主的子民」（The People of God），教會的信徒羣體才重新受到重視。然而，文獻的另一部分卻又重提聖秩制度，特別是教宗的重要性，使這以組織為主的教會觀，雖然在過去五十多年間常受到質疑，但直到今天仍然繼續在天主教會中運作！

十六世紀的宗教改革領袖，大都強調「教會是羣體」這個聖經觀念，尤其是德國的馬丁路德（Martin Luther）和法國的布塞爾（Martin Bucer）。[17] 其中改教先鋒路德曾獨力把整本聖經譯成德文，因為他希望一般信徒都能用現代的語言文字，自己研讀聖經。在過程中，他也曾想將德文「教會」（*Kirche*）一詞，改作「羣體」（*Gemeinde*），因為路德看重教會是「聖徒相通」（Communion of Saints）的羣體。對他來說，聖徒相通包括：

- 從身分和歸屬來說，教會是聖徒的羣體，是上帝聖潔的子民。這是一個不容否認的客觀事實，也是教會團契生活的基礎。
- 從主觀團契生活來說，教會就是弟兄姊妹彼此之間同享上帝所賜一切創造和救贖的福氣。

---

17 參 Hendrikus Berkhof, *Christian Faith: An Introduction to the Study of the Faith*, trans. Sierd Woudstra, revised edition (Grand Rapids: Eerdmans, 1979), 392～394。

當代研究路德神學的學者奧泰斯（Paul Althaus），對路德「聖徒相通」的觀念，有相當仔細的分析，[18] 他將路德的「聖徒相通」重點撮要如下：

A. 一個「今生、屬地」的觀念

路德看「聖徒相通」是今生、屬地的信徒羣體的福氣和本分，這與中世紀教會的觀念不同。後者認為今生的信徒，一方面要敬拜天上的聖徒，以積蓄功德；另一方面，又要與已離世、在煉獄（Purgatory）中的親屬肢體相連，藉禱告和購買贖罪券，減輕他們在煉獄中受苦的年日，早日得救上天堂。路德極度反對這種靠功德，藉敬拜天上聖徒、買賣式的所謂聖徒相通。他提倡今天在地上的聖徒，包括他自己在內，彼此關懷分享。他又反對功德主義，重申基督的十架已足以使我們稱義，使我們成為基督一個身子上的眾肢體，並使我們能彼此分享、代禱，活出基督身體的樣式。

總的來說，「聖徒相通」並非為天上聖徒和煉獄中受苦者而設的功德機制，乃為今生信徒能以在地上分享上帝所賜的恩典。

B. 一種超越「自我道德主義」的分享

中世紀的聖徒相通，是一種自我中心的活動，其首要之目的乃是自我的得救，以自己為愛的首先對象，然後推己及人。這有點像儒家思想中，從「修身」和「親親」開始建立人生方

18 參 Paul Althaus, *The Theology of Martin Luther*, trans. Robert C. Schultz (Philadelphia: Fortress Press, 1966), 294～313。

向。路德卻認為，真正相信福音的人，乃是將自己的得救和成聖，全然交託予上帝，這樣才能得著自由釋放，去服事「我的弟兄」。蒙恩者不應問：「我如此行對自己有何益處？我會否因此得永生？」這些問題只是反映「我」的錯誤心態：將所謂「愛心分享」，看為自我個人得救和得利的手段，這是一種自私的道德主義（selfish moralism）。路德認為，聖徒分享本身就是目的，因為它成全了「基督的律」，並且以愛為目標，活出上帝的生命。

C. 是上帝的賜予，也是人努力的成果

路德認為，聖徒相通是上帝所賜的禮物，因為藉基督愛的犧牲，信徒成了基督的身體，且互為肢體；藉聖靈的內住，每一位信徒都是這身體的一分子。身體只有一個，在其中我的重擔、困苦與罪惡，皆有基督與肢體分擔。無論是生是死，我不孤單，因基督和教會與我一起，弟兄姊妹的生命成了我的榜樣與能力，因此我們沒有一個人為自己而活、靠自己而活！

聖徒相通也是「工作」，因為我們都要負基督的軛，也要彼此負軛；在一切掙扎、爭戰、努力、自衛中，我們都是伙伴、代禱勇士，和彼此扶持的人。

在愛心的分享和扶助上，路德認為可分三個階段：

1. 分享衣食住行所需的物質和日常需要；
2. 藉真理教導、安慰、代禱，彼此服事；
3. 分擔弟兄的軟弱、疾病、痛苦（參腓二 5；羅十五 1；路十五章）。

總的來說，聖徒相通就是不驕傲自義，不冷漠自大。

D. 是羣體「竭力保守教會合一」的表現

路德認為，上述有關信徒對個別肢體的愛心關懷、支持、扶助，也要應用在整體教會（普世教會只有一個！）身上，因為教會也會軟弱，也會犯罪！

路德是宗教改革的領袖，他為教會作守望者和傳遞先知性的信息，但他從來也看重教會的合一，也從來不願意脫離羅馬教會。可惜，歷史事實是：雖然他不是主動脫離教會，卻始終被逐出羅馬教會。對路德來說，被逼離開羅馬教會之後，他仍然沒有停止繼續實踐「聖徒相通」！

路德對「聖徒相通」的詮釋，豐富了過去數百年福音正統教會的信仰與生活。

3 聖徒藉「聖禮」互相契通

正如舊約中以色列選民從上帝領受割禮和逾越節羔羊，作為神人立約的記號，同樣，新約教會也從主領受了洗禮和聖餐，作為基督與祂子民訂立新約的印記。聖禮是聖徒身分與生命的標記；藉這些聖禮，我們得以與主相交，也與眾聖徒彼此相交。

A. 領受洗禮：同屬基督的身體

馬太福音記載耶穌復活後向使徒顯現，將教會的使命託付予他們，和他們所代表的新約教會。主吩咐使徒和教會要去使萬民作主的門徒，其中包括施洗和教導（太二十八 19），奉父、子、聖靈的名給他們施洗，這是在聖經中對新約教會有關洗禮的明確指示。然而，初期教會的起初階段，都是奉主耶穌基督的名施洗（徒二 38，八 16，十 48；林前一 13～15；加三 27；羅六 3 等）；而奉三一上帝的名受洗是較後期的發展，因此新約學者法蘭斯（R.T. France）認為，馬太福音二十八章 19 節反映了馬太寫作福音書時教會的認信，多於耶穌升天前門徒的信念。換句話說，馬太是用了較後期教會的三一信仰，去表達耶穌升天前的洗禮吩咐。[19] 這是極有可能的。

洗禮的功能是甚麼？它是與基督／三一上帝聯合的媒介（羅六 3～10；西三 12；太二十八 19），與信心和悔改是分不開的（徒二 38）。它是進入教會、作門徒、學習主道的開始，而非結業（太二十八 19）。它是罪得赦免的印證（徒二十二 16；弗五 25～27），也是上帝藉聖靈，賜予人生命，使受洗者都歸屬一個身體。[20]

B. 領受聖餐：同享基督的豐盛

(i) 基督藉聖餐施恩

耶穌設立聖餐，以餅和酒作為祂的身體和血，給門徒領受，目的是要他們分享祂在十架上捨身流血，為他們贖罪，並

---

19 參 France, *The Gospel of Matthew*, 1117～1118。

20 參 Küng, *The Church*, 203～211；John Murray, *Collected Writings of John Murray: Vol.2, Selected Lectures in Systematic Theology* (Edinburgh: Banner of Truth, 1977), 370～375。

與他們立約，應許他們在上帝國的豐盛（太二十六 26 ~ 29；賽五十三 12；出二十四 8、11；林前十一 23 ~ 26）。按救恩歷史的三個階段，聖餐的意義包括：

1. 記念基督在歷史中所成就的救贖大功，就是祂的死和復活，並感謝祂的赦罪與所賜的新生命。
2. 今天憑信心領受聖餐，得著餵養，並享受主內肢體的團契。
3. 盼望彌賽亞國度至終的實現，在新天新地同享羔羊的婚筵。

從這三個時空的角度去看，聖餐也是聖徒同享主賜救贖恩典的途徑；藉此聖禮，復活的主在聖靈裏不斷地建立祂的身體。信徒若憑著信心領受，並分辨是主的身體，持守教會的合一（林前十一 29），必然在主裏成長，並得享肢體相交的喜樂。

（ii）聖徒可藉聖餐契通

保羅對哥林多人說：

> 我們所祝福的杯，豈不是同領基督的血嗎？我們所擘開的餅，豈不是同領基督的身體嗎？我們雖多，仍是一個餅，一個身體，因為我們都是分受這一個餅。（林前十 16 ~ 17）

聖餐的杯是眾聖徒一起接受祝福的杯，就是在領受之前，信眾一同祈求上帝藉這杯帶給他們祝福；而聖餐的餅也是為信眾所擘開的餅，兩者都是集體的行動，而非各人單獨進行的事，眾人一同領受一個餅、一個杯。[21]

小結：今天有許多華人福音信仰教會，都不重視聖禮，甚至視之為只是外表的禮儀，與生命、信心、聖靈，都沒有關係，這是「屬靈與屬物質」、「信心與禮儀」分割所帶來的影響。但願教會能重建整全的屬靈觀，特別是聖禮的神學與實踐，為信徒帶來祝福。

4 聖徒相通是全面的分享

A. 教會的分享生活

教會作為基督的身體，理應實踐分享的生活和事奉，因為個人主義和隔離主義在教會中是沒有地位的。新約聖經充滿了鼓勵信徒彼此分享的教導，以下是明顯的例子：

- **哥林多前書十二章 26 節；羅馬書十二章 15 節**：要與肢體一同受苦、一同快樂。
- **雅各書二章 5 節；羅馬書十五章 1 節**：要愛那貧窮的，和軟弱的。
- **加拉太書六章 1 至 2 節；哥林多前書八章 7 至 13 節**：要擔當軟弱人的軟弱，將他挽回。
- **雅各書五章 14 至 16 節；以弗所書六章 18 至 19 節**：要彼此認罪，互相代求。

21 參 Küng, *The Church*, 211 ～ 224；Murray, *Collected Writings of John Murray*, vol.2, 376 ～ 380。較詳細的聖禮神學闡釋，請參閱本書第八章。

- **羅馬書十二章 9 至 21 節：**要活在愛中，款待有需要的人，並以善勝惡。
- **加拉太書六章 10 節：**要向所有的人行善，特別是教會中的聖徒。

B. 物質的分享（林後八～九章）

保羅藉著為耶路撒冷教會收集奉獻，和馬其頓教會美好的見證，勉勵哥林多信徒也要慷慨地捐獻，顯出基督豐富的恩典（八 9）。物質的奉獻是信徒分享的具體表達，也打破了「屬靈—屬物質」的二元論思想。可不是嗎？馬其頓人的奉獻，顯出上帝的恩（八 1），反映了他們超過了本身能力的愛心，並且顯出他們對上帝全然奉獻，和對使徒的歸附（八 3～5）。這種慈惠的奉獻，並非一種由上至下的「救濟」，乃是成就上帝對人「均平」的原則（八 12～15）。而甘心樂意的奉獻，更是一種權利和恩典（九 7～8），並且會得到上帝的賞賜，包括更多奉獻的能力、更多人向上帝獻上感謝和讚美（九 8～13）。

物質供應的奉獻，充分表達了福音的特徵，就是上帝的慈愛和人的順服（八 9，九 13；約三 16～17），其意義是深遠的。不錯，在有關聖徒互助分享的事奉上，使徒保羅曾分辨「屬靈的好處」和「養生之物質」兩類不同的形式，同時也指出猶太和外邦信徒之間要有分享互補，但從福音的本質和愛心的意義來看，這些不同形式和類別的互相分享奉獻，都是有價值和討上帝喜悅的，基本上並沒有等級之分。[22]

---

22 參 Berkouwer, *The Church*, 93～99。

五　教會的建立與成長

1「教會成長」是必然的嗎？

從救贖歷史看，新約教會已身處末世，但仍期待天國的完全實現，因此「進步、擴展、成長」是必然的，正如耶穌在「天國比喻」中所描述的（太十三 1～23、31～33）。有些信徒在盼望那榮耀國度時，會有自我批判和不滿，這會間接帶來進步。[23] 當然，作為基督的身體，信徒有上帝的道和聖靈的內住，成長也是很自然的事（約三 3～5；彼前一 23～25）。最後，從救恩歷史看，教會從主領受了普世福音的使命和大能聖靈的應許（太二十四 14，二十八 18～20；徒一 8），成長不單是教會信徒的本分，也是上帝應許的實現，是一種極大的祝福！

使徒保羅在論及教會的成長時，常將「基督的身體」與「上帝的聖殿」兩個比喻配合（弗四 16，二 21），而「身體」就像「房子」一樣被建造（弗四 12）。此外，他也用植物的比喻來說明教會的成長，在哥林多前書三章 6 至 15 節，「植物的栽種、澆灌、增長」，就與「房屋的建築工程」的比喻，一併用作說明教會的建立與成長。[24] 保羅運用這些比喻，是要告訴我們，教會的本質與她的成長是分不開的，因為真正的教會，必然是成長的教會！

---

23 參 Berkhof, *Christian Faith*, 407。

24 參 Ridderbos, *Paul*, 429～432。

2 教會成長要素

二千多年的教會歷史展示了的一個事實，就是基督的教會，在廣度和深度上，都有令人驚訝的、千萬倍的成長。[25] 我們要問的是，甚麼原因使教會過去有成長，又有甚麼原理可以令她繼續成長，並且成長得更好？從新約啟示，我們可以看到三個重要的成長要素：

A. 要以基督耶穌為中心

首先，教會應在上帝所立的根基——耶穌基督——上建造（林前三 10～11）。具體來說，基督所立的根基，就是祂所成就的救贖，和與這救贖有密切關係的生命與真理（約十四 6；彼前一 23～25）；而這根基也藉「使徒和先知」傳遞給新約的教會（弗二 20～4；羅十五 20）。

其次，教會要用「金、銀、寶石」，不用「草、木、禾稭」來建造（林前三 12～15），原因是工程若要能存到永遠，經得起最後審判的考驗，不會被火燒毀，建築材料是很重要的。保羅沒有明言「金、銀、寶石」的具體內容，但從保羅其他教導，我們可以推測一些重要的特徵：傳講十字架（包括基督復活）的福音（林前一～二章，十五章）、勸人悔改作主門徒（路二十四 46～47；太二十八 18）、存著「信心、愛心、盼望」所作的，並結出聖靈的果子。而「草、木、禾稭」則是一些經不起最後審

25 英文 Church Growth，中文可譯為「教會增長」或「教會成長」，我們選擇後者，因為「成長」較能反映教會（不論是個人抑羣體）是生命，「增長」則較反映數目的增加。

判的工作，包括：異端、虛假的福音（如：成功神學、不用悔改的廉價救恩、沒有行為的「信心」、用金錢去換取的「永生」等）。傳這些假福音的人，他們的工作將被燒掉，他自己會得救（林前三 10～15），然而，若他沒有生命，他就被主棄絕（太七 15～23）。

最後，這建造的目標乃是要教會長成基督的身量（弗四 12～16）；這包括在真道上合一、能分辨錯謬及異端、有耶穌基督的形象（西一 28，二 6～7 等）。雖然要完全達到這些目標，仍要等到主的再來，但信眾應朝這目標盡心竭力地追求（腓三 13～16；約壹三 2～3；林前十三 9～12）。

B. 要靠聖靈建立有生命「深度」和「廣度」的教會

教會應按主的吩咐，依靠聖靈的能力，在普世見證上帝的榮耀，作光作鹽（太二十八 19；路二十四 46～49；太五 13～16），這是教會「廣度」的成長（extensive growth）。另一方面，教會也應幫助信眾在生命上成長，在聖靈裏得力，成為聖潔，無可責備（弗四 13；帖前三 12～13），這是教會「深度」的成長（intensive growth）。這兩方面也可稱為「量」和「質」的成長；而兩者之間的關係，請參閱下文。

C. 要藉教會領導裝備聖徒配搭事奉

教會領袖的重要功能是「裝備眾聖徒，使各人能按恩賜，與肢體配搭，一同事奉」（弗四 11～12；羅十二 3～8；林前 12 章；彼前四 11；提前 3 章；多一 5～9）。信眾應一同敬拜，一起團契分享（來十 24～25），用上帝的話和聖禮彼此建立（太二十八 20；約十七 17、19），並一同宣揚上主的榮美（彼前二 9）。事奉是每一位聖徒的權利，而動員和裝備信徒起來事奉，是教會成長的重要元素。當然，聖徒要有好的配搭事奉，與上文所探討的「聖徒相通」是分不開的。[26]

3「廣度成長」與「深度成長」的關係

A. 教會應「廣深並重」

首先，教會廣度的成長是初期教會，特別是使徒們的關注。教會從主所領受的使命，是往「普天下」傳福音予「萬民」，並且教會的見證要從耶路撒冷起，直到「地極」（徒一 8）。這不單是一個使命，也是一個預告和應許。

使徒行傳特別記載，隨著福音的廣傳，初期教會人數迅速增長，這是聖靈工作和主道興旺的明證（徒二 41，四 4，六 1、7，九 31，十一 21、24 等）。保羅自己也很在意要到基督的名未被聽聞的地方傳福音。他不單希望去到羅馬，甚至是更遠的西班牙，為主作見證（羅十五 19～32）。事實上，保羅也很高興，因為其後福音真的傳到當時的「地極」：羅馬（徒二十八 11～31），並且「結果增長」（西一 6），因為「這福音本是上帝的大能，要救一切相信的，先是猶太人，後是希臘人」（羅一 16）。其實，保羅也知道，福音在廣度上，必然地會大大增長，因為他從主得了啟示，就是在基督再來以前，外邦人和猶太人

26 參 Ridderbos, *Paul*, 432～446；Berkhof, *Christian Faith*, 406～410。有關教會中恩賜的配搭，請參閱陳若愚：《基督、聖靈與救贖》，頁 358～370。

的數目都要添滿（羅十一 1～32）。這是教會廣度的成長。

其次，教會的深度成長也是使徒們所看重的。教會的成長絕對不是單憑數字去衡量的！生命的素質和生活的見證，也十分重要。教會要長成基督的身量，是聖徒接受裝備、各盡其職的至終目的（弗四 11～13）。教會生命的源頭和根基是耶穌（林前三 11），當信徒接受祂為主，生命植根於祂，就當繼續在祂裏面扎根成長，信心不斷增強，成為有生命力的教會，並且彰顯上帝的豐盛（西二 6～7；弗三 16～19）。這正配合保羅對自己宣教使命的目標，不是單單到各地領人「決志信主」便大功告成，乃是要建立生命成熟的教會，正如下列經文所展示的：

- **羅馬書一章 5 節：**使徒職分是在萬國之中為基督的名信服真道。
- **歌羅西書一章 28 節：**傳揚耶穌的目的，是要在基督裏使各人成為完全成熟的，並且被帶到上帝面前。
- **羅馬書十二章 1 至 2 節：**信徒領受上帝的慈愛、憐憫、救贖（羅一～十一章），就應全人獻上給主，並且心意不斷的更新改變，活出上帝的旨意。
- **以弗所書四章 1 節：**教會信眾既蒙了福音的呼召（弗一～三章），行事為人就當與蒙召的恩相稱（弗四～六章）。
- **馬太福音二十八章 20 節：**大使命的重要工作，包括教導和引導教會信眾「遵守耶穌一切的命令」，這是生命深度的工作，是使命的重要部分。而廣度的工作，則是在萬民中，領人受洗歸主，進入教會（19 節）！

以上的經文啟示了教會「深度」使命的重要性，和信仰基督的本質。救恩生命並非信徒靜態地得著一件禮物，乃是動態地開始了在基督裏的新生命，一生追求成長，活出這榮耀豐富的生命，並且不斷藉聖靈體驗基督的愛，藉這愛和生命去面對人生和世界的挑戰（羅八章；彼前一 3～9；來十 32～39 等）。

B.「廣度」和「深度」，哪個優先？

荷蘭神學家伯克富（Hendrikus Berkhof）在探討教會建立這課題時指出，基督教有關「教會論」（Ecclesiology）的神學著作中，甚少討論教會動態方面的成長和建立；[27] 而瑞士神學家巴特（Karl Barth）則屬例外，因為他確實用了不少篇幅，去探討「教會羣體的成長」這課題，並特別強調，新約聖經對「深度成長」的重視。[28] 這對現代教會單方面看重人數增長的趨勢，是一種修正與提醒。以下分享他的論點和信息：

- 教會成長是藉「聖徒相通」而達到。一羣被聖靈聖化的人，彼此交通團契，藉關係、恩賜、事工、聖職、功能，一同敬拜、禱告、服事、見證，就會帶來教會生命的成長。
- 「成長」的本質是有機性和內在性的，雖然過程中有人為努力的成分，但成長主要是上帝的主權和祂隱藏的作為；並且，縱然每一個時代的教會都有她的軟弱，教會仍有能力不斷成

27 參 Berkhof, *Christian Faith*, 408。

28 見 Karl Barth, *Church Dogmatics, vol. IV.2: Jesus Christ, Servant and Lord*, trans. G.W. Bromiley (Edinburgh: T. & T. Clark, 1956), 641～660。

長，這是很奇妙的（參可四 28、30～32）。

- 歷代教會廣度的人數增長是真的，但真正的成長卻是基於天國福音的見證。增長不是單靠宣傳，也不是為了達到某些數字，更不會為求吸引人而淡化那真正福音的信息。在宣講見證福音的事情上，「質」比「量」更為重要！
- 深度的成長是真正的教會成長，因為它是「向高處」與上帝相交，也是「向深處」使內心更新的；而且，深度成長往往帶來廣度的成長。然而，「深度成長」若只用作人數增長的手段，就會失去它的意義與能力！
- 歷代教會的深度成長令人驚訝，它使「卑賤者高升、貧窮者富足、憂愁的喜樂、軟弱的成為英雄」；並且，無論教會經歷怎樣的低潮、限制、停頓、阻滯、退步，這些成長仍會繼續，並且超乎人的想像和計劃。
- 深度成長自然地帶來廣度和人數的增長。使徒行傳明顯地描述初期教會的廣度增長，但卻不是只限於廣度方面。到了新約書信，大部分「成長」的論說皆指向深度成長（例如：羅五 13；林前十五 58；林後一 5，四 15，八 7，九 8、10，十 15；腓一 9、12、13；西一 10、11，二 7 等）。

以上的巴特信息，在這個以財力、事工規模、會友人數等作為教會成功指標的當代教會文化，實在是適時的提醒！總的來說，巴特認為教會的成長是耶穌內住生命和聖靈能力的彰顯。換句話說，生命的深度成長是教會廣度及人數增長的起點和基石。這信息值得華人教會領袖深思。

C. 教會應「廣中有深、深中有廣」

綜合來說，教會的成長，無論是「廣度」方面——包括人數、影響範圍，和有形的建設，或是「深度」方面——包括生命的改變、門徒培育、神學建立、深層文化的更新等，兩者都是基督身體的成長，是天國福音的果子，兩者是一體而不可分割的。

事實上，教會的成長是「廣中有深」的：教會的使命是「去使萬民作主的門徒」，但每一個門徒的生命都要更新改變，達致成熟完全（太二十八 19～20；西一 28）。保羅喜見信徒人數在普天下增長，但他也迫切為歌羅西信徒的生命成聖代求（西一 6～11）。基督的十架使猶太人與外邦人成了「一個新人」，而這「新人」的成員也成了聖靈居住的「聖殿」，得以成長（弗二 15～22）。所有信耶穌的人都是上帝的兒子，他們合而為一個整體（加三 26～28）；然而每一位信徒皆有聖靈的內住，都會結出聖靈的果子，但也都有自己的掙扎（加五 16～26）。

另一方面，成長也是「深中有廣」的：教會聖徒的成聖生活，會令外人對福音有正面的評價（腓四 5、6；西四 5；多三 8），甚至將榮耀歸與上帝（太五 14～16）。信徒能為主受苦，不單是生命的成熟表現，更是與福音使命有密切關係（腓一 27～29）。其實，在任何時候，信徒在生活中顯出成聖的生命時，就是為主所作的有力見證，使更多人歸向基督（徒二 42～47；約十三 34～35；帖前一 6～8；徒七 55～60，八～九章等）。單單以口述直接的廣傳福音是好的，但卻是不夠的，因為當「廣度」的福音工作，與「深度」的生命建造脫節時，這工作可能會事倍功半，甚至徒勞無功。

最終來説，教會的使命就是「天國的使命」，涵蓋「個人、教會羣體、社會、宇宙」各層面，當我們在廣度和深度上，都忠心地回應這個使命時，我們必得著主的賞賜，包括在今生得見事奉的果效，並在將來主審判時，得到祂的稱讚和賞賜（太十九27～29，二十五21、23）。

討論問題

1. 教會作為「基督的身體」這象喻，在當代神學有甚麼主要的詮釋？你認為哪一個最合理？為甚麼？
2. 作為基督的身體，教會是合一而多元的，這對我們今天在教會中的生活和事奉，有甚麼具體意義？
3. 基督是「教會的頭」有甚麼神學含義？「頭」與「身體」兩個象喻可以結合在一起嗎？試討論之。
4. 「教會與基督聯合」是一種怎樣的聯合？你會如何描述之？
5. 試了解潘霍華與馬丁路德對「聖徒相通」的獨特領受，並討論今天如何實踐這重要的真理。
6. 今日信徒可如何藉著聖禮（特別是聖餐），有敬拜、培育和見證？請引用經文説明之。
7. 教會要在基督裏有良好的成長，應有甚麼重要的元素？試引聖經説明之。
8. 教會有「廣度」和「深度」的成長，二者有何分別？孰重孰輕？孰先孰後？如何配合？

4

教會的屬性與標記

一　引言：初期教會的信經

從初期大公教會（公元 100～500 年）的信經，可以看到初期教會和教父（early church fathers）的信仰。其中最具代表性的，有《使徒信經》（2～4 世紀）、《尼西亞—君士坦丁堡信經》（325～381 年），和《迦克敦信經》（451 年）。教父們撰寫這些信經，主要是為了宣認信仰，以及應付逼迫和對抗異端。較早期的時候，教會的關注集中在「三一上帝」和「基督神人二性」的教義；其後，信經也展示其他重要教義，如有關救恩、聖靈、教會、末世等。其中有關教會觀的教義，集中在教會的四個屬性：獨一性、聖潔性、大公性和使徒性（見《使徒信經》及《尼西亞信經》）。有關這四個「教會屬性」的神學傳統，歷代教會神學家皆有闡釋和評論。[1]

1　參 Berkouwer, *The Church*；Eric G. Jay, *The Church: Its Changing Image through*

《使徒信經》（Apostles' Creed）所展現的精神和內容，源於使徒的信仰和教訓，我們可於二世紀初，尋得它最早的蹤迹。在初期教會中，信徒以它為領洗時的認信，和個人靈修時念誦的信仰；而其於教會中公開使用，則始於四世紀初，當羅馬君王君士坦丁大帝（Constantine the Great）於三一三年，在「米蘭詔書」（Edict of Milan）宣告基督教會可享有宗教自由和國家的恩寵後，才較為明顯。[2]

《使徒信經》最後一部分如此宣告：

8 『我信』聖靈；

9 上帝聖『大公』教會；『聖徒相通』；

10 罪得赦免；

11 身體復活；

12 『並且永生』。

（說明：『』表示為公元三四〇年後才加到信經上，而現有的形式要到八世紀才完成。）[3]

Twenty Centuries (Atlanta: John Knox Press, 1978), 84～90；Kelly, *Early Christian Doctrines*, 401～408；Thomas C. Oden and Angelo Di Berardino, eds., *Ancient Christian Doctrines, vol.5: We Believe in One Holy Catholic and Apostolic Church* (Downers Grove: IVP, 2010), 54～86；J. van Genderen and W.H. Velema, *Concise Reformed Dogmatics*, trans. Gerrit Bilkes and ed. M. van der Maas (Phillipsburg: P & R Publishing, 1992), 707～725 等。

2 參 Frank L. Cross and Elizabeth A. Livingstone, eds., *The Oxford Dictionary of the Christian Church*, 3rd edition (Oxford University Press, 1997), 405～406；湯清編譯：《歷代基督教信條》，頁 11～14。

3 參湯清編譯：《歷代基督教信條》，頁 21。

《尼西亞—君士坦丁堡信經》(Niceno-Constantinopolitan Creed)在今天教會統稱為《尼西亞信經》(the Nicene Creed),是結合了兩個大公會議的成果,包括尼西亞會議(325 年)及君士坦丁堡會議(381 年)。在內容上,它明顯地是為了對抗初期教會的兩大異端:否定基督完全神性的「亞流主義」(Arianism),以及否定基督完全人性的「亞波里拿流主義」(Apollinarianism)。其中有關教會的認信,是包含在信經中有關聖靈的第三部分;在內容上,它較《使徒信經》豐富,特別在教會屬性的主題上多了「獨一」與「使徒」兩項。

以下是《尼西亞信經》的第三部分:

8　我信聖靈,〔賜生命的主,從父『和子』出來,與父子同受敬拜,同受尊榮,祂曾藉眾先知說話。〕

9　我信〔獨一、神聖、大公、使徒的教會;〕

10　{我}〔認使罪得赦的獨一洗禮;〕

11　{我}〔望死人復活;〕

12　〔並來世生命。〕

(說明:〔〕表示為三八一年加於原來三二五年《尼西亞信經》上的;{}表示為西方教會由原來「我們」所改成的;『』表示為西方教會後來加上的。)[4]

綜合兩個信經有關教會的信仰宣言,有以下幾個要點:

4　參湯清編譯:《歷代基督教信條》,頁 21。

1. 「我信教會」與「我信聖父……聖子……聖靈」一樣，同是表達認信者的信仰；但不同的是，三一上帝是我們信心的對象，我們信靠祂，但教會則不是我們信心的對象，因此在拉丁文用"*Credo in*"(believe in)來表達對父、子、靈的信心，但只用"*Credo*"(believe)去表達對教會的信仰。[5]
2. 教會與三一真神的第三位格——聖靈，有密切的關係；這與本書第一章的主題：教會是聖靈的殿，不謀而合！教會是聖靈的創造，也是聖靈居住的所在，她也藉聖靈存活、成長，並復活得榮。
3. 教會的屬性有四：獨一、神聖、大公、使徒；這些都是三一上帝賦予她的特性，這些特性彰顯上帝在基督裏、藉聖靈的屬天賜予(divine gifts)。當然，歷代教會也同時顯出人性的軟弱，這是公認的事實；因此，上述這四個屬性不單是上帝的賜予，也是教會從上帝領受的呼召(divine callings)，上帝呼召、拯救她，是要她成長，活出這些超然的屬性。
4. 教會也是「聖徒相通」的羣體，因為她是基督的身體，藉聖靈內住，得與上帝、與人契通(請參閱本書第三章)。
5. 教會聖禮之一的洗禮是重要的，因為它展示及印證了上帝藉基督救贖所帶來的赦罪恩典(徒二38～39)，並且信徒也藉著洗禮所表達的信心，得與耶穌基督聯合(羅六3～5)，成為祂的身體——教會的眾肢體(林前十二13)。

---

5 參 Oden and Di Berardino, eds., *Ancient Christian Doctrine*, vol.5, xvi。

6. 信徒都盼望身體復活和那未來的世界與生命，就是那榮耀的新天新地（啟二十一～二十二章）。不錯，身體復活也是聖靈大能的工作！救恩涵蓋全人，帶來身體得贖、天地更新、神人共聚，以及上帝榮耀國度完全的實現（太六 9～10），這是教會蒙恩得救的終極目標。感謝讚美三一真神！

二　教會的屬性

教會作為一個信眾的羣體，與社會中其他羣體一樣，有其社會性特徵（sociological character），但由於她是父上帝所呼召、基督所救贖，和聖靈內住的特殊羣體，她的基本身分就與其他社會羣體有別。當然，自由神學之父士萊馬赫（Friedrich D. E. Schleiermacher，1768～1834 年）認為，教會是「一羣稱為基督徒的人聚在一起，彼此互動合作」的團體，[6] 而天主教神學家孔漢思（Hans Küng）又說，教會不能缺少人的因素，特別是人對上帝呼召的信心回應。這些對「人的因素」的肯定，我們都同意，但我們要強調，教會是三一上帝的工作，是祂的創造！我們也強調，教會並非源於人的主動，也不是依賴人的努力去維持和建立。她指向一個超然的現實，就是她根源於上帝活潑常存的生命之道（彼前一 23～25），這是改教家馬丁路德非常重視的。同時，教會也是聖子耶穌——她的牧人所招聚、保護，和保守的（約十章；《海德堡要理問答》〔Heidelberg Catechism〕

6　參 Friedrich D.E. Schleiermacher, *The Christian Faith*, trans. H.R. MacKintosh (Edinburgh: T & T Clark, 1999), section 115。

「主日 21：問 54」)，因此，它與一般社會羣體有基本的分別。

當《尼西亞信經》宣告「我信獨一神聖大公使徒的教會」時，它表達了初期教會(以教父為代表)自我身分的認信：教會作為屬上帝的羣體，有四個屬性。當然，這個「我信」(I believe)與信經中對有位格的上帝——聖父、聖子、聖靈的「我信靠」(I believe in)是不同的：教會/信徒「信靠」三一上帝，但卻是「相信」教會有某些屬性、功能和身分，因為這些都是聖經的教導，但教會絕對不是信徒「信靠」的對象！

當我們確定教會的合一性、聖潔性、大公性和使徒性時，我們也須承認，今天和歷代的教會，都不是完美的，都有人的軟弱，都有罪，這是事實。不錯，教會是從上帝那裏領受了合一、聖潔、大公、使徒等屬性的禮物，但這些禮物(gifts)也同時是上帝對教會的呼召(callings)，就是上帝要求教會要追求彰顯這些屬性，直到有一天，教會作為完全聖潔的新婦，可以獻給主基督(弗五 25～27)。上帝給予教會的禮物，也是祂恩典的呼召，因為祂要求教會不斷的在基督裏成長，與它蒙召的恩相稱(弗四～六章)，在這些屬性上，更趨完美像主，[7] 這是上帝對教會的心意。

1 教會的「合一」屬性

A. 合一是上帝恩典的賜予

教會歷史告訴我們，教會是多元而非統一的，並且教會的

7 參 Genderen and Velema, *Concise Reformed Dogmatics*, 707～725。

分裂和不合一，是普世的現象。我們固然可以探討這現象的種種原因，然而從聖經啟示和信仰的角度，我們要確信，教會是基督的一個身體，正如我們領聖餐，是同領一個杯和一個餅（林前十 16～17），教會是一個羊羣，同歸一個羊圈、一個牧人（約十 16）。在保羅教導信徒要同心的背後，是「一個教會」的事實：「身體只有一個，聖靈只有一個，正如你們蒙召，同有一個指望。一主、一信、一洗、一上帝」（弗四 4～6）。而在哥林多信徒結黨紛爭的背後，是信徒不明白他們的救主基督是不能分開的（林前一 12～13）；而不同的恩賜與一個身體是並存的，因為「你們就是基督的身子，並且各自作肢體」（林前十二 27）。教會是基督的一個身體，不論是指普世或是地方教會，這合一的事實都存在。當然這是一個屬靈（即在聖靈裏）的合一，卻也是可見的！宗教改革的神學，常常強調教會的合一是看不見的（invisible），因為她是「屬靈」的。加爾文卻認為，合一是可見的（visible），因為所有在口裏、在生活和聖禮上，認信同一位上帝和基督的，都是合一教會的一分子，[8] 而信徒應接納這樣的人為主內的肢體，並且切實活出教會的合一。

B. 對「合一」的不同理解

(i) 羅馬天主教

天主教教會認為，使徒彼得是教會合一的原理和基礎。他離世以後，歷代教宗便繼承了彼得的領導，成為教會合一的

8　參 Calvin, *Institutes of the Christian Religion*, Book 4, Chapter 1, Sections 8～9。

基石。雖然在一九六四年第二次梵諦岡大公會議的憲法中（第 13、18 條），聖靈與教宗同列為教會合一之原理，然而後者仍作為「可見之原理」，因此教宗就成為教會合一之惟一的關鍵原理！

天主教會自宗教改革以來，一直指控宗教改革破壞了普世教會的合一，對這指控我們有以下的回應：

- 教會合一的基礎不是教宗，乃是真理，即那「純正話語的規模」（提後一 13），和肢體彼此相愛。[9] 使徒保羅在以弗所書四章 4 至 6 節論及教會合一的基礎，和耶穌在約翰福音十七章 9 至 23 節論及信徒的合一，並沒有一處提及彼得是祂的「繼承人／教宗」！
- 天主教以「歷代教宗作為使徒彼得之繼承人，而彼得又是耶穌所立的首任教宗」的立論與實踐，根本沒有任何釋經及歷史依據，因此缺乏基礎（參本書第三章）。

(ii) 普世合一運動（the Ecumenical Movement）

二十世紀普世教會協會（World Council of Churches）所推動的合一運動（Ecumenical Movement），以普世教會合一為己任，曾廣邀天主教、東正教、基督教等教會一起努力，去達成耶穌對父上帝的祈求：「使他們都合而為一」（約十七 21 上），但始終這個運動缺乏了合一不可少的元素：生命、真理與使命。請

9 參 Calvin, *Institutes of the Christian Religion*, Book 4, Chapter 2, Section 5。

注意，約翰福音十七章 21 節下半節提到聖父與聖子，並祂們與信徒之生命契通：「正如你父在我裏面，我在你裏面，使他們也在我們裏面……」約翰福音十七章 17、19 節又論及「使門徒成聖的真理」；而在十七章 18 節主又對父上帝說，祂差遣門徒到世上完成使命。普世合一運動一直忽略這些合一的元素，又如何可能帶來教會的合一呢？

普世合一運動較後期（1960 年以後）的關注，集中在社會及政治的改革，並倡導教會應以「世界的議程」為「教會使命」的核心；這與使徒的教導：「基督為了教會，作萬有之首」相違（弗一 20～23）。此外，這運動一面倒的將福音社會化、政治化和人性化（socializing, politicizing, humanizing），完全不談個人信仰和生命更新，在教會使命的定義上，也偏離了新約的啟示，使這普世合一運動，在許多正統教會和信徒心中，愈來愈顯得毫無意義，甚至成為負面教材！[10]

C. 合一是上帝對教會的呼召

「合一」是上帝賜予教會的屬性，也是信徒羣體要實踐的。普世上帝的教會是合一的，因為上帝雖有三個位格，卻是獨一的，使我們同有「一主、一信、一洗、一個身體、一個盼望」（弗四 4～6）。所以教會的合一是上帝的禮物，同時也挑戰信眾，要活出合一的生命，「竭力保守聖靈所賜合而為一的心」（弗四 3）。[11] 信徒不應單滿足於個人在主裏屬靈的交通，也應致力實踐

10 參 Clowney, *The Church*, 155～158。

11 參《比利時信條》（Belgic Confession, 1561），第 27～28 條。

合一的生活和事奉，甚至在教會與教會之間，應表現出有合一的行動，叫上帝的名得榮耀。

或許有人會問：教會的多元性和多樣化反映了上帝的豐富和姿彩，會否不是一件壞事，反倒是一件美事呢？事實上，曾任荷蘭首相的神學家該柏爾(Abraham Kuyper)就曾經說過：「千篇一律是現代生活的咒詛！」因為他認為多元化和多姿多彩的教會，才能反映福音和上帝啟示的豐盛。我們同意，不同的教會傳統可以反映上帝的豐富，但是當教會的多元和分別是源於分裂，並且帶來冷漠，彼此輕視、不和，甚至仇恨時，我們就不能用「多元姿彩」作為藉口，美化教會羣體之間破壞教會合一的罪。[12] 事實上，過去數十年，有許多北美華人教會的成立，並非是有計劃的植堂，或者是為了更有效地完成福音使命，乃是由於人的罪——驕傲、個人主義、結黨紛爭，引致教會分裂、肢體對立。當中有許多的傷痛，許多失敗的見證，這是十分可惜的。

面對教會合一的努力和教會多元化的問題，信徒可以留意的要點包括：

- 「合一」(unity)不等於「一律」(uniformity)。我們要學習甚麼事情是基本和不容妥協的，甚麼是次要和可以並存的，甚至是可以互相配搭和補足的。這需要對真理有全面的了解，加上屬靈的智慧，和具成熟品格的領袖和會眾。
- 真理有其準則和規範，所以並非所有被稱為基督教教會的，

12 參 Berkouwer, *The Church*, 51 ~ 59。

都是我們可以接納的！以下是一些我們特別應留意的基本問題：何謂福音？教會的使命是甚麼？基督的十架有否贖罪的能力？祂是上帝嗎？祂的身體有復活嗎？祂會再來嗎？聖經是不是上帝的話？信徒有身體復活的盼望嗎？耶穌是惟一的救主嗎？何謂因信稱義？何謂信徒皆祭司？（參提後一 13 ～ 14，二 16 ～ 18；約壹四 1 ～ 3；約十七 16 ～ 19；提前三 15）[13]

- 為了合一，我們往往要放下一些堅持，如個人的利益和喜好，甚至是非基本的神學立場（如對千禧年的看法、洗禮的形式、六日創造的解釋等），以達致求同存異，在主裏彼此接納，互相配搭的目的。當然，我們要防避自由主義、多元主義、基督教異端等所帶進教會的錯謬，並且要持守以聖經真理為根基的福音信仰（evangelical faith）！

具體實踐教會合一的過程，可以透過下列方式：

- 個人的努力，這包括個人品格的培養，在愛心、溫柔、忍耐、謙卑中與人交往，與肢體同工，保守在聖靈中的合一（弗四 2 ～ 3）。
- 各人按主所給予的恩賜參與事奉，與其他肢體配搭，各盡其職，建立基督的身體（弗四 7 ～ 16）。
- 藉聖言和聖餐建立合一成熟的教會。聖言方面，能使眾人在真道上合一，在領人歸主的佈道工作中，同心宣揚一個福

13 參 Genderen and Velema, *Concise Reformed Dogmatics*, 712 ～ 714。

音，信靠同一位救主，加入基督的一個教會。聖餐方面，領受同一個杯和一個餅（林前十 16～17；徒四 12）。

- 在地方教會中促進聖徒相通和分享，切實地以愛心彼此關懷互助，並經常提供以整個家庭共同參與的教會聚集，可正面推動教會內部的合一，促進「教會一家」的實在，並幫助聖工有效的推行。
- 推動教會與教會之間的團契生活、事工合作，以及對外服務與見證。
- 參與地方教會以外的聯合事工，如：學生福音工作、差傳事工、神學教育、濟貧／扶貧工作、社區服事等。

我們深信，這一切為了教會合一而作出的努力，皆非徒然，因為：

- 我們有合一的基礎（弗四 1、4～6），和聖靈的幫助（弗四 2～3）。
- 我們至終會歸一個牧人（約十 16）。
- 我們盼望有一天，將與普世聖徒同赴羔羊婚筵（啟十九 6～16），這是聖餐的至終實現，教會合一的榮耀時刻，而這盼望能推動我們今天為教會合一而盡心竭力！

2 教會的「聖潔」屬性

A.「聖潔教會」是上帝恩典的賜予

甚麼是「聖潔」（Holiness）？這詞在聖經中所表達的，基本上是指上帝的本性。首先，祂是尊貴奇妙，與萬物有別的至高上帝。其次，祂是道德完美的至善創造救贖主。由於上帝是聖潔的，一切與上帝有關的都是聖潔的，如：大會（出十六 23）、山（詩二 6）、子民（申七 6）等。新約聖經特別強調，所有屬上帝的子民都是「聖潔的子民」（彼前二 9），然而，他們要努力過聖潔的生活，因為那召他們的上帝是聖潔的（彼前一 16～17）。[14]

若有人問：面對歷代教會的軟弱、罪惡，和道德上的污穢，我們仍能認信教會是聖潔的嗎？答案是肯定的，因為教會是屬上帝的羣體，這是一個信心的宣言，認信上帝在教會身上所成就的工作，而不是人的素質或成就。三一上帝在教會身上的工作包括：

- 上帝在創世以前就認識她、揀選她、愛她，又在歷史中主動與她立約、拯救她，並應許賜福予她（弗一 4～6；彼前一 2，二 9～10）。
- 基督愛教會，為她捨己，又使她成聖（弗五 25～27；來十 10～14）。
- 聖靈內住教會，使她不斷成聖，被建造成為靈宮，作聖潔的祭司（弗二 21～22；彼前二 4～5）。

可見，凡靠著耶穌到上帝面前來敬拜事奉者皆是「聖徒」

---

14 參 Elwell, ed., *Evangelical Dictionary of Theology*, 514～516。

（saints）。這是救恩論中「確定成聖」（definitive sanctification）的教導（林前一2，六11），是「漸進成聖」的起點，二者關係密切。[15] 教會是聖潔的，因為她是從罪和世界中被拯救、被分別為聖屬於上帝的，也是要獻上服事上帝的，因為「聖徒皆祭司」！當然，這聖潔的身分會結出聖潔的果子，這是聖靈在信眾生命中不斷的工作，但這不表示教會與信徒在歸主後會立刻變成完全，因為漸進成聖是一生的進程。[16] 其實，新約聖經啟示我們：教會和信徒在今生不能完全，直到主再來（約壹三2）。

天主教教會將聖潔的教會與有罪的信徒分別出來。她認為教會客觀來説是聖潔的，但信徒卻是罪人。當然，信徒也會／應表現出聖靈的美德，並努力追求聖潔完全，但天主教會將下列事物看為更高的聖潔：

- 獨身、自願貧窮、獻身事主者；
- 為主殉道的人、行神蹟者，和被封為「聖」者；
- 信靠仰望馬利亞者，因為她是完全聖潔無罪榮耀的「聖母」。[17]

這些所謂「更高的聖潔」完全是人為的、沒有聖經根據的，並且只能訴諸一個抽象的「聖潔教會」所謂的「神聖傳統」，和那以人取代上帝的「教宗絕對權威」。可是宗教改革者將教會帶返聖經啟示的真理：信徒皆聖徒、基督的寶血和聖靈的重生完

15 參陳若愚：《基督、聖靈與救贖》，頁 150～151、349～350。

16 參陳若愚：《基督、聖靈與救贖》，頁 350～358。

17 見 *Catechism of the Catholic Church* (1992), no. 823～829。

全足以使人成聖、救贖工作的「已然」(already) 和「未然」(not yet) 等重要的信仰根基。[18]

B.「成為聖潔」也是教會的本分

追求聖潔是教會使命的一部分，因為主吩咐她要教導門徒遵行主的一切教導 (太二十八 20)。使徒向我們展示了福音使命的目標，是要建立成熟的門徒和教會 (西一 28)，而並非徒有虛名、懶惰自滿、裏外不一的「教友」! 成聖是聖靈的工作 (帖後二 13；加五 16 ~ 24)，因此，學習順服聖靈，抵擋肉體私慾(罪性)，是成聖進程必經之路 (羅八 13)。聖靈藉聖道工作，而生命的更新與上帝的話也分不開 (約十七 19；羅十二 2)。此外，藉基督大祭司的禱告和幫助，教會被差到世界為主作見證 (約二十 21)，不受世俗的污染，不為惡者所勝 (約十七 14 ~ 17)。

C. 兩種危險

在教會的成聖旅程中，她要防避兩種危險：

(i)「世俗化」的危險

一般來說，世俗化 (secularization) 乃是將世界的標準帶進教會：注重外表、看重權位、將人分等級、追求名利、成功、成就等，這是教會常見的價值觀和處事原則，與耶穌的教導和天國的原則相違，信徒們應小心防範。

---

18 參 Genderen and Velema, *Concise Reformed Dogmatics*, 716 ~ 717。

當代神學的世俗化，也企圖將教會與世界的分界拆除。解放神學與普世教會協會所推行的合一運動，彼此有一個重要的共通點，就是致力於教會的「人性化」(humanization)，看教會的使命是：主要為建立一個更人性、更公義的社會。若是如此，教會將失去她作為聖潔子民的身分！這也與使命的「社會性」(socializing)方向相連：「救恩」被定義為社會和政治改革，取代傳統的個人悔改歸主。這是危險的，因為如此改變，教會就只成為普世新人類的初熟之果，她與普世人類沒有基本的分別；這也會導致「普救主義」(universalism)的神學論點，是教會世俗化(secularization)的自然推論！可見，拆除了教會與世界的分界，教會就失去了她的身分、使命，與存在的價值，而「教會的聖潔」也不存在了！一九五四年，普世教會協會在埃文斯頓(Evanston)召開第二次大會時，大會主題從「基督：教會與世界的盼望」改為「基督：世界的盼望」，不正就反映了在這種世俗化神學影響下的教會，已經失去了她獨有的福音使命與天國盼望嗎？[19] 這是可悲的！

這並非說，教會不應盡她在社會、政治、世界中的本分；也並非說教會的使命只限於傳揚福音，對整全的「治理全地」、「天國王權」的使命置之不理；而是作為上帝所呼召和拯救的羣體，教會需要肯定她所宣講的福音，其核心信息是：「基督的十架與復活帶來個人生命的更新、教會羣體的建立，和榮耀的新天新地中神人的同在」，其他一切皆環繞這核心，有它們各自

19 參 Clowney, *The Church*, 155～158。

適當的地位，不能輕重倒置，也不應獨立存在，否則教會的本質、信息與使命將會變質，影響了教會聖潔的屬性！

(ii)「律法主義」的危險

耶穌在地上的時候，與當時猶太宗教領袖的辯論和衝突，常是與他們的律法主義(legalism)有關。根據福音書的記載(如：太五～七章，二十三 1～34；約八 12～47 等)，這些宗教領袖的律法主義，其特徵包括：

- 有敬虔的外貌，卻沒有敬虔的實質；
- 常常以外貌取人，在道德的判斷上只注重外表；
- 在道德的抉擇和行為上往往輕重倒置；
- 常覺得自己比他人高超(特別是在道德行為上)；
- 缺乏自覺和自省，因為常看見他人眼中的刺，卻看不見自己眼中的梁木；
- 藉守律法去證明自己愛上帝；
- 看律法為一些規條，忘記了上帝才是一切律法的源頭；
- 在宗教和道德生活中，常以自我為中心；
- 對他們所認為的「罪人」，缺乏愛心和同理心；
- 看耶穌和祂的門徒為猶太教的叛徒。

在現代人的日常生活中，「律法主義」是一個常見的普遍現象，例如：傳統華人文化重視「禮義廉恥」，會特別看重傳統家庭和社會的禮教規條，這種文化也影響一般華人基督徒。其實聖經也重視道德倫理，但基督教倫理卻是以上帝為中心，建基於上帝的創造與救贖，並致力「裏外一致」，依靠聖靈，與律法主義式的道德規條倫理有很大的分別！

初期教會中，律法主義的典型個案是四世紀多納徒派（Donatism）所引起的神學爭端。多納徒派信徒是北非迦太基（Carthage）主教多納徒（Donatus，313～347年）的跟隨者，他們是基督教會中的分離主義者。由於他們強調教會的聖潔，以致與當時的大公教會水火不容。首先，他們對曾經在逼迫中與敵對者妥協（如：同意焚毀聖經、放棄信仰、逃避迫害）的信徒和主教，都冠以「叛徒」之名，是不潔的族類，是永遠不可能再被接納成為教會成員的。不但如此，凡在聖工上與這些「叛徒」有關係的人，也是被污染和不潔的；再者，任何「不潔」的祭司或主教，他們所施行的聖禮（包括按立禮），在多納徒派跟隨者的眼中，也是無效的。這是一種極端的「完美聖潔主義」！

面對這極端的「聖潔主義」，大公教會於三一四年舉行的亞爾勒議會（Council of Arles）中判多納徒派為錯謬。議會特別指出，一位聖職人員縱然有過失，他所施行的聖禮，特別是按立禮，仍是有效的！面對這種神學爭論，北非神學家俄皮達徒（Optatus）曾著書《多納徒之分裂》（*Against the Donatists*），駁斥這種「聖潔的分離主義」。他的立論是：

- 教會聖禮之效能，並非建基於人的品格或條件，而在於上帝，因為上帝才是一切聖禮恩典的源頭，這並不是人所能成就的，無論他的生命是多聖潔高超。

- 教會的聖潔並非依賴其成員之道德品格，乃是上帝恩典的賜予；而這些賜予也包括教會的信經、信徒的信心和信仰、基督的教導，和聖禮等。
- 教會的屬性也應涵蓋她的大公性與合一性，因此多納徒派信徒應與大公教會相連，不要自我隔離，自絕於上帝藉大公教會所賜的生命與祝福之門。[20]

俄氏的立論，其後在著名西方教父奧古斯丁（Augustine）的三部護教著作中，得以被確定和進一步的發展，成為日後歷代大公教會的正統神學立場。[21]

十六世紀重洗派信徒離開當時的主流教會，因為他們不滿意教會不聖潔，認為她不能表現出純潔無瑕的特質。改教家加爾文挑戰他們的立場：假如我們要尋找完美的教會，我們定會失望，因為沒有一個教會是完美的。而事實上，縱然哥林多和加拉太等教會充滿問題和十分軟弱，但使徒保羅仍稱其為「聖徒」的羣體！因此，加爾文提醒這些道德完美主義者，在信經中「我信罪得赦免」這認信，是與前面「我信教會」是緊密相連的。[22]

事實上，教會被基督的十架和復活所救贖，在聖靈裏重

20 參 Jay, *The Church*, 81～83。

21 這三部著作為：*On Baptism, Against the Donatists*（400年）、*Answer to the Letters of Petilian, the Donatist*（400年）、*A Treatise concerning the Correction of the Donatists*（417年）；載於 Philip Schaff, ed., *The Early Church Fathers: Nicene and Post-Nicene Fathers: First Series, vol.IV Augustine: Anti-Manichaean, Anti-Donatist Writings* (Peabody: Hendrickson Publishers, 1994), 417～651。

22 參 Calvin, *Institutes of the Christian Religion*, Book 4, Chapter 1, Sections 13～18。

生，是聖潔的，因為她已經成聖和稱義了（林前六 11），她不再被定罪，她也不在罪的掌控之下（羅六 14～18）。然而，她也必須經歷一個漸進成聖的旅程，每天在基督裏成長，直到有一天完全聖潔，可以獻給基督，作祂的新婦（弗五 27）。這盼望會推動她追求聖潔（約壹三 2～3）。這「已成聖」又「不斷成聖」的教會屬性，正如耶穌所言，教會和信徒就像葡萄樹上的枝子，藉著基督福音真道，已經乾淨了，但仍要常活在主的話和主的愛中，才能不斷的修理乾淨，更多結果子，愈來愈榮耀父上帝（約十五 1～8）。

3 教會的「大公」屬性

A. 何謂「大公教會」?

「大公」（catholic）一詞，一般是指「整全」或「普世」之意。用作形容教會，這詞在新約聖經中並沒有出現，但在二世紀，「大公」一詞開始用作形容一個「真正的」基督教會；她不單與其他教會相連，也與一些分離的、異端的教會（如亞流主義、多納徒主義）有別。教父奧古斯丁面對多納徒分離主義者的錯誤，再次強調「大公教會」的普世性意義。可見，在初期教會中，「大公」一詞兼容「普世」和「真正」的雙重意思。宗教改革時期，教會的領袖和宣言在引用使徒信經時，常以「普世」（Universal）來表達教會的「大公」屬性，但這似乎將這詞簡化了，忽略了一些重要的意思，如：「完全真實」、「救恩豐盛」等！馬丁路德不喜歡「大公」一詞，改用「基督教的」（Christian）一詞，但不能完全表達「大公」的意思；若以「普世基督教會」（Universal

Christian Church）來表達，就較完整了。然而，宗教改革時期的信仰宣言，都強調教會的普世性，即她包括了歷代各地所有真信徒，[23] 這是很明顯的！

然而，常引起爭論的問題是：由於羅馬天主教會所涵蓋的地域廣大和人數眾多，她是不是那實至名歸的「大公教會」呢？事實上，許多教會領袖和學者，包括一些天主教的神學家，都不贊成這個說法。比方，著名的天主教「教會論」學者孔漢思就認為，一個教會縱然人數多、分佈廣，卻不能忠於她的本質，就不是「大公」的教會。另一位具影響力的天主教學者孔格（Yves Congar）提出，「大公」的意義，是「重質不重量」的。一個大公的教會，必須吸納不同國家和不同文化的精華，特別是基督教的價值，包括路德和加爾文的神學。天主教教會與宗教改革的教會應彼此學習，一同成長，建立一個有多元神學的「新大公教會」。[24]

B. 新約聖經的啟示

(i) 普世性教會：量的層面

毫無疑問，新約明確啟示基督教信仰和教會是普世性的，超越一切種族、社會階層、性別、年齡、語言、文化等差異，因為基督的救恩是「叫一切信祂的……得永生」（約三 16），教會的使命是「使萬民作主的門徒」（太二十八 19），而五旬節聖

23 如《比利時信條》，第 27 條；《海德堡要理問答》（Heidelberg Catechism）「主日 21」等。

24 參 Genderen and Velema, *Concise Reformed Dogmatics*, 718 ～ 719。

靈降臨以後，歸主的人有猶太人，也有其他族裔的人，都一同受洗，參與教會生活（徒二 11、17、21、39～47）。而使徒行傳十五章也記載了初期教會的首次大公會議，使徒與教會同工們一致同意接納外邦人加入教會，不必再行割禮，確定了新約教會的合一性和大公性，並不限於猶太人！其後，使徒保羅在他的書信中，也多次宣告，肯定教會在基督裏是合一和普世的（林前十二 13；加三 28；弗二 14～16；西三 11 等）。

(ii) 基督性的教會：質的層面

近代的神學家在闡釋教會的大公屬性時，多從質的層面入手。保羅教導「基督為教會的豐滿與實現」（弗一 23），而教會在基督裏的成長，就是以基督為首、在愛中說真理、成長成熟（弗四 13～15），並且「被上帝一切的豐盛所充滿」（弗三 19），活出教會的「大公性」。

C.「大公教會」是恩賜也是本分

(i) 上帝恩典的賜予

藉著聖子基督，祂的道和祂的靈，上帝在人類的歷史中，揀選、招聚祂的子民從萬民中出來，成為一個合一大公的教會，不分種族、階級、性別、年齡、文化。這「量的大公性」（quantitative catholicity）是上帝恩典的賜予：從揀選到呼召，到至終在天國裏實現，都是上帝的工作。同樣，「質的大公性」（qualitative catholicity）也是上帝的恩典：一主、一信、一洗、一上帝，在上帝的真理和生命裏，成為一個基督的身體，同享基督的豐盛。

重量不重質，會令教會表面化、階級化、權力化、數字化；但當教會看重素質，在信仰和生命上皆連於基督時，她就會尋求與同一信仰生命的教會和信徒聯合，帶來質與量並重的「大公教會」。教會不能只服事某一階級、國家、種族、文化、時代的人，教會要服事普世的人，因為「上帝愛世人」；而這「廣度的愛」，配合教會在基督裏的豐盛所得那「深度的生命」，使教會的大公屬性得以實現。[25] 在基督裏的豐盛，帶來整全的真理、全人的生命建造、全面的見證，和教會的健康成長。其實，教會歷史中的異端，往往始於過分強調片面和偏差的真理，且又將其絕對化，誤以為是全面的真理。這樣的危機，在正統福音信仰的教會也曾出現，須小心防範。

(ii) 人應盡的本分

教會的大公性是上帝恩典的賜予，但也要求教會盡心盡力的事奉。

首先，教會要避免自限於一些固定的地點、形式、傳統，和架構（如：教宗和主教之權力架構）。這不單是羅馬天主教會的問題，也是普世教會要防避的，因為耶穌曾說，在新約時代中，敬拜不是固定在一個地點，乃是在聖靈和真理中（約四 21～24）。由於「人在亞當裏的罪性」之事實，沒有一個人或一個架構的權力應該被絕對化。特別在教會中，因為過大的權力容

25 參 Berkouwer, *The Church*, 105～130。

易被誤用。人的權力需要受到制衡，因此，建立團隊領導、選舉制度、會眾的參與和監督，在教會中也是必要的；信徒要認定，教會的主是元首基督，不是一位教宗、牧師或長老！教會的治理工作，應藉會眾所選出的集體領導團，在上帝的道與聖靈的引導下，有秩序地進行。

其次，教會應避免狹窄的派系門戶之見，和將某些人、宗派、學說理論絕對化；教會要避免因個人的權力慾而排斥異己，也要避免在次要的教義和傳統上爭論不休、小事擴大、分裂教會。當然，若是在基本信仰上，或是在生命上，出現嚴重的問題，教會當處理之，但要留意：就是教會紀律也應在愛裏執行，並且目的也是為了建立和關懷人。就算必須將不肯悔改者逐出教會，也是期望犯錯者至終能向上帝悔改（參林前五1～5）。

教會的「大公」屬性要求我們接納和接待上帝所接納和接待的，不應因為人的種族、文化、性別、階級、宗派背景，甚至枝節的神學立場差異而排斥之。事實上，在美國這個多元種族的國家中，種族歧視仍然廣泛存在著。華人教會內部則常因背景、方言、文化和傳統的差異而產生衝突和分裂。教會增長運動（church growth movement）所提倡的「同類族羣教會」（homogeneous group church），和一些新興的特殊事工教會，這一切都曾衝擊教會的大公性。作為大公教會的一分子，我們都在期待一個榮耀的景象，就是「有許多的人，沒有人能數過來，是從各國、各族、各民、各方來的，站在寶座和羔羊面前，身穿白衣，手拿棕樹枝」，一同敬拜讚美上帝（啟七9～12）。

這盼望應使得我們今天建立主所呼召的大公教會，而這種建立工作，乃始於福音的宣講，就是邀請人一同來聚集，並一同起來跟隨耶穌（約一 45 ～ 46）。因此，正如神學家柏寇偉（G.C. Berkouwer）所言，大公教會的範圍，不是今天的某一個/一些教會（包括天主教教會），而是福音——新約使徒所傳講的福音（the Apostolic Gospel）；因為藉著使徒福音的宣講，我們期望一個更廣闊的大公教會。[26] 換句話說，教會的大公性（Catholicity）和使徒性（Apostolicity）是不可分割的。[27]

（iii）大公教會的延續：教會的回應

大公教會能否或會否延續下去？我們對此又有何把握與保證？

耶穌基督是教會的主，祂曾宣告祂會建立教會，並且陰間的權柄不能勝過她（太十六 18）；再加上主應許與教會同在，直到世界的末了（太二十八 20）；還有那末日敬拜羣體的預言（啟七 9 ～ 12），大公教會的延續和至終的實現，似是毫無疑問的了。

然而，教會也有她當盡的本分。基督大牧者的關顧與勸勉是必然的，但羊也要緊緊地跟隨祂（約十 4 ～ 10、26 ～ 27），這是「堅忍的信心」（persevering faith）的回應。同樣地，葡萄樹的枝子要常在葡萄樹上方能結出果子，享受生命（約十五 1 ～ 8），這也是信心——堅忍的信心。聖經中的教導是，上帝的子

26 參 Berkouwer, *The Church*, 135 ～ 137。

27 參 Clowney, *The Church*, 91 ～ 95。

民不能單憑「一次決志」，卻閒懶不結果子，就以為自己有一個不變的身分，有一天必能憑那「進天堂的門票」進場。上帝的子民卻應天天在禱告和行動中，依靠順服那愛他、拯救他的上帝，向祂盡忠。神人摩西也代表子民祈求上主指教他們如何「數算日子，得著智慧的心」去生活和事奉（詩九十 12 ～ 17）。上帝應許之實現，是在大公教會堅忍的信心，和對主忠心到底的服事中達成的。

在天主教的信仰傳統，個別信徒能否至終堅忍得救，是不肯定的，但卻認為教會堅忍得榮耀，是必然實現的。這差距是不符合聖經教導的（參來三 12 ～ 19，六 4 ～ 12，十 26 ～ 39），新約的作者多次迫切地警告教會不要後退，乃是要堅持到底，否則會有沉淪的危險。教會應以信心不斷回應上帝的應許，活出大公教會的廣度和深度；在面對仇敵的威脅與試探時，持守盼望，用生命去見證這盼望是必然實現的（羅五 1 ～ 5；彼前一 3 ～ 9，三 13 ～ 22）。[28]

4 教會的「使徒」屬性

A. 使徒屬性的重要

缺少了使徒性的特徵，教會一切其他屬性都會變得毫無價值，因為使徒是新約教會的根基。新約聖經論及使徒，主要是指耶穌基督所選召的使徒，他們與新約教會有密切的關係。我們知道，耶穌在地上曾預告祂將會在彼得這「石頭」上，建立祂

28 參 Berkouwer, *The Church*, 193 ～ 198。

的教會（太十六 18），這彼得就是當時作出認信的使徒代表。其後，使徒保羅也清楚指出，新約的使徒與先知，就是上帝教會被建造的根基（弗二 19～20）。在啟示錄二十一章 14 節新耶路撒冷的異象中，聖城的城牆上有十二使徒的名字，表示使徒團體（the Apostolate）是普世教會的根基。這些啟示都顯示，使徒不單與教會的關係密切，並且在教會的職事和使命中，擔當了非常重要的角色。

使徒在新約教會中的身分是獨特的，因為：

- 他們親耳聽見，親眼看見上帝藉基督在地上所成就的奇妙救贖大功，特別是基督的復活。所有使徒皆親眼見過復活的主，而這特殊的經歷，使他們的見證大有能力（徒四 33），並且滿有果效（徒十 39～42），因為基督的復活不單是福音信息的核心，更是人得聖靈生命的關鍵，因為復活的主也是賜聖靈的主（徒二 32～33）。
- 他們是耶穌在地上特別選召的代表，是天國君王基督所差遣的特使，所以接待他們，就是接待基督，而拒絕他們，就是拒絕君王基督（約十三 20）。
- 他們的宣講和事奉，有聖靈特別的恩膏，其中包括有能力將福音傳到地極（徒一 8），為基督作見證，並將基督的教導指示門徒（約十四 26，十五 26），領受並傳遞聖靈的特殊啟示（林前二 9～16），撰寫新約經卷等。

基於以上特徵，使徒被立為教會的根基，並非偶然！由於使徒的工作是根基性的，因此是不能、也不須重複的。換句話說，從狹義角度看，在使徒時代過後，已不再有使徒了。[29] 當然，「使徒」一詞在新約中也有其他意思，如耶穌被父所差，和教會所差派的福音「使者」（腓三 25；林後八 23；約十三 16），但這些其他用法，都不是新約聖經中主要的用法。

B.「使徒」屬性之爭辯

在教會歷史中，對教會使徒性的詮釋和應用，有兩個不同的立場：天主教會強調使徒職分的繼承，而更正教會則強調使徒的教義傳承。直到今天，這分歧仍然存在！

（i）使徒職分的傳承（succession of apostolic office）

天主教會的傳統源於二世紀，教會在對抗異端邪說，聲稱自己是使徒的繼承者，是使徒一代又一代，藉按手之禮的主教，傳承下來的正統教會。其後，羅馬的主教又聲稱自己是使徒彼得的直接繼承者，因此其羅馬教區是最重要的，因為它是使徒直接管治的轄區。漸漸地，羅馬教區的主教就成為整個天主教會的元首，而教宗制度也同時被建立起來，成為羅馬天主教的治理體制，直到今天。

一八六四年，教宗庇護九世（Pope Pius IX）宣告，基督真正的教會是合一、聖潔、大公，和使徒傳承的，而教會的合法性也是基於這傳承：「在哪裏有使徒傳承的主教，在那裏就有真理。」換句話說，教會的使徒性不是根據使徒的話和聖經啟示，

---

29 參 Grudem, *Systematic Theology*, 905 ～ 911。

乃是根據使徒傳承下來的主教所決定的教義。因此，對羅馬天主教教會來説，教會的使徒性最終的原則是：教宗之所在，就是教會，而這教會就是真理和救恩之所在！[30]

著名荷蘭神學家巴文克（Herman Bavinck）從歷史和聖經的角度探討這個問題，強烈批判天主教會「使徒傳承」的立論。巴文克認為：羅馬天主教所賴以生存的使徒傳承並不存在；歷代的教宗也絕非彼得的繼承人。因此，巴氏的結論是：羅馬天主教這論點的基礎極之薄弱，就像永恆的命運只繫於一線蜘蛛網！[31]

當代荷蘭學者柏寇偉，則從使徒彼得與教宗無誤的角度，評論這教會傳統，認為這傳統在神學上難以確立。首先，貝氏問：上帝要賜予教會一個保障，是不是一定要藉著一位「無誤的教宗」（an infallible Pope）？

天主教人士的答案是肯定的，因為他們説這是一個最具體可見、合法的保證，是教會得蒙聖靈保守和持續的必然結果。

但宗教改革人士當然不同意。他們認為由於聖靈是上帝，祂當然是無誤的，但祂所幫助的人卻是會犯錯誤的，而人在今生需要聖靈幫助的一個重要原因是：人會犯錯和犯罪！這在使徒彼得的身上就很清楚。天主教教會一向以彼得為首席使徒，是歷代「無誤教宗」之傳承祖先，但他竟然在信仰上屢次犯錯犯罪，實在不可想像！明顯例子有：彼得勸阻耶穌不要去受苦受

---

30 參 Genderen and Velema, *Concise Reformed Dogmatics*, 723。

31 參 Herman Bavinck, *Reformed Dogmatics*, vol.4: *Holy Spirit, Church and New Creation*, trans. John Vriend (Grand Rapids: Baker, 2008), 344 ~ 368。

死，被主責備，稱之為「撒但」（太十六 21～23）；彼得三次不認主，其後流淚痛哭悔改，而主早已預言鼓勵他，為他代禱，使他不會灰心（路二十二 31～34、54～62）；保羅當面指責彼得，指其行為與因信稱義的福音真理不符（加二 11～17）。這些在使徒彼得生命中的幽暗面，天主教會（參第一次梵諦岡大公會議信仰宣言）都沒有正視，一直以他為使徒傳承的源頭，並一直宣告繼承他使徒位分的歷代教宗，都是無誤和有絕對權威的，這豈非荒謬？[32]

（ii）使徒教義的傳承（succession of doctrines）

這「教義的傳承」也可稱為「真理的傳承」（succession of Truths），其中的內容包括基督（祂是「道」）、祂帶來的福音信息，和福音的果子：新的生命。

更正教會一般都不同意羅馬天主教會所持守的使徒職位的傳承和教宗無誤的傳統。更正教會提出，教會的使徒性，主要是強調透過使徒而傳承教義真理。他們認為，新約教會從基督的使徒那裏所傳承的，並不是使徒的職分，而是使徒從主所領受的福音真道（林前十五 1～4）。因為上帝的道，藉聖經正典的傳遞與教導，遠比一些有限和有罪的、卻被認為是無誤和有絕對權威的人（教宗），來得更可靠和更有建設性！正如路德所言：「上帝的話在哪裏，那裏就是教會。」[33] 支持這「教義傳承」立場的理據綜合如下：

32 參 Berkouwer, *The Church*, 257～277。

33 參《比利時信條》第 29 條。

- 如上文所說，使徒的職分在歷史中是獨特的，使徒時代以後已不復存在，但他們所傳講的、在新約聖經記載的福音真理傳統（林前十五 1～4）、那純正話語的規模（提後一 13），就是使徒的教義，卻一直流傳至今！這傳統的正典，其地位與舊約聖經無異（彼後三 2、15～16），皆上帝藉聖靈默示的作品（提後三 16；彼後一 20～21），有上帝話語的權威（啟二十二 18～19）。這使徒的傳統，是每一個時代的教會都應該領受、宣講和教導的；就如新約聖經記載初期教會信徒聚集，一同學習遵守使徒的教導（徒二 42），並傳遞予下一代（提前六 20；提後一 13～14，二 2）。除了教導真理外，使徒也幫助信徒明辨是非，排斥錯謬（加一 6～9；約壹四 1～3 等）。另外，使徒也藉真理裝備聖徒，使教會每一位成員皆得以參與事奉，建立基督的身體（弗四 11～13），在歷代教會中結出美好的果子。
- 天主教教會看彼得不單是使徒之首，更是教會的「首位教宗」。他們是根據馬太福音十六章 18 至 19 節所載，耶穌對他的囑咐和授權（天國的鑰匙）所引申的立場。但這論點很難成立！不錯，當時耶穌是指著彼得說，祂要將教會建造在這石頭（與彼得的名字相符：參約一 42）上，但我們要留意當時的處境：彼得剛認信耶穌是基督，他也是以使徒的代表認信的；所以，作為認信的使徒彼得，他是建造教會的磐石，但不久之後，作為攔阻主接受十架之苦的人，他就是撒但（太十六 23）！上文也提到彼得在信仰上的失敗，假若他是首位教宗，他就不是一位無誤（infallible）的教宗！此外，他所領受的權柄，並非他獨有的，更不是使徒獨有的，乃是教會肢體所共享的（參太十八 18～20）！

- 歷代教宗乃使徒彼得的繼承人，這也是錯誤的！首先，作使徒的基本資格是：主親自選召，和親眼見證復活的主（參徒一 21～22）；在教會歷史中，沒有一位教宗有這些資格，所以連天主教學者孔漢思也說：使徒是沒有繼承人的！[34] 此外，教宗在信仰上無誤的立場，也是缺乏根據的！若他們是使徒彼得的繼承人（這本身也缺乏歷史理據），而彼得顯然在信仰上也有錯失，那末，「教宗無誤」的理據何在？

總的來說，「使徒職位傳承」所牽涉的問題極多；相反，「使徒教義傳承」不單合理，更符合新約正典的功能和教會歷史的發展，是今天教會所應肯定的。

C.「使徒」屬性的今日意義

教會的「使徒性」對當代的教會有重大的意義，包括：

(i) 今日基督教會的標誌

真正基督的教會，是以使徒的教義（apostolic doctrines）為標誌的。她宣講使徒的福音，持守使徒真理的規模，高舉新約聖經的權威，並抵擋一切違反使徒真理的異端邪說，因為使徒教義是主基督藉聖靈啟示予教會的真理。上帝並沒有藉使徒的

34 參 Küng, *The Church*, 77。

傳承，設立一位「無誤」的領袖（教宗）來教導和管治教會，乃是藉使徒在聖靈的掌管下，撰寫「無誤」的經典，作為歷代教會的真理規模。這經典展示教會應有的信仰、信息、使命、事奉原則、倫理生活規範等。由於這新約聖經的使徒真理，在舊約聖經中已有應許，因此，今天的教會，應持守宣講整全的新、舊約聖經真理，而不是高舉和信靠一位「無誤的領袖」，因為這樣的領袖根本就不存在！

(ii) 今日教會信仰與職事的基石

a) 聖經所展示的使徒教義

新、舊約聖經所展示的使徒教義，是今日教會信仰的基礎。一切教會傳統，包括信經和信仰宣言、領袖的宣告和教訓，皆須在聖經的亮光中接受批判與修正。教會領袖也應努力使教會的傳統和教導，符合聖經所啟示的真理，叫上帝的名得榮耀。

b) 使徒教義對教會職事的重要性

在教會的三重職事上，即敬拜、培育、見證三方面，使徒的教義也極為重要。首先，敬拜應以使徒所教導的三一神觀、救恩觀、敬拜原理及模範，作為個人與集體敬拜的標準。

其次，在培育方面，使徒的教義是生命培育的指引和內涵。它是「指引」，因為有一些培育原則，如：生命先於教育、恩典先於誡命、聖靈的能力等，皆是從聖經而來的。它是「內涵」，因為教會要培育生命，必須藉聖經中的生命之道，更何況教會成長的目標，是「在真道上同歸於一，長成基督的身量」（弗四 13）。

最後，在見證的職事上，使徒的教義就是福音的信息。其中一些重要的福音元素，如：人的罪、上帝的愛與公義、基督的十架與復活、悔改的必須、作門徒的代價與決心、身體復活的盼望等使徒傳予教會的福音「傳統」（林前十五 1～4），是不應受到忽略的，否則就是不忠於「使徒」的教會屬性了！

c）今日的教會是蒙主差遣的

「使徒」的意思是「蒙差遣者」，這也是教會的身分，因為她是建立於使徒的根基上，有基督耶穌為房角石（弗二 20）。希伯來書稱主耶穌為「使徒」（來三 1），因為祂是父上帝所差，到世上來宣講天國的福音，[35] 以父家的事為念(路二 49，四 18、43），並完成救贖。在祂復活之日，祂對門徒說：「願你們平安！父怎樣差遣了我，我也照樣差遣你們。」（約二十 21；參太二十八 18～20；可十六 15～16；路二十四 44～49；徒一 8）這是一個傳福音、建立教會、見證基督的使命：見證祂的創造、救贖、慈愛、公義、大能，和祂的國度應許。這天國的使命是使徒的傳承！

d）教會的領導與治理模式

教會是一個羣體，但她並非如一般社會團體，為了達成社

---

35 參 Philip E. Hughes, *A Commentary on the Epistle to the Hebrews* (Grand Rapids: Eerdmans, 1979), 126～129。

交、政治，或經濟目的而設立，乃是一個聖徒相通的生命團契（a Communion of Saints）。在領導方面，一般社團都以行政架構和階級高低去管治，而天主教更以教宗和主教團作為教會至高權力架構；但從基督和使徒的表現，我們看到一個以愛心捨己的榜樣，和以服事為主的領導方式(可十 42～45；林後八 9；腓二 5～8；彼前五 1～4；弗四 11～13)，甚至是領袖裝備聖徒的工作，也是一種的服事——使許多信徒可以更有效的發揮恩賜，配搭事奉，建立教會！

e）教會的宣教模式：使徒保羅的模式

教會如使徒一樣蒙主差遣，就當努力傳福音，完成宣教使命，而且在宣教的事奉上，也應向使徒保羅學習他的宣教心態、模式和策略（羅十五 15～33），傳承他的宣教異象。（請參閱本書第五章有關「宣教使命」的論述。）

5 總結

教會的四個屬性：統一的、聖潔的、大公的、使徒的，不單是初期教會藉著《尼西亞信經》共同認信確定，並且在往後的歷代教會中，無論是天主教、基督教、東正教會，皆廣被接納。這四個屬性從不同的角度去描述教會，它們彼此相連、互相配合。美國神學家奧頓（Thomas Oden）作了精簡的撮要：

> 教會是統一的，因為她分享同一的身體，就是復活主基督的身體；她成為聖潔，因為她藉著信，並透過聖靈的

> 能力，參與了聖子完全的聖潔；她是大公或普世性的，因為她向全世界獻上上帝整全的真理；她是使徒性的，因為她是被主所差進入世界，正如基督被父所差一樣。這些都是教會可靠的特徵。[36]

奧頓的簡述，點出了教會是與三一上帝聯合，在基督裏、透過聖靈，被建造為有生命和使命的羣體。這些屬性並非靜態的，乃是動態的，因為教會是一班蒙上帝呼召、有生命和使命的信眾；況且，這些屬性不單顯明上帝恩典的賜予，也是上帝要求人要竭力追求的方向（弗四 1 ～ 16；腓三 12 ～ 14；來十二 14）。因為新約教會處於「已然—未然」的歷史階段中，我們作為天國的子民，在這天國的進程中，雖仍有諸般的軟弱，但仍要藉著信，心存盼望，期待這些美麗榮耀的教會屬性，會完全地顯現在我們的眼前！

在歷史中，天主教會神學家一直以上述四個屬性，為真正的教會的標記，因為他們認為羅馬天主教教會才是惟一真正的教會。不過，宗教改革者如路德和加爾文等卻不同意；他們不否定這四個屬性是真正教會的特徵，但他們對這些屬性的理解，與天主教教會的理解不盡相同（見上文），並且宗教改革者也在四個屬性以外，另提出一些教會的標記（marks），幫助信徒分辨真假教會，認清哪些才是真正基督的教會，以免受騙，因無知而加入了一些假教會！

---

36 參 Thomas C. Oden, *Life in the Spirit: Systematic Theology, vol.3* (New York: HarperCollins, 1994), 297。

三　教會的「標記」

1 真教會的標記：宗教改革的傳承

一般來說，十六至十七世紀的歐洲改革宗基督教會大致上會同意，真教會的標記有三：

1. 傳揚純正的福音真道；
2. 聖潔地施行聖禮；
3. 正確地實施教會紀律。

其中典型的信仰宣言就是在一五六六年出版的《比利時信條》（Belgic Confession），當中第二十九條「論真教會的標記及其與假教會的區分」如此說：

> 我們相信，我們應當特別由上帝的話語來分辨何者為真教會，因為在世界中，所有各教會支派都取教會之名。但我們所說的，並非那假冒為善的人，他們在教會中與善良的信徒混雜在一起，在表面上看來，他們是在教會中，但其實他們不屬於教會；我們乃是說到真教會的團體與交通，必須與一切稱自己為教會的支派分別出來。真教會的標記是這些：是否在此教會中傳揚福音的教義；是否執行純潔的聖禮，正如基督所設立的；是否在刑罰罪上執行教會法規；簡言之，是否凡事按照上帝純潔的話語而行，凡與此相違反的，都當予以拒絕，並承

> 認耶穌基督為教會惟一的元首。憑此可以確知真教會的實質，無人可以與此教會分離。……
>
> 至於虛偽的教會，擅取權威，行事按自己的規章而不按上帝的話語而行，並不服從基督的軛，亦不按基督的話所設立的執行聖禮，反在上帝的話上有所加減，照他自己所想象的認為適宜，依靠人過於依靠基督；並逼迫那些按上帝的話而過聖潔生活的人。真教會應斥責虛偽的教會的過錯、貪心與拜偶像。此二教會由於彼此的不同而容易認出。[37]

在這以前，天主教神學家班拉明（St. Bellarmine，1542～1621 年）就曾建議真教會應有十五個標記，其目的在於證明天主教會乃惟一的真教會，但荷蘭神學家巴文克（Herman Bavinck）則認為，班氏所提出的標記，有兩大問題：

1. 在這十五項標記中，沒有一項是在教會之上的標準，換句話說，連聖經也得依賴教會，因為天主教看教會是一切教義和生活之至高準則；
2. 班氏看教會不是信眾的聚集，乃是以教宗為首的主教團和領導機構的組織，而他基本上是持「教宗在何處，何處就是教會」的立場！

37 參湯清編譯：《歷代基督教信條》，頁 146～147。

巴氏認為，班拉明的立論是錯誤和不能成立的，因為不但有違聖經啟示的教會觀，也錯將上帝的話置於教會的權威之下。[38]

宗教改革者中，路德強調上帝的話是最重要的，因為它是其他標記的歸依；加爾文則強調上帝的話和聖禮。[39] 宗教改革後期的領袖則提出增加第三項，就是教會的紀律，就如《比利時信條》所言。其實，從各種宣言的內容來看，宗教改革者最看重的教會標誌是上帝的話，而其他的標記如：福音宣講、教導、聖禮、紀律等，若能按上帝的話去實踐，便是正確無偽。所以，雖然他們在這課題上，表面上立場似乎不完全一致，而是接受一個、兩個，或三個標記（路德自己曾列出七個標記），但歸根究柢，對他們來說，惟一絕對不可缺少的教會標記只有一個，就是「上帝的話」。可以這樣說：「沒有上帝的話，就沒有教會！」這是他們的共識。[40]

2 反思與建議

宗教改革者的教會標記，一方面是要幫助人正面確定哪一些教會才是真正的基督教會，另一方面是要幫助人辨認哪些不是真正的教會。他們的教導有一個重要的功能，是針對當時天

38 參 Bavinck, *Reformed Dogmatics*, vol.4, 307 ～ 311。

39 參 Calvin, *Institutes of the Christian Religion*, Book 4, Chapter 1, Section 12。

40 參 Bavinck, *Reformed Dogmatics*, vol.4, 311 ～ 313；Joel R. Beeke and Sinclair B. Ferguson, eds., *Reformed Confessions Harmonized* (Grand Rapids: Baker, 1999), 188 ～ 194。

主教教會惟我獨尊的教會觀，並且指出該教會的一大錯謬，就是高舉教會傳統，特別是教宗的權威，超過上帝的話——聖經的啟示。加爾文提出真教會的標記，也同時是針對當時教會中的極端分離主義者，他們過分強調信仰中的枝節問題（non-essentials），製造不必要的爭論和分裂，是一種輕重不分、缺乏智慧，甚至是錯誤的立場與行為。[41]

宗教改革後期有關教會標記的討論，從「真假」對立轉移到不同「純正」程度之比較。轉移的原因也許是「真假」的討論可能使人有一種錯覺，以為只有一個教會是真的，其他都是假的。其實不然，因為所有被上帝的話引導的教會，都是真正的基督教會，但真正的教會對上帝話語的忠心程度都有分別。從啟示錄二至三章可見，基督對七個屬於祂的教會都有不同的評價、教導和勸勉。這就可以證明這一點。可以確定，針對不同的處境和需要，「真假」與「純正」兩種模式的討論都是可行和有幫助的。

另一個值得探討的課題是：真教會和真信徒的相互關係。可以這樣說，真正的教會內必然有真正的信徒；但另一方面，真教會中也有假信徒，而假教會中也有真信徒，這些都是事實！前者可被稱為「掛名基督徒」，而後者則是活在缺乏真理教導和肢體生活的可憐信徒。前者所需要的，是省察自己是否有真信心（林後十三 5），而後者則需要嘗嘗主道的滋味和愛的團契（詩三十三章，三十四 8）。總的來說，教會的光景與信徒的

41 參 Calvin, *Institutes of the Christian Religion*, Book 4, Chapter 1, Section 12。

生活與成長，有非常密切的關係。

當代福音派神學家傅瑞姆（John Frame），建議以「敬拜」、「愛」、「大使命」，作為真教會的三大標記，這是值得考慮的。[42] 首先，敬拜是教會重要的職事和標記，因為早於出埃及時期，上帝的子民在西奈與上帝立約，就是一個聚集敬拜的羣體；而敬拜讚美上帝，是蒙救贖子民的自然流露（羅十五 9 ～ 11）。惟有真教會才會敬拜真神，並且是在聖靈和真理中敬拜祂（申六 13 ～ 14；約四 23 ～ 24）。其次，愛是真門徒的標記（約十三 35）；還有，大使命則是真教會的核心使命，其中包括藉聖禮和上帝的話使人作主的門徒，建立羣體（太二十八 18 ～ 20）。這是一個好的建議，因為當人看見有羣體在敬拜真神，以愛相待，和實踐大使命時，就很容易確定真教會在此，因為假教會難有這些表現！

最後，筆者按聖經教導，建議也可以用「信」、「愛」、「望」這信徒的三大美德（cardinal virtues），作為真教會的標記。「信」代表因信稱義的信心，和基於上帝話語的信仰，屬「標準角度」（羅一 16 ～ 17；提後一 13 ～ 14）。「愛」是生命的表現，屬「實存角度」。「望」則代表信眾活在「已然—未然」的歷史時空中，期待那天國至終的實現（羅五 3 ～ 5；彼前三 15），屬「處境角度」。這三個美德都是「常存」的（林前十三 13），也是教會和信徒生命的明顯標誌，正如使徒保羅為帖撒羅尼迦教會信徒感謝上帝，因為他們在信心、愛心，和盼望上，都有美好的表現，

---

42 參 John Frame, *Systematic Theology: An Introduction to Christian Belief* (Phillipsburg: P & R Publishing, 2013), 1023 ～ 1024。

第 4 章

不單成了其他教會信徒的榜樣，也證實了他們是蒙上帝揀選的真信徒、真教會（帖前一 2～10）。

另一個值得思考的建議，就是以「主耶穌基督的形象」或「聖靈的果子」作為真教會的標記。首先，有基督的形象，是上帝拯救人的目標（羅八 29；約壹三 2～3），而這形象，在耶穌描繪天國子民八個特徵（八福）時，就表達得很清楚。這些特徵是：虛心、哀慟、溫柔、飢渴慕義、憐恤人、清心、使人和睦、為義受逼迫（太五 1～12），這些都是基督徒特有的生命特質，同時也是他們當效法的基督品格，是真教會的標記。與此相類似的是「聖靈的果子」，當人悔改重生後，就有聖靈的內住，並會結出聖靈九方面的果子，包括：仁愛、喜樂、和平、忍耐、恩慈、良善、信實、溫柔、節制（加五 22～23）。從新約聖經可以了解，聖靈的果子與基督的形象是互通的，因為聖靈的榮耀在復活的主基督身上完全彰顯，而藉這榮耀，信徒和教會得以不斷的更新（林後三 17～18）。這些都是教會生命的標記，使人認出真正教會之所在，也能辨別真假，因為耶穌曾說，「憑他們的果子，就可以認出他們來」，這話一點也不錯（太七 15～20）！

3 健康教會的標記：當代福音派教會的尋索

A. 教會增長運動

一九六五年，位於美國加州的福音派福樂神學院增設「普世宣教學院」（School of World Mission），並委任麥格倫（Donald McGavran，1897～1990 年）為首任院長。麥氏曾為印度宣教士，亦為宣教學者，一生致力推動「教會增長」運動，提倡教會應專心使萬民作主門徒，透過社會學、人類學、市場學等研究，去了解不同羣體對福音的反應，藉此幫助教會決定佈道策略。這種以福音對象市場研究為主導的「教會增長」，[43] 一度大受美國福音派教會歡迎。而這運動所提倡的「吸引慕道者」（seeker sensitive）的教會發展方針，也影響了不少美國「超大型教會」的出現，如位於芝加哥近郊的 Willow Creek Community Church（會眾超過 25,000 人），和侯斯頓的 Lakewood Church（會眾 50,000 人）等。這運動也間接影響了香港、台灣及北美的華人教會加倍重視佈道、差傳，和教會（特別在人數方面）的增長。

B. 超大型教會的興起與發展

教會增長運動在北美推動了近五十年，間接鼓勵了近年超大型教會（Mega-churches）的興起。超大型教會的一般定義是：週末聚會平均人數達二千人或以上的基督教會。美國牧師威爾遜（Ryan Wilson），在他的專文中指出，在過去四十年間，大型教會在美國增長快速，數目由一九七〇年的五十間增至二〇〇七年的一千二百五十間；而在二〇〇八年間，平均每一至三天就有一間超大型教會出現！[44] 根據二〇一一年一項調查，全美

43 見 Donald A. McGavran, *Understanding Church Growth* (Grand Rapids: Eerdmans, 1974）。

44 見 Ryan Wilson, "The New Ecclesiology: Mega-church, Denominational Church, and No Church," *Review and Expositor,* 107, issue 1 (Winter 2010), 61 ～ 72。

有五千六百萬人（佔人口 17%）每週到基督教教堂參加崇拜，其中六百萬人（約 10%）到超大型教會聚會，保守估計這些大型教會約一千五百間，每間平均聚會人數就有四千人。[45] 根據二〇一四年另一項統計，將全美最大型的教會的人數、名稱，和牧師的名字全部列出，每間人數從三千到四萬三千五百人的共有六百間。這麼多的超大型教會在一個國家同時出現，在歷史中是前所未有的！[46]

這些教會有何特色？根據 hisr.hartsem.edu 的分析，它們多有以下的特徵：

- 有很強的教牧領導：有恩賜、有魅力的牧者；
- 重視小組事工和查經聚會；
- 重視新來賓的工作（40% 的參加者是最近五年才進來的）；
- 信徒的自我身分定位：福音派；只有 1% 自認是基要派或自由派；
- 與宗派之關係：70% 都有宗派背景，但大多採用「社區教會」或「團契」等名稱，以突出其獨立身分。

顯然，這些教會都很受信徒歡迎，原因何在？威爾遜分析

45 見 Warren Bird and Scott Thumma, *A New Decade of Megachurches: 2011 Profile of Large Attendance Churches in the United States* [document on-line]; available from Hartford Institute for Religion Research website (http://hirr.hartsem.edu/megachurch/research.html)。

46 見 www.statisticbrain.com/mega-church-statistics。

以下因素：

- 美國人愈來愈喜愛大型機構，如：醫院、學校、商場、娛樂場所等，加上配合這些機構的停車場和現代設施，為大型教會鋪路；
- 美國文化趨向流動性、自由、不受束縛，大型教會提供了所需要的教會生活，但並不要求信徒作出長期的委身（除非他們願意）；
- 不少大型教會建立了幫助信徒成長及有歸屬感的小組事工，使信徒不會在人海中迷失；
- 活力的敬拜、感人的講道、美好的音樂、現代的設施等。

不錯，超大型教會在敬拜和聖樂事工、傳講適切時代的信息、小組事工、吸引信與未信者參與教會、社區影響，和教會的形象上，都有正面的貢獻。其中值得一提的是柳溪社區教會（Willowcreek Community Church）每年在美國和世界各地舉行的「領袖訓練大會」，和馬鞍峯教會（Saddleback Church）經常舉行的教會小組事工和領袖訓練大會，在信仰和教會領袖的培養，都有獨特的貢獻。

基於上述的正面因素，在可見的未來，超大型教會在美國將會繼續發展。

然而，超大型教會運動也有它的危機，如：過分注重外表的「巨大」和「美觀」，容易使信仰流於表面化。此外，信徒有消費者的心態，在一般教會中都存在，但在大型教會中卻特別容易出現。在講台信息方面，為了迎合現代信眾的口味，牧者很容易多強調正面的鼓勵、祝福、成功的信息，而少提十架、門徒代價、為主受苦、罪和死亡等人們不喜歡聽的主題，帶出了一個片面的「成功福音」（prosperity gospel）。牧者著重「成功」的信息，使他大受歡迎，卻帶來一個不需要悔改、不需要付代價跟隨耶穌的「廉價福音」。此外，這些超大型教會還有其他的問題需要面對，如：領袖接班人的預備、教會治理模式的商榷、經費的問題、如何持守正統神學和講道的質素等。

C.「健康教會運動」（Healthy Church Movement）

一九八三年，美國循道會牧者與作家史耐德（Howard Snyder）出版了他的第四部著作《釋放教會》（*Liberating the Church*）。這是他撰寫的書中，最深入和最有影響力的一本。[47] 在書中，史氏呼召美國教會不要被美國文化所同化。他認為這個文化提倡無止境的經濟發展、不斷破壞自然生態和開採能源、帝國主義、奢華舒適的生活、物質主義、民族自戀等與福音相違的價值觀，正不斷影響著福音信仰教會，使後者失去了應有之見證的身分。史氏提出教會應全面改變更新，從一個以物質、消費、程序、人數為主的模式，轉變為一個「生態模式」（an ecological model），使信徒的生命、教會的羣體都有全面

47 史耐德前三部著作為：*The Problem of Wineskins: Church Structure in Technological Age* (Downers Grove: IVP, 1975)；*The Community of the King* (Downers Grove: IVP, 1977)；*The Radical Wesley and Patterns for Church Renewal* (Downers Grove: IVP, 1980)。

的成長，進而對社會、文化、世界有正面的影響。這生態的模式包括「物質生態」(physical ecology)、「社交生態」(social ecology)，和「屬靈生態」(spiritual ecology)，對教會整體健康成長和發展都非常重要。[48] 史耐德的反潮流的「生態」論點，為福音派教會帶來更新的信息，也為健康教會運動帶來新動力。

其實，自上世紀八十年代起，美國的福音派教會中也開始了「健康教會運動」(Healthy Church Movement)，這運動提倡按聖經真理和聖靈的工作去建立及發展教會。健康教會推動者告魯斯牧師(Ed Kruse)帶領他的團隊，在一些關鍵的課題上幫助眾教會健康地成長，如：領袖培訓、作更健康的管家、會眾更新、更健康的人際關係、資源和恩賜運用、教會敬拜及宣教模式等。近年來，藉著資訊科技的發展，許多機構和教會都藉網絡去推行這個運動。[49] 這運動所出版的書籍，也愈來愈多，其中麥基亞(Stephen Macchia)的 *Becoming a Healthy Church: Ten Traits of a Vital Ministry*，[50] 和狄馬可(Mark Dever)的《健康教會九標誌》(*Nine Marks of a Healthy Church*)[51] 等，都是代表性的著作。

---

48 參 Howard A. Snyder, *Liberating the Church: The Ecology of Church and Kingdom.* (Downers Grove: IVP, 1983), 68 ~ 93。

49 如 myhealthychurch.com、growahealthychurch.com、growinghealthychurches.com、churchdoctorministries.com、healthychurchesthrive.com 等。

50 Stephen A. Macchia, *Becoming a Healthy Church: Ten Traits of a Vital Ministry* (Grand Rapids: Baker, 2003).

51 Mark Dever, *Nine Marks of a Healthy Church* (Wheaton: Crossway, 2004)；中譯本：狄馬可：《健康教會九標誌》，唐玲莉譯(South Pasadena：麥種傳道會，2009)。

有些人認為，用「健康」來作為教會的成長模式不一定適當，因為這模式過於「治療性」，可能會被誤用，也太過「以人為中心」。狄馬可卻不同意[52]，他倒認為，「健康」有「健全、整全、正確、正義」等含義；耶穌就曾用身體健康去比喻心靈的光景（太六 22～23），並說：只有病人才需要醫生（可二 17）。耶穌醫治人身體的病，同時指向祂對人心靈的醫治（太十五 30～31；可五 34；路七 9～10）。使徒奉耶穌的名使病人得醫治，使復活的主得榮耀（徒三 16，四 10）。保羅論及教會的成長，也是用基督的身體和健康作比喻（弗四 15～16）。而正確的道理是健全的真理（sound doctrine；多二 1），這也是用了健康的比喻；約翰福音三章 2 節更以身體和靈魂的健康為祝福。這一切皆指向「健康」比喻的正面意義。不錯，今天有些異端和極端人士誤用「健康」這比喻，但我們不應因此否定它的正面意思！

D.「健康教會九標誌」模式簡介與評論

美國首都國會山莊浸信會主任牧師狄馬可，在他的著作《健康教會九標誌》中，沒有按一般人所注重的人數、財力和教堂的大小（ABC=Attendance, Building, Cash）的標準來衡量教會成敗，取而代之的是「健康教會」的九個特徵。狄馬可定義健康教會為「充滿喜樂和榮耀上帝的教會羣體」。在該書中，他結合了聖經啟示和牧養體驗，並針對教會中常見的流弊，選擇了以下九方面作為教會健康的標記：

---

52 參 Dever, *Nine Marks of a Healthy Church,* 18～19。

(i) 釋經講道

忠實地傳講上帝的道，是教會生命成長的首要條件！因為上帝的話創造並建立教會，為教會/信徒帶來生命，並能使生命成聖。牧者與領袖經常進行釋經講道，是一種操練：先聆聽，後宣講；只講上帝的話，不講自己的話；服事上帝的話，不利用聖經作為跳板，去借題發揮；講上帝要你講的，而不是會眾喜歡聽的；並且認定上帝的話是要改變人，而不是要適應聽眾的口味。

(ii) 聖經神學

健康教會的信徒對上帝有豐富和準確的認識。信徒要認識聖經中啟示的上帝是獨一而三個位格的至高者。祂是創造的上帝、聖潔的上帝、信實的上帝、慈愛的上帝、有主權的上帝。不單如此，信眾也要認識上帝在歷代中的作為，祂的智慧與能力，並祂在宇宙中的計劃——使天上地上一切所有的，在日期滿足時，都在基督裏同歸於一（弗一 9 ~ 10；啟 21 ~ 22）。

這聖經啟示的上帝，對我們的心意是良善的、賜福的、藉基督的救贖白白施恩的，因此我們要依靠祂，並與祂建立關係。祂所應許的，比我們在地上一切所擁有的和所敬拜的，更善更美。

(iii) 正確了解福音/好消息是甚麼

福音並非是：「你好，我好，大家好！」因為罪的事實不容忽視！

福音並非單宣告：「上帝是愛！」因為上帝也是聖潔、公義的！

福音不是單告訴人：「耶穌要作你的朋友！」因為耶穌的死和復活要帶來稱義、得勝、代贖、復和、盼望！

福音不是單告訴人：「你要作好人，有愛心！」因為人必須悔改，信靠委身予耶穌，得著生命的改變，並與上帝同行。

(iv) 了解聖經中的「歸主」

歸向耶穌，人必須有所改變，而改變是有可能的！人的改變包括：理性的接受、意志的抉擇，和有依靠主的行動。這改變是一種悔改：脱離罪、回轉、歸向上帝；這改變是人意志的行動，也是上帝主動在我們心中運行，成就上帝的美意（腓二12、13）。

(v) 進行合乎聖經的傳福音工作

首先我們要確定：人人都應傳福音，包括所有信徒，而非單是傳道人。其次是如何傳？要傳揚好消息：悔改信主者必然得救！人必須付代價：作主門徒，但這是值得的！要勸人把握今天的機會接受，不要延遲！要運用聖經，免得人誤以為我們在傳自己的一套。要強調教會生活的重要；傳福音者的責任是傳，人信或不信，我們將結果交託上帝。

(vi) 建立合乎聖經的會友制度

要建立一個健康的教會，需要有委身的會友，這是很重要的，因為沒有委身的會友，就很難建立有活力、有傳福音託付、樂意參與事奉的肢體，教會就會軟弱無力，百病叢生，難以保持健康！

委身的會友從接受水禮開始（太二十八 18～20），繼而參與一個聖約的羣體，而其中關鍵性的行動，是成為一個地方教會的會友。在狄馬可牧師的教會，信徒洗禮後要申請成為會友，包括簽約承諾履行會友的基本責任，其中包括：

- 經常參加主日崇拜；
- 經常參與聖餐聚會；
- 參加會友大會，在教會重要的決策上有分；
- 不住的禱告；
- 經常奉獻金錢，支持教會及福音聖工。

(vii) 實踐教會紀律

教會紀律包括較正面的生命造就，和較負面的懲戒工作。按照馬太福音十八章 15 至 17 節、哥林多前書五章 1 至 11 節、加拉太書六章 1 節、帖撒羅尼迦後書三章 6 至 15 節、希伯來書十二章 1 至 14 節等經文，作實際的應用。

教會紀律可以幫助會友成長，有更美好的見證。

此外，作者一方面不贊成教會濫收會友，另方面主張嚴格執行紀律。二者加起來，確能提高會友生命素質和活力，教會也自然更健康了！

(viii) 看重門徒訓練與生命成長

健康的教會往往是成長的教會，包括人數及素質的成長。教會同工嚴謹並善用上帝的話，多傳講福音，應用真理原則，多進行教牧探訪，都是重要的途徑。門徒訓練方面，除了生命品格的塑造外，就是多方面提供裝備和事奉機會，使眾人在事奉中成長。

(ix) 建立合乎聖經的教會領導

狄馬可主張會友制（Congregationalism）的治會原則，因為它容許信徒在教會事工決策上有參與，正如新約所載初期教會的情況。

另一方面，狄馬可又贊成教會必須按照聖經標準，選立多位長老作教會的屬靈領導團隊。這種配合「會友參與」和「優質集體領導」的模式，是最接近新約聖經所展示的治會及領導方式。當然，領袖當效法基督的榜樣，作負責任、主動，和裝備性的僕人領袖，方能帶領教會走向健康成長之途。

E. 評論和建議

(i) 這模式的優點

- 「健康教會九標誌」並非一個全面的教會觀，而是針對一般教會常見的流弊，提出教會健康成長的關鍵要點。這些要點對今日福音派教會的常見現象，如：過分重視教會人數、在宣講上偏向迎合聽眾口味而輕忽上帝的話、濫收會友卻又不施行紀律、信徒缺乏裝備及事奉動力、領袖權力過大又不鼓勵會友參與決策等，都是非常適切的提醒和建議。

- 「健康教會九標誌」針對當代美國福音派教會一些軟弱和陋習，也間接適用於華人福音派教會（因後者深受美國教會影響！）。其中帶出的信仰原則值得我們留意，如：上帝的話是教會成長不可缺少的營養素；福音信息包括從罪中悔改、決志跟隨基督；認識上帝是生活和事奉的基礎；教會紀律是教會成長必須的；教會是屬於所有信徒的，因為信徒皆祭司；教會領導必須作有效的領導，但不可攬權，要開明和開放；會友須盡本分等等。這些原則是每一個族裔的教會都當留意的。

(ii) 這模式的缺乏

- 這模式強調上帝的道，卻忽略了上帝的靈。九標誌中有六個是與講道、佈道、教導有關，這是福音派教會的特色。這本是好的，但相對來說，甚少論及聖靈和聖靈的工作，和與此有關的課題，如：重生、能力、得勝、慶祝、喜樂等與生命有關的標誌，這似乎是不大平衡！
- 九標誌也缺乏對敬拜的重視。敬拜、培育和見證是教會三大職事，並且許多的事奉都從敬拜（感恩、讚頌和禱告）開始。一個健康的教會，其敬拜生活應該受到重視。與此有關的，如對聖禮，特別是聖餐禮，則沒有提及。
- 對教會的全面見證似乎是有忽略的，其中包括社會關懷、社區見證、分享行動等。

(iii) 值得商榷之處

- 受洗加入教會者必須申請並簽約方能成為「會友」，這政策明顯是針對有名無實的會友，但它引起的問題很多。首先，它會使人懷疑洗禮的意義。洗禮並簽約只是一個表面的儀式，還是上帝與人立約？人受洗就是代表加入教會的行動嗎？其次，將某一些規條作為入會的條件，會否破壞了大使命所説，「凡主所吩咐的，受洗的門徒都要遵守」這重要的原則？最後，這會否將信徒/會友二分法，使一些人更有藉口不參與教會事奉，因為他不是「會友」！
- 「聖經神學」強調認識上帝，與上帝建立關係，這也是好的，但似乎忽略了「聖經神學」的歷史漸進性、末世性、盼望性，和信徒與教會在這歷史進程中的角色。

討論問題

1. 初期教會的信徒看教會有哪些「屬性」？這些「屬性」與歷代教會的軟弱可以協調共存嗎？
2. 教會的「合一」是一個甚麼性質的合一？今天多元化又充滿了矛盾衝突的教會，可以如何活出這「合一」的屬性？
3. 教會的「聖潔」是上帝的賜予，又是人的本分，這二者會帶來張力和矛盾，又當如何協調？
4. 天主教對教會的「大公」屬性的了解是怎樣的？我們又當如何

確定這屬性能夠持續？

5. 教會的「使徒性」有何意義及重要性？「教宗」是使徒的合法合理的繼承人嗎？試討論之。
6. 宗教改革如何看「真教會的標記」？你同意這些標記的必要性嗎？你有何其他「標記」的建議？
7. 當代教會提倡「健康教會的標記」，你認為這是正確的教會發展方向嗎？請說明你的論點。
8. 試評論狄馬可《健康教會九標誌》的聖經基礎，和它們對今日華人教會的適切性，並提出你的十個「健康教會標記」之建議，並列出其經文支持。

5

教會的使命與職事

一　教會的一個使命（one mission）

1 當代教會有沒有「以偏概全」？

在回答這問題前，讓我們回顧過去大半個世紀，福音信仰的教會在確定和實踐「教會使命」過程中的一些現象。

在二十世紀期間，普世基督教教會對「使命」有不同的看法，而其中福音信仰教會的看法，大致可分兩類：一類認為教會的使命只有一個，就是傳福音，領人歸主作門徒的「福音使命」（太二十八18～20）；另一類則認為，除了以傳福音為主的「大使命」外，還有亞當從上帝領受的「文化使命」（cultural mandate；創一26～28）。前者與「救恩」有關，後者則與「創造」有關；二者各有不同的範疇與目標，但都是上帝給予教會的使命。

從整全聖經真理的立場，我們不贊成教會單注重傳福音，而否定或輕忽文化及社會層面，因為這樣會使我們失去了聖經所啟示的「整全使命」(holistic mission)。但另一方面，我們也不贊成把上帝所賜予人的使命，分為「福音」和「文化」兩個使命，因為這並不符合舊、新約聖經的連貫性和統一性(continuity and unity)。事實上，在二十世紀普世基督教會的發展中，這二分法已經產生了負面的影響：一方面，主流宗派教會，特別是當中俗稱普世派(Ecumenical)的領袖，強調「文化、經濟、社會和政治」的改革；而另一方面，基要派/福音派(Fundamentalist/Evangelical)的教會則看重福音宣講和個人悔改歸主。這兩種取向的教會逐漸形成對立的局面，甚至各走極端。這對立很清楚地表達於普世教會協會(The World Council of Churches)歷屆的會議和宣言。[1] 而福音派教會領袖在一九七四年召開的首屆「洛桑會議」(Lausanne Conference)，和其會後的「洛桑信約」(Lausanne Covenant)，就是要回應普世派的使命觀，抗衡後者的解放神學和普救論的立場。其實，洛桑運動和許多開明的福音派領袖與信徒，在過去大半世紀(特別是在一九七四年洛桑會議之後)一直主張教會使命必須包括社會參與，這立場在《洛桑信約》第五條中，有清楚的表達：

> 5. 基督徒的社會責任：
>
> 我們確信，上帝是全人類的創造者及審判者，所以我們應當共同負擔起祂對人類社會的公義及和好的關注，以

---

1 參 Clowney, *The Church*, 155 ~ 158。

及對那些受各種壓迫的人的自由的關注。因為每個人都是按上帝的形像造的，不論種族、宗教、膚色、文化、階層、性別或年齡，每個人都有內在的尊嚴，所以應當受到尊重及服事，而不應受到剝削。我們在此表示懺悔，因我們忽略了社會關懷，有時認為佈道與社會關懷是互相排斥的。儘管與人和好並不等同於與上帝和好，社會關懷也不等同於佈道，政治解放也不等同於救恩，我們還是確信：福音佈道和社會政治關懷都是我們基督徒的責任。因為這兩方面是我們在神論和人論的教義上，以及我們對鄰舍的愛和對基督的順服的必要體現。救恩的信息也包含對各種形式的疏離、壓迫及歧視的審判。無論何處有罪惡與不公正的事，我們都要勇敢地斥責。當人們接受基督時，他們就得以重生，進入祂的國度；他們不僅必須努力在這不義的世界中彰顯上帝的公義，還要傳揚祂的公義。我們所宣告的救恩應當在個人生命和社會生活各方面都改變我們。信心沒有行為就是死的。（徒十七 26、31；創十八 25；賽一 17；詩四十五 7；創一 26～27；雅三 9；利十九 18；路六 27、35；雅二 14～26；約三 3、5；太五 20，六 33；林後三 18；雅二 20）

這是開明福音派信徒所認同的、從聖經整體的啟示來看的、上帝給予人類的「整全使命」。這使命貫徹從「創造」到「新創造」的歷史進程，是前後呼應、有連貫性和統一性的。

2「一個使命」的神學基礎

A. 亞當所領受的使命

聖經記載上帝用六日創造天地萬物，最後造人。在創造人類之前，祂說：

> 「我們要照著我們的形像、按著我們的樣式造人，使他們管理海裏的魚、空中的鳥、地上的牲畜，和全地，並地上所爬的一切昆蟲。」上帝就照著自己的形像造人，乃是照著他的形像造男造女。上帝就賜福給他們，又對他們說：「要生養眾多，遍滿地面，治理這地，也要管理海裏的魚、空中的鳥，和地上各樣行動的活物。」（創一 26～28）

上帝按自己的形像造人，除了要人反映上帝的榮耀外，還要祝福他，吩咐他「生養眾多，遍滿地面，治理這地」。換句話說，人被上帝差派作地上的：

- 君王：代表上帝管治大地的一切（參詩八 6～8）；
- 祭司：上帝也派亞當修理、看守、保護伊甸園（創二 15），像日後以色列的祭司，修理保護聖殿一樣；
- 先知：主要工作是傳遞上帝的話，代表上帝去詮釋事物；亞當為走獸和夏娃起名（創二 19～23），是先知性的工作。

這是在人類被造後，上帝給予人的三重職分和一個使命（three offices, one mission）。這是「上帝的使命」（*Missio Dei*），先祖從起初就參與這使命，而他們的後代也須肩負這三重職分，在地上作上帝的代表。

起初的伊甸園，只是一個小園子，給亞當、夏娃居住和工作。上帝的心意是隨著人類不斷繁殖，這園子將會不斷地擴大，遍及全地。人若能忠心地與上帝同工，上帝的榮耀將會充滿全地（詩七十二 19 下），到那日，「認識耶和華的知識要充滿遍地，好像水充滿洋海一般」（賽十一 9）。這是先知從上帝所領受的偉大美麗的遠象，而上帝從起初給予亞當的命令，乃是實現這遠象的途徑！

然而人背叛上帝，犯罪墮落，吃了分別善惡樹的果子（創二 16 ～ 17，三 16），以致被逐出伊甸園；不單不能吃生命樹的果子（創三 22 ～ 24），生命亦得不到提升，使命也不能完成。

然而，在亞當犯罪之後，上帝並沒有放棄人類。祂不單多次重申祂給予亞當的使命（創九 1 ～ 7，十二 13，二十六 3 ～ 4，三十五 11 ～ 12，四十八 3 ～ 4 等），並且因祂的憐憫，多次應許將在末世，差派祂的義僕在歷史中施行救贖，至終完成上帝的使命（賽四十三 14 ～ 21，五十四 1 ～ 3；何三 5；彌四 1 ～ 4 等）。

為要完成救贖，上帝在人類歷史中主動呼召亞伯拉罕，並應許賜福予他和他的後裔（創十二 1 ～ 3，十五 1 ～ 21，十七 1 ～ 22），開始了神人之間的「恩典之約」（the Covenant of Grace）。

B. 以色列「出埃及」的「整全救贖」模式

以色列人從迦南地移居埃及四百三十年，在那裏受到迫害，哀聲達於上帝（出二 23～25）。這些苦害包括社會、經濟、政治、信仰等層面（出一 7～14）。上帝呼召祂的僕人摩西，去帶領以色列人出埃及，脫離埃及所加諸他們的苦害，到那「美好寬闊、流奶與蜜」的迦南地（出三 1～8）；這是一個整全的救贖，並非只涉及屬靈的層面，因為上帝告訴摩西說：

> 我是你父親的上帝，是亞伯拉罕的上帝，以撒的上帝，雅各的上帝。……我的百姓在埃及所受的困苦，我實在看見了；他們因受督工的轄制所發的哀聲，我也聽見了。我原知道他們的痛苦。（出三 6～7）

上帝在此表達了關心、顧念祂百姓所受的苦，也記念祂與他們先祖所立的約，沒有忘記祂向亞伯拉罕所應許的三重應許（創十七 7～8）：一個子民、一片土地，和上帝自己。這三重應許，在以色列人出埃及前受到極大的挑戰：以色列初生男嬰被殺、百姓在不屬於他們的埃及地受奴役、在異教之地失去宗教信仰和敬拜的空間，這是他們所處的歷史困境。上帝要救他們脫離這困境，也要藉此實現祂的三重應許：民族羣體的建立、迦南地的豐富資源，和敬拜事奉上帝的自由。

問題一：福音派信徒一般如何解說和應用這「出埃及」的救贖模式？

回答：一般來說，許多福音派學者看「出埃及」事件，是基督救贖工作的「預表」(type)，這當然是新約聖經的提示(太二 15；路九 31；林前十 1～4 等)，也是合理的釋經；但這「預表釋經」若不小心，容易跌落「靈意化」(spiritualizing)的陷阱，就是將出埃及這歷史性的救贖，簡化成為一個屬靈(解決個人的罪)的救恩，而完全略過這事件中的「經濟、社會、政治」等層面。換句話說，舊約的救贖事件，在新約時代倘若被靈意化，最終便會「約化」(reduced)了出埃及這歷史性的「整全救贖」，這是不對的！

問題二：為何不對呢？

回答：第一、舊約中的以色列和上帝所賜予她的救贖與律法，不單是基督與教會的預表，也是上帝給予教會和人類的一個「模範」(paradigm)——一個生活和倫理的典範，[2] 其「原則」也可應用在新約時代。

第二、舊約以色列人的上帝，也是新約信徒的上帝，祂與人立約，也一直關心人在經濟、社會、政治、屬靈等方面的需要和困難，並無二致！

第三、從亞當所領受的使命(創一 28)，到亞伯拉罕蒙上帝的應許(創十七 1～8)，到以色列與上帝立約(出十九 4～6)，上帝所應許和吩咐的，是全面的使命和祝福，涵蓋以下各方面(創十七 6～8)：

2　參 Christopher J.H. Wright, *Living as the People of God: Relevance of Old Testament Ethics* (Downers Grove: IVP, 1984)。中譯本：萊特：《認識舊約倫理學：建構神學、社會與經濟的倫理三角》，黃龍光譯(台北：校園書房，2011)。

- 人與上帝的關係（上帝是祂子民的上帝）；
- 羣體的建立（一個子民）；
- 大地資源的豐富供應（得地為業）。

從新約的角度看，耶穌基督是彌賽亞君王，祂不單是我們個人的主，也是全地的君王。祂在復活之後，蒙父上帝賜予天地一切的權柄（太二十八18），並且應許屬祂的子民身體復活，將來一同治理更新的天地（林前十五35～58；太二十五21～23；啟二十二5），實現祂向亞伯拉罕的應許，同時祂的子民也去完成上帝給予亞當的使命！我們既有這榮耀的盼望，就當在今天，忠於上帝所賜「整全的使命」（the holistic mission from God），當中包括傳福音、建立教會、治理全地、在社會中以行動見證上帝的公義和慈愛。這其實也是參與「上帝自己的使命」（the mission of God）。[3]

正如我們不能認同解放神學將救贖限制在「經濟、社會、政治解放」等領域，而排斥「個人得救」這福音信仰的重要元素，我們也不能認同保守的基要派信徒將救贖限制在「個人靈魂的得救」這範疇。我們需要一個結合傳福音與社會行動，並且涵蓋神人關係、經濟、社會、政治等層面的「整全救恩與使命」。

這樣看來，以色列人在舊約出埃及，領受全面的救贖，不單是「新約基督救贖」的預表，也是後者的模範。同樣，舊

3 參 Christopher J.H. Wright, *The Mission of God: Unlocking the Bible's Grand Narrative* (Downers Grove: IVP, 2006), 265～288。中譯本：萊特：《宣教中的上帝》，李望遠譯（台北：校園書房，2011）。

約摩西的律法是模範，不單是新約教會倫理的模範，也是普世國家法律的模範，這是上帝的公義律法原則性的關係，不應被約化！

C. 以色列的失敗與基督的救贖

(i) 背約的子民

上帝對以色列人的揀選、呼召和帶領，是要求他們敬拜事奉上帝，作聖約的子民，在地上榮耀、見證上帝（出十九 4～6；賽四十 10～12，四十四 6～8）。但很可惜，以色列最終卻是背約。他們在曠野拜金牛，並多次犯罪背叛上帝，惹動上帝的怒氣，以致上帝要藉外邦人去管教、擊打他們，將他們擄到亞述和巴比倫。以色列選民不單沒有榮耀、見證上帝，反成了不信的世人的笑柄。而在公元七十年，聖城耶路撒冷及聖殿被羅馬軍隊毀壞，更標誌著以色列民族在上帝的使命上完全失敗。雖然如此，慈愛的上帝並沒有棄絕他們。

(ii) 基督首次降臨：「新創造」的開始

聖子耶穌在二千多年前道成肉身，穿上完全的人性，經歷一切試煉、試探、受苦、受死、被釘十架、復活、升天，接著聖靈又被賜下，成就了豐盛的救恩。基督作為末後的亞當（the Last Adam），在復活後建立教會，為要完成那首位亞當和以色列民所未能完成的使命，就是使全地充滿了事奉上帝的先知、君王和祭司。基督的救贖，使普世上帝的子民，最終得以在榮耀的國度中，與君王基督一同治理全地。

耶穌在地上的生活與事奉，靠著聖靈的能力勝過試探，並傳道、醫病、趕鬼，顯出天國的權能，且首先呼召以色列人歸向上帝，又選召培訓十二使徒作為新約教會的根基（弗二 20）。基督的受死、復活，帶來了「新創造」的開始（林後五 14 ～ 17）。在升天前，祂向門徒應許聖靈的降臨，並頒佈了普世福音使命（太二十八 18 ～ 20；可十六 15 ～ 16；路二十四 45 ～ 49；約二十 21 ～ 23；徒一 8），成為新約教會實踐天國「整全使命」的「核心使命」。

(iii) 基督第二次降臨——「新創造」的完成

啟示錄二十一章 1 節至二十二章 5 節，與創世記一至三章是前後互相呼應的。起初，上帝用六日創造天地萬物，供人居住、生活、事奉。亞當犯罪後，地就受了咒詛，與人一起面對敗壞的轄制（羅八 21 ～ 23）。

當主基督再來時，這在祂復活時已開始更新的子民與創造，將會完全改變，成為榮耀聖潔的「新天新地」。而上帝起初吩咐亞當與他的後裔「治理全地」的使命，在啟示錄二十一章 9 至 27 節中所描述的「新耶路撒冷」，也會完全實現，因為在當中有屬上帝的新羣體、上帝榮耀的光輝，並一切更新的文化（二十一 24、26）。最後，亞當所居住和看守的伊甸園也更新了，成為有生命樹、生命河、羔羊寶座、完全光明潔淨的「新伊甸園」（啟二十二 1 ～ 5）。事實上，啟示錄二十一章 1 節至二十二章 5 節所記載的「新天新地」、「新耶路撒冷」，和「新伊甸園」，是從不同角度、藉三幅圖像描繪同一個實體，就是在基督裏的「新創造」，[4] 也是天國至終的實現。在這個榮耀的上帝國度，復活的聖徒帶著榮耀的身體（腓三 21；林前十五 35～58），與復活的主一同作王掌權，實現上帝在創世以來所賜予人類的「一個使命」。

3 傳福音與「整全使命」

A. 傳福音是「首要」的嗎？

在探討「整全使命」這重要課題時，有一個必須回答的問題是：「傳福音／佈道」與「社會（包括文化、政治等）參與」，二者關係如何？孰輕孰重？在《洛桑信約》的另一段，有這樣的論述：

> 6. 教會與佈道（傳福音）
>
> 我們確信，基督差遣祂所救贖的子民到世上，正如父差遣子一樣，這就呼召我們要付相似的代價深入到世界上。我們需要突破教會狹窄的藩籬，進入非基督徒的社會。在教會犧牲性的事奉中，佈道是首要的。普世宣教事工需要普世教會將全備的福音帶給全世界。教會在上帝的宇宙計劃的中心，是祂命定的傳福音的途徑……

這裏論到傳福音是「首要」的事奉，就是「最重要」和具有「優先次序」的意思。這論述常遭到一些福音派信徒的批判，說：若確定傳福音是「首要」的，就等於說其他（包括社會參與）都是「次

4　見 Beale, *A New Testament Biblical Theology*, 887 ～ 962；*The Temple and the Church's Mission*, 395 ～ 402。

要」的了，這立場會使教會原則上贊成整全使命，卻在實踐時先作傳福音的工作，然後才去進行「文化和社會」等較次要的服事。結果是許多福音信仰教會，基於「優先次序」的考量，實際上會很少、甚至從來不將社會性的事工付諸行動（包括作出經費預算、事工計劃和實質行動等），教會因此往往不能落實這「整全使命」。

對於這個問題，有些人甚至認為我們根本不應該討論「哪一樣才是優先的？」。正如宣教學者朗馬可（Mark Long）明言，「哪一個是首要：宣講抑社會行動？」是一個「壞問題」，因為它逼使我們從兩個不應分割，也不能分先後、分輕重的事物中，勉強作出選擇；而結果是「顧此失彼、各持己見、互相對立」。[5]

美國長老會牧師凱勒（Timothy Keller）在論及教會在傳福音和社會關懷的事工時，也同意我們不能比較哪一方面較重要和較優先，因為二者（宣講與行動〔Word and Deed〕）同是教會必須進行、互相依賴，同是教會使命不可缺乏的重要部分。[6] 這並非說，每一個信徒皆要參與投入整全使命的每一方面，乃是說教會應動員全體信徒，按各人不同的恩賜，彼此配搭，完成上帝所交託予教會的「整全使命」。

問題是，傳福音在整個使命中有何地位？

---

5 參 Mark Long, "SYMPOSIUM: Bad Question of Proclamation vs Social Action," *Evangelical Missions Quarterly* (July 2012), 264 ～ 271。

6 參 Timothy J. Keller, *Ministries of Mercy: The Call of the Jericho Road* (Phillipsburg: P & R Publishing, 1997), 106 ～ 119。

B. 萊特的看法

福音派聖經及宣教學者、洛桑第三屆會議(2010 年)神學組主任萊特(Christopher J.H. Wright)根據聖經駁斥一些人的錯誤論調，就是：新約時代的「使命」，應以「傳福音」為主。他們所持的理由是：「耶穌並沒有帶領猶太人『出埃及』，脫離羅馬統治。耶穌更沒有參與政治，而使徒保羅也沒有致力廢除奴隸制度」等等。萊特認為，我們應從新舊約整本聖經去看「使命」，也要深入了解耶穌與保羅的事奉和教導，才不致有所偏差。[7]

從正面看傳福音和社會關懷，萊特認為上帝給予教會的整全使命，涵蓋人類不同層面的問題和需要，包括身體、內心、屬靈(與上帝的關係)、社會、政治等。教會宣講福音，幫助人生命有所改變，也往往會牽涉人不同層面的問題和需要(舉例：一個人有夜盲症，可能基於不同因素，如：缺乏維他命A〔生理因素〕、營養不良〔家庭及社會因素〕，或貧富不均〔道德及屬靈因素〕)。這些需要孰先孰後很難確定。假若教會堅持以傳福音為首要和優先的使命，就是要先幫助一個人悔改信主，然後才處理他其他較「次要」的需要，這對當事人的實際處境不一定有幫助。事實上，耶穌自己也不是這樣作的。在約翰福音九章，耶穌是先醫治瞎子的眼睛(6 ～ 7 節)，然後才幫助他認識耶穌自己而歸主的(35 ～ 38 節)。萊特認為，教會若堅持將「教會的使命」分等級和先後次序，就會忽略了：

7　參 Wright, *The Mission of God*, 303 ～ 316。

- 上帝對人的關懷及拯救是全人的；
- 我們應先了解福音對象的處境，才決定先從哪一方面的需要去幫助他；
- 經驗告訴我們，那些被認為是「次要的使命」，往往會長期受到忽略，結果是教會就不能落實「整全的使命」，甚至不能有效地領人歸主。

萊特因此認為，教會的使命應兼顧全人的需要。幫助有需要的人，可以從他任何一方面的需要入手，因此萊特不贊成將傳福音與社會參與分優先等級。

然而，從福音信仰的角度看，萊特堅信宣講耶穌的福音信息，包括「見證基督的受死與復活、罪得赦免、永生的賜予、帶來與上帝立約的關係、聖靈裏的生活，和永生的盼望」等，毫無疑問是使命中「不可缺少」的一環，因為它有「終極性」的意義（ultimate significance）。換句話說，教會在實踐上帝的使命時，若缺少了宣講基督的福音，勸人悔改歸向耶穌，這「福音」便是殘缺的。[8] 任何宣教事工若缺少了宣講耶穌的十架和復活，沒有勸人悔改信主，就不是「整全的福音」（holistic gospel），也不是「整全的使命」（holistic mission）。嚴格來說，缺少了十架赦罪的「福音」，根本就不是福音，而其「使命」（mission），也不能算是「基督教的使命」（Christian mission）了！

萊特的立論兼顧了「使命的整全性」和「傳福音的必要性」，

---

8 參 Wright, *The Mission of God*, 318 ～ 319。

是正確和有智慧的。這立論避免了兩個錯誤，一方面是福音派／基要派教會徒有「整全使命」的口號，卻沒有具體的實踐；另一方面是「普世派合一運動」的團體毫不客氣地忽視、甚至否定教會使命中不可缺少的重要環節，就是傳福音和領人歸主。

在「整全使命」之中，傳講耶穌的福音是極為重要和必要的，絕不是可有可無，因為它所涉及的是人永恆的命運，和人是否有分於天國和天國的使命。這樣看來，在教會的天國使命中，我們應兼顧「使命整全性」和「傳福音的必要性」。

C. 迪楊的觀點

針對傳福音的重要性和必要性，美國歸正教會牧師迪楊（Kevin DeYoung）在他合著的作品[9]中提出，教會的使命應該是：「藉聖靈的能力，廣傳福音，使人作主的門徒，建立教會，使人敬拜主並順服祂，榮耀父上帝，直到永遠」。這是一個以「大使命」（太二十八 18 － 20）為基礎、以「傳福音，領人歸主，建立教會」為焦點的使命觀。

迪楊牧師並非否定社會參與，和一些善行的價值。他認為那些善行是好的、有價值的，但卻不是終極性和最重要的，而教會需要集中力量傳講十架救恩，使人悔改得蒙救贖，進入天國，享受與上帝和好，和一切天國的福氣（徒十三 16 ～ 40；西一 15 ～ 23）。

9　見 Kevin DeYoung and Greg Gilbert, *What Is the Mission of the Church?: Making Sense of Social Justice, Shalom, and the Great Commission* (Wheaton: Crossway, 2011)。

至於上帝所賜亞當那治理大地的使命，迪楊牧師認為亞當的失敗，使他及其後裔皆無法完成這起初的使命。今天人類皆活在空虛和挫敗當中（羅八 19～23），然而靠賴基督得以等候主的再來，身體得贖，進入新天新地，而將來的天國榮耀和治理的職分，皆完全是上帝的賜予，而不是人在今生可以建立的！至於在社會中的公義和愛心行動，教會可以選擇性參與，而個別信徒也絕對可以在善行上，按其恩賜、負擔和專業訓練，作適當的參與，但我們不應以這些為教會使命的一部分。

根據迪楊牧師的看法，今天教會應努力的是完成大使命：傳福音、使萬民作主的門徒。這是「終極重要」（ultimately important）的事，至於社會性的行動，則是「重要的」（important），卻不是「終極重要」的，因為這些事不會影響人的終極命運。再者，當一個人悔改歸主，進入上帝的國度後，他才會有資格參與新天新地的治理職事；然而，這治理使命的成就，是上帝恩典的賜予，而非藉人的努力，因此不應構成教會使命的一部分。

迪楊牧師的觀點是確定了使命中的「救贖」環節（如：傳福音和建立教會），卻對「創造」的環節（如：工作、社會關懷、環保等）看為可有可無，待將來上帝去處理。我們認為這種看法是「不夠整全」。假如我們相信，整個創造最終會得贖，我們今天就當在「創造」的環節上忠於主的託付，有見證，有貢獻。舉另一個例子：假如我們相信，最終我們會完全成聖像主，今天就當盡力過聖潔的生活，不要「愛理不理」（約壹三 2～3）。這兩個例子都告訴我們：明天會更好，但不要完全「留待明天」！

D.「整全使命」小結

(i)「整全使命」是上帝對教會的心意

從創造開始，上帝一直吩咐人要「按上帝的心意治理全地」，這使命因著人類犯罪而未能成就，但藉基督的救贖已初步實現，亦將於主再來時，完全實現在新天新地中，這是上帝的使命（the mission of God），而教會也應參與其中，因為她是上帝（天國君王）所救贖的天國子民。上帝的使命也應該是教會的使命，因為上帝從開始到末了，都指派人參與祂的使命（創一28；太二十五 21、23；啟二十二 3～5）。

(ii) 確定「大使命」的重要性

復活的基督在升天前頒予教會的「大使命」（太二十八 18～20；可十六 15～16；路二十四 46～49；約二十 21～23；徒一8），是差遣他們依靠聖靈的能力，往普天下去為主作見證，傳揚福音，使人悔改歸主，作主門徒，遵守主道，直到世界的末了。這傳揚福音的使命並沒有直接包括社會、政治、宇宙等層面的事奉，因此，仍不算是「整全的使命」，但由於它帶來了救贖、門徒生命和教會羣體的建立，它的必要性（indispensability）是不容置疑的，因此稱它為天國使命的「核心使命」是合宜的！況且，在「要遵守主一切的吩咐」的大前提下，「大使命」的目標，也間接地吩咐教會在各方面（包括社會和世界中）彰顯上帝的榮耀、慈愛和公義，直到主的再來，顯出「大使命」與「整全使命」並不矛盾，且是配合的。

(iii)「大使命」並非全部！

在教會的整全使命中，涉及社會、政治、宇宙層面的事，教會也應該關心和參與，不單是為了改變，也是為了見證(彼前二9、13～21)；但教會應有智慧選擇如何參與，不單是因為教會的資源有限(這是事實)，也是因為教會活在「已然—未然」(already but not yet)的歷史階段，因此社會行動所能成就的，也是有限的(明顯例子：任何程度的社會參與也不能帶來天國至終的實現，而有些社會問題，也不是教會羣體在今生可以完全解決的！)。此外，教會在參與社會行動中，可以與傳福音的事奉結合。當然，為了見證「上帝的慈愛、公義、能力」，就算沒有機會同時傳福音，教會的社會行動本身也有其價值，因為都是參與上帝的使命。

E.「整全使命」的實踐

(i)看重職場事奉

整全使命的完成，不能單憑教堂內部的活動，乃是要進入社區和世界，特別是信徒的家庭、學校，和工作崗位中。首先，我們要打破一些傳統的事奉觀念，就是認為只有在主日和在教堂內的活動才是事奉，而教堂外的工作和活動都是屬世的。其實，每一個信徒皆應獻身事主(羅十二1～2)，每天在職場中的工作，都是我們對上帝的事奉(西三23～24)。上帝賜予我們不同的恩賜和訓練，帶領我們在不同的行業：法律、政治、經濟、商業、醫療、科技、工程、教育、藝術、文化、環保等，在其中作管理、服事、建立和更新的工作。我們若在職場中忠心，當主耶穌基督再來的時候，我們就可向祂交賬而不致於羞愧。[10]

(ii) 心意更新的重要

教會信徒若要實踐整全的天國使命，就要改變錯誤的觀念，從整本聖經的故事（從創造到新創造）去了解何謂「使命」。我們也要建立整全的救恩觀、教會觀、倫理觀、天國觀、終極盼望等，並把信仰實踐出來。這教導和學習的教會文化，須先從領袖（教牧、長執等）開始，再遍及會眾，為實踐使命打好基礎。教會對每一位信徒，都應提供全面的教導，並藉小組和團契，推行門徒生活，將信仰實踐出來。這樣，基督的身體就被建立，「整全使命」方能得以推動。

(iii) 應多關心受忽略的人

教會中的老人、孤兒、寡婦、單親母親、失業者、窮人等，是屬「弱勢肢體」，需要牧者和信徒領袖更多關注和幫助，也應鼓勵信徒關心幫助，因為「整全使命」是從上帝的家開始（加六 9 ~ 10）。保羅也到處奔跑，為貧困的耶路撒冷教會籌款，教會要改變只關注一些熱心、活躍、較富有和「有貢獻」的會友的習慣，多關心軟弱有需要的肢體，否則很難進一步關心教外的

---

10 參 R. Paul Stevens, *The Other Six Days: Vocation, Work, and Ministry in Biblical Perspective* (Grand Rapids: Eerdmans, 2000)；R. Paul Stevens, *Work Matters: Lessons from Scripture* (Grand Rapids: Eerdmans , 2012)；陳若愚、李美斯編：《職場事奉的挑戰與實踐》（台北：天恩出版社，2014）。

人，實踐推動「整全使命」了（參雅一 27；太二十五 32 ~ 46）。

(iv) 社會及政治參與的見證

鼓勵和教導信徒關心社會動向，盡公民的義務（如：交稅、代禱、投票等），是教會領袖最起碼的責任。此外，教會應選擇性地參與一些社會行動和政治選舉，以行動見證上帝的慈愛和公義，甚至結合傳福音的工作，落實「整全使命」。

(v) 鼓勵優秀的社會領袖參政

要在社會中有好的見證和影響力，教會應鼓勵一些有信仰、有好品格、有恩賜的信徒，在社會中（包括社區、城市、國家、世界）作出貢獻，甚至競選公職，如：市長、州長、議員等。優秀的基督徒社會領袖（公僕）是一個美好的見證，也是教會對社會的具體貢獻，而他們的好行為，也會引發世人將榮耀歸與真神（太五 14 ~ 16；但三 28，六 25 ~ 27），甚至因此歸信基督。

(vi) 結合「社會行動」與「傳福音」的教會見證

教會應不斷的裝備信徒傳福音，並且發展教會在社區中的福音基地，如學校、社區中心、商場、餐館等。另一方面，教會也應鼓勵信徒在家庭、職場、社會、國家、世界中，有美好的見證和貢獻，實踐整全使命（彼前二 10 ~ 三 16；羅十二 9 ~ 十五 6）。至於今日教會可如何結合「社會行動」和「福音宣講」，藉創新觀念、資源分配、個案分析，去進入社羣和改變世界，則可參閱一些當代基督教雜誌，如二〇一五年創刊的 *Outreach Magazine*。[11]

F. 教會如何落實「傳福音」的使命？

(i) 教會應經常「宣講福音、領人歸主、建立門徒」

「大使命」既是整全使命中「不可或缺」和有「終極意義」的部分，就理當成為教會重要的，和應該經常進行的事工。就如某些美國福音信仰機構曾用的一個名詞：「終年不斷的佈道」(perennial evangelism)，就反映了這個精神。教會應用盡不同的方式和機會去宣講福音，包括：舉行各種形式的佈道會；推動和幫助信徒在家中、在社區，和工作場所為主作見證、傳福音、查考聖經。教會應把握各種機會去傳福音，包括家庭小組、團契、探訪、社區服務、主日學、家長會、短宣、主日崇拜等。特別是主日崇拜的講道，牧者若能靠著聖靈，基於聖經宣講「以基督為中心」的信息，不單能造就信徒，更可使未信者明白福音，領他們悔改歸主；這樣，就能發揮上帝話語的雙重功效(徒二 22～38；彼前一 22～23；提後三 15～17)。[12]

(ii) 教會應效法保羅的傳福音(宣教)策略

教會既如使徒一樣蒙主差遣，就當努力傳揚天國的福音，完成主交託的福音使命。不但如此，教會也應向使徒學習，特別是向保羅學習(林前十一 1)；他在羅馬書十五章 15 至 33 節，

11 請到 outreachmagazine.com 參考。

12 請參閱本書第七章「附錄」。

清楚分享了自己的宣教熱誠、模式和策略，值得我們效法，以下是其中一些要點：

- 保羅看宣教是上帝賜予他的恩典，而不是一件苦差，更不是人的功勞，而是上帝白白的恩典，要存感恩的心去領受實踐的使命（15 節）！
- 傳福音者是「福音的祭司」，因為他將人帶到上帝的面前，而福音的果子更是我們獻予上帝、蒙祂悅納的祭物（16 節）。
- 問：信福音者如何才算是得著福音的好處，成聖歸主？
  答：當他們有「順服上帝」的表現時（17～18 節；參羅一 5）。
- 問：如何才能完成這福音使命？
  答：上帝藉著神蹟奇事和聖靈的能力，一方面印證保羅使徒的身分和工作，而聖靈的大能則使接受福音的人，得著生命的改變更新（18 節）。
- 問：保羅如何「圓滿地」傳了基督的福音（19 節）？
  答：從宣教的廣度來看，他從耶路撒冷到以利哩古，都為主傳揚了福音；這是按照主給予教會的使命範圍（徒一 8；直到地極）來看。而從宣教的深度來看，聖靈的大能改變人的生命（羅十五 18；帖前一 5，6）。從宣教的目標來看，「宣教」除了廣傳福音，領人歸主以外，還要為主建立教會，並且建立「成熟」的教會（參西一 24～二 7；弗四 11～16）。
- 問：保羅的宣教雄心是甚麼？
  答：是要到那些基督的名字未被確立的地方傳揚福音，並建立成熟的教會，榮耀主名（羅十五 20～21）。

今天的福音信仰教會應按主所賜予我們的資源、恩賜、機會，參照使徒保羅的宣教模式和目標，委身宣揚天國的福音。初期教會無論在人手和資源上都非常短缺，但上帝藉一位使徒所作的竟然這麼多。今日的教會有豐富的人手和物質資源，當更忠心積極去完成這使命，不要辜負主的救贖大恩。[13]

二　教會的多元職事

1 引言：教會職事的「金字塔」的結構

三一真神為要在地上達成祂自創世以來這一個「上帝的使命」（*Missio Dei*），除了藉基督完成救贖，並呼召建立教會之外，還在教會中設立多元卻又統一的職事，讓祂的子民可以與祂同工。克羅尼教授（Edmund P. Clowney）在他的著作中，用了一個金字塔的立體圖樣，去表達教會全面職事的結構（structure of church ministry），幫助讀者了解這些職事的不同功能，和這些功能的配搭關係。[14]

以下的「教會職事結構圖」，筆者主要參考克羅尼的圖樣及論述，略加修改（見圖一）：

13 參 Peter T. O'Brien, *Gospel and Mission in the Writings of Paul: An Exegetical and Theological Analysis* (Carlisle: Paternoster, 1993), 27 ～ 51。

14 參 Clowney, *The Church*, 199 ～ 214。

圖一：教會全面職事結構圖

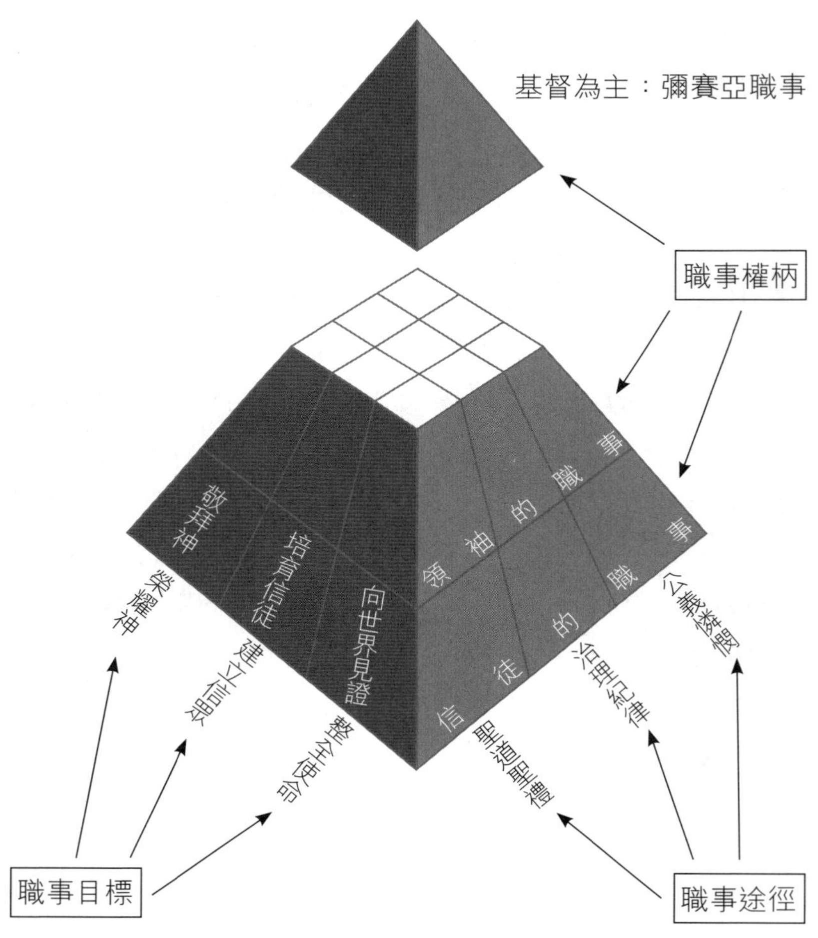

（參 Clowney, *The Church*, 209；略加修改）

2 教會事工的三個目標

A. 敬拜榮耀上帝

教會事奉的首要和至高目標是榮耀上帝，這也是上帝創造和救贖的目的（弗一 3～14；羅十五 9～11，一 20～21），因此教會的敬拜生活是極其重要的。[15] 當然，從廣義的角度看，信徒和教會的一切生活和事奉都是敬拜，都是為榮耀上帝（羅十二 1～2；林前十 31），包括下面所提的培育和見證在內。

B. 建立培育聖徒

教會的建立事工是為了培育聖徒生命，使之更能反映上帝的榮美（腓一 9～11），並且接受裝備，得以事奉上帝，各盡其職，建立基督的身體（弗四 7～16）。這培育的工作不單是藉教會的領袖，也同時是透過聖徒之間的彼此服事（彼前四 7～11）去達成的。

C. 向世界作見證

教會蒙召的重要目標之一，是見證三一真神的榮美，特別是祂藉基督在歷史中的作為（彼前二 9），目的是要使人悔改歸主，領受聖靈，作主門徒，成為天國的子民（路二十四 46～48；徒二 37～39；太二十八 16～20）。教會是復活的主差遣到世界中，為祂作見證的羣體（約二十 21～23；徒一 1～8）。此外，教會除了領人歸向主基督以外，還須在社會和世界中，作

15 詳細可參閱本書第七章。

祂慈愛和公義的見證，彰顯祂的王權（彌六 8；太五 13～16；彼前三 13～16）。

3 三個目標的相互關係

從舊約先知以賽亞的蒙召經歷（賽六 1～8），可以看見這三重職事的密切關係。經文記載先知在聖殿中看見異象，就是主耶和華坐在寶座上掌王權，有天使撒拉弗的呼喊和讚美。這是一個先知在「敬拜」的處境，而敬拜的對象就是那位至高、榮耀、聖潔的上帝！而上帝聖潔的同在，使先知深覺污穢、不配，甚至有大禍臨頭的恐懼；但藉著撒拉弗的象徵性行動和赦罪的宣告，以賽亞得以繼續站立，回應上主的問題「我可以差遣誰呢？誰肯為我們去呢？」說：「我在這裏，請差遣我！」就是這樣，以賽亞蒙主差遣，宣講上主的信息。從以賽亞先知的經歷，可以說明「敬拜」帶來「生命的更新」，而生命更新又帶來「見證」的使命。這說明了敬拜、培育和見證三方面的密切關係，和當中完美的配合。同樣地，在基督復活後，十一個門徒在加利利山上「敬拜」祂，並領受從主而來的「見證」使命（徒一 8），而復活的主也給予門徒教導「培育」（路二十四 25～27、44～49；徒一 3～8）。這一切裝備皆給予門徒知識與能力，幫助他們預備日後為主受苦，廣傳福音，建立教會。

敬拜、培育和見證這三個目標之間又有何關係呢？

A. 從反面來看

敬拜、培育、見證是教會的三根支柱，缺一不可。首先，教會若忽略敬拜上帝，容易傾向以人或事工為中心，並且缺乏生命動力。其次，若缺少培育建立，信徒的信心容易動搖，見證也缺乏說服力，敬拜也成了例行公事。最後，若缺少了對外的見證，教會將變得內向，沒有使命感，停滯不前，沒有增長。

B. 從正面來看

從正面來看，這三個目標也是相互影響的：

- 美好的敬拜能建立生命，因為敬拜幫助聖徒認識上帝，對上帝所賜的盼望和豐盛的基業有更深的體會，並得以更多體驗基督復活的大能（弗一 17～21）。美好的敬拜也能帶出活潑的見證，使人降服歸向上帝（林前十四 23～25）。
- 生命得到建立培育，使人發出敬拜與讚美，而由於信心和愛心的增加，也顯出上帝的豐盛，引發信徒的頌讚（弗三 16～21）。同時，信徒的生命更新像主，可以更有力地在這黑暗世代中作光明的見證（太五 13～十六；腓二 14～16）。
- 有力的對外見證，是榮耀上帝的，因為它宣揚了上帝的榮美（彼前二 9），使人感恩頌讚（羅十一 33～36），並引發更多對上帝的禱告敬拜（徒四 23～30）。另一方面，這見證也同時鼓舞及建立了教會信眾的生命，正如初期教會受逼迫的門徒，「他們都被聖靈充滿，放膽講論上帝的道」（徒四 31）。

4 達成目標的三個途徑

A. 道與聖禮：先知的途徑

上帝藉先知和使徒記載於聖經的話語，是教會的命脈，因為那是上帝所賜予的，教會必須持守的「純正話語的規模」（提後一 14），也是生命之道（彼前一 23），使人成聖的「真理之道」（約十七 17～19），是上帝的僕人常常要持守、傳揚和分享的逼切信息（提後四 1～5；多一 9）。上帝的話語在教會的敬拜、建立，和見證的職事上，都是非常重要的。此外，話語和聖禮也分不開，因為後者（包括洗禮和聖餐），按馬丁路德的理解，是一個「可見的話語」（a visible Word），象徵並印證了基督藉死和復活所成就的救恩；它們本身就是一個宣告（林前十一 26）。加爾文的看法也相似，他強調聖禮是基督救贖恩典和與人立約的象徵（sign）、印證（seal），和施恩的途徑（a means of grace），藉聖靈施行在子民身上，是真實的而非單理念性的（real, not just cognitive）。當然，人須藉信心領受，才能活出「與主聯合」的生命，過得勝的生活（參羅六 11～七 6）。

B. 管治與紀律：君王的途徑

教會需要管治，確定她在信仰上按照上帝的話語（林前十五 1～4；多一 9），在事工上有正確的方向（如：弗四 1～16；提前五章；提後三章；多二～三章等），在聚會安排和行政事務上有秩序（如：林前十四章；提前二章等），並在紀律的事上按真理而行（如：太十八 15～18；林前五章；帖前三 6～15 等）。教會的管治和紀律皆上帝所設立，為要達致敬拜榮耀上帝、建立聖徒，和向世界作見證的三重崇高目標。

C. 愛心與公義：祭司的途徑

教會應該是一個滿有愛心和憐憫的羣體，像耶穌一樣（太九35～36；路七 11～15；徒十一 27～30；提前五 3、16；雅一27）。愛心關懷的行動不單是為主內肢體（太二十五 31～40），也應為社會中有需要的人（路十 25～37；加六 9～10）。[16]

與愛心和憐憫有密切關係的，是社會公義。今天，有許多貧窮人需要物質和經濟援助，但他們往往更需要一個公平和公義的社會制度。許多社會中的弱勢羣體，都是一些公共政策和社會經濟體系的受害者。[17] 上帝是滿有憐憫和公義的，祂曾藉先知宣告祂對自己子民的要求：

> 世人哪，耶和華已指示你何為善。他向你所要的是甚麼呢？只要你行公義，好憐憫，存謙卑的心與你的上帝同行。（彌六 8）

教會要完成主的使命，必須在愛心的關懷上有更具體的行動，並且對社會中（影響著貧窮、弱勢、受欺壓的羣體）一些不公平和不公義的政策制度，發出公義的聲音和行動。這是教會應有的見證，因為這些行動將上帝對世人的愛與關懷具體化，

16 參 Keller, *Ministries of Mercy*, 80～84。

17 參 Stephen C. Mott, *Biblical Ethics and Social Change* (New York: Oxford University Press, 1982), 59～81。

使福音信息更具吸引力！

5 教會的三層職分和權柄

為了達成教會職事的三重目標（敬拜、培育、見證），上帝賜予教會有三個層面的職分（ministry）和權柄（authority）：

1. 耶穌基督的獨特職分（Christ's unique office）；
2. 委任領袖的特殊職分（leaders' special offices）；
3. 信徒羣體的一般職分（believers' general offices）。

以下就讓我們詳細說明這三層的職分，和它們所帶來的權柄。

A. 第一層：基督的獨特職分和權柄（先知、祭司、君王）

(i) 導言：基督的三重職事在「末世」的實現

> 上帝既在古時藉著眾先知多次多方地曉諭列祖，就在這末世藉著他兒子曉諭我們；又早已立他為承受萬有的，也曾藉著他創造諸世界。他是上帝榮耀所發的光輝，是上帝本體的真像，常用他權能的命令托住萬有。他洗淨了人的罪，就坐在高天至大者的右邊。他所承受的名，既比天使的名更尊貴，就遠超過天使。（來一1～4）

在這簡潔的序言中，希伯來書的作者清楚明確地表達了基督的身分，在這末世中的彰顯。他指出：

- 作為先知，基督不是單單傳講上帝的話，祂就是上帝完全的啟示，在這末世中顯明出來。祂是「上帝榮耀所發的光輝……本體的真像」，簡單而言，祂就是上帝（2 節上、3 節上；參腓二 6 上）。
- 作為祭司，祂藉著十架的受死代贖，潔淨了人（上帝子民）的罪，成了罪人的中保，將他們帶到上帝的面前（3 節下）。
- 作為聖子，基督早已是宇宙萬有的創造者和承受者。在歷史中，祂藉十架完成彌賽亞的使命，被父上帝復活、高舉，升天坐在父的右邊，管治管理萬有，確立祂君王的地位和權柄（2 節下、3 ～ 4 節；太二十八 18；徒二 32 ～ 36；）。[18]

作為高升的彌賽亞，基督集先知、祭司、君王於一身。在祂身上，我們看見舊約這些職分的完全實現，而「實現」（fulfilled）有「確立」（confirmed）與「超越」（transcended）的雙重意思，即：在基督身上，舊約領袖的三重職分被確立和超越了，正如舊約律法在新約時代被基督所確立和超越一樣（太五 17 ～ 48）。[19]

18 參 Robert Letham, *The Work of Christ* (Downers Grove: IVP, 1993), 94 ～ 95；Peter T. O'Brien, *The Letter to The Hebrews*, PNTC (Grand Rapids: Eerdmans, 2010), 44 ～ 63。

19 參 Letham, *The Work of Christ*, 91 ～ 223；Hodge, *Systematic Theology*, vol.2, 592 ～ 609, 626 ～ 638；Klaas Schilder, *Schilder Trilogy: "Christ in His Suffering", "Christ on Trial" and "Christ Crucified"*, 3 vols. (St. Catharines: Paideia Press, 1979)。

(ii)基督為先知

根據福音書的記載，耶穌在地上從未自稱為先知，因為作為上帝的兒子和基督，祂的身分遠超舊約先知（太十六13～16；路九18～20），但從祂的工作性質來看，祂確實是一位先知。

舊約時代先知的工作是代表上帝說話，而在其中摩西是居首位的，是他將耶和華上帝的心意（包括律法）告訴以色列人，而上帝對選民有一句很重要的預言和應許，就是：

> 耶和華——你的上帝要從你們弟兄中間給你興起一位先知，像我，你們要聽從他。（申十八15）

這一位將要被興起像摩西的先知就是聖子耶穌。祂道成肉身，不單傳講上帝的話，祂自己就是上帝，將上帝完全的彰顯。祂是道，是引領人到上帝面前來的中保（約一14、18，十四6）。而在新約教會的講道中，使徒見證耶穌實現了申命記十八章15節這應許（徒三22～26）。當然，祂是那比一切先知更偉大的先知，因為祂是上帝的自我啟示。

從下列的新約啟示中，我們可以更清楚了解基督先知的身分：

- 耶穌宣告自己是父上帝所差來的，而祂的一切教導皆出於上帝（約七16～18），有上帝的權柄，也榮耀上帝。
- 耶穌與舊約先知一樣，將上帝的話應用在當時社會的處境中，如：對貧窮人的關懷，為受欺壓者說公道話，安慰傷心悔改者。

- 耶穌預言上帝將來要施行的拯救和審判（如：太二十四章），並且宣告上帝對偽善的法利賽人和文士的不悅與審判（太二十三 13～36）。
- 耶穌自己就是真理，因此祂的先知功能遠超舊約先知，並且祂有先知和使徒為祂作見證，他們是祂的僕人。
- 基督升天後，從父領受所應許的聖靈，並將這靈澆灌下來，使多人得著新的生命，建立了新約教會的羣體（徒二 33～47）。在歷史中，祂的先知工作也沒有停止，反而藉著聖靈更深更廣地繼續進行，這些工作包括：使徒的見證（約十五 26～27）、新約正典的完成（林前二 10～16；彼後三 15～16；啟二十二 16～19）、普世教會使命的實踐（太二十八 19～20；使徒行傳；彼前二 9）、教會領導職事的設立（弗四 11～13）等。這些基督先知的工作得以達成，是基於新約教會時代的特徵，其中包括：基督與聖靈工作的聯合（林後三 17；林前十五 45）、新約使徒是舊約先知的繼承者，[20] 和「信徒皆先知」的原理（見下文）。很明顯的，主基督今天雖然已升到天上，仍然向我們說話，因為祂藉著聖經，透過聖靈和祂的子民，將祂的心意向在地上的人表明出來。感謝讚美主！

(iii) 基督為祭司

舊約祭司的工作是把人的需要，特別是得蒙赦罪的需要，

20 參 Wayne Grudem, *The Gift of Prophecy in the New Testament and Today*, revised edition (Wheaton: Crossway, 2000), 22～65。

帶到上帝的面前。舊約的祭司、獻祭律例，和會幕/聖殿的設立，是要讓人暫時解決罪的問題，得以親近上帝（未十二6～8，十六15～19）。到了新約時代，耶穌是那完全的大祭司和祭牲，一次過將自己在十架上獻上，成了完美、永遠有效的贖罪祭，洗淨人的罪，叫一切在祂裏面的人，可以坦然進入至聖所，朝見敬拜真神（來九11～14，十19～22）。

我們都知道基督是父上帝的獨生子，有完全的神性，但祂有資格作祭司，將人的軟弱和罪惡帶到父上帝面前嗎？答案是肯定的！因為：

- 祂有完全的人性，凡事受試探，與我們一樣，也曾在地上受盡人間痛苦，因此祂能體恤人的軟弱痛苦（來四14~五9）。
- 祂在十架上一次過獻上自己完美的生命，作為贖罪祭，有效地救贖那些凡信靠祂的人（來七27，九26～28，十11～14），將他們帶到上帝面前（來十19～22）。祂是那被殺獻上的上帝的羔羊，除去世人罪孽的（約一29；林前五7；啟五6）。
- 基督實現了舊約的會幕和聖殿，成為新約的聖殿（約二13～22；太十二6；可十四57～58），是神人同在、神人相遇的場所與橋梁。
- 祂不單有資格作祭司，更是被父上帝立為惟一能代表祂子民的大祭司，是人到上帝面前的惟一道路、真理、生命（約十四6），並且祂的大祭司職分，也超越取代了亞倫的等次，而是按麥基洗德等次作永遠的大祭司（來七章；創十四18～20）。

除了在十架上獻祭外，我們還看見基督為彼得代求（路二十二 31～32），為眾聖徒禱告（約十七章；來七 25），求父上帝差遣聖靈（約十四 16～17），隨時隨地憐恤和幫助屬祂的人（來四 14～16），並在升天前為門徒祝福（路二十四 51；約二十 19）。這些都是祭司的工作，涵蓋了子民的過去、現在與未來！

作為新約蒙救贖的羣體，教會的敬拜、禱告和事奉，皆要奉主耶穌的名，就是必須藉祂的祭司職分，和中保的工作，方能有效將我們的需要和軟弱，帶到父上帝面前。要奉主基督的名（約十五 7、16；彼前二 4～5）！這是教會信徒和領袖們要經常留意的，否則我們所作的、所求的、所獻上的，都不能蒙上帝的悅納，都屬徒然。

羅馬天主教會，將祭司的職分集中在主教團和教宗的身上，並強調人必須藉神甫方能得赦罪，與上主相通，實在是違反新約啟示的原則，就是人藉基督的寶血和中保的工作，可直接得赦免，並與上帝相交。使徒約翰寫信給七教會，在卷首語有稱頌主的話：

> 他愛我們，用自己的血使我們脫離罪惡，又使我們成為國民，作他父上帝的祭司。但願榮耀、權能歸給他，直到永永遠遠。阿們！（啟一 5～6）

這祝福論及蒙救贖子民皆有祭司的事奉職分，全賴從死裏復活、坐在寶座上為王的基督，用祂的血救我們脫離罪惡的綑綁。祂是那惟一的中保，人要到上帝那裏，沒有其他途徑可以選擇！

(iv) 基督為君王

在以色列設立君王之前，上帝已賜予人君王的職分。亞當按上帝的形像被造，上帝又賜予他治理全地的「君王使命」(創一28)。亞伯拉罕蒙召，也是要成為大國(創十二2)，並且國度會從他而立，君王從他而出(創十七6)，他將成為多國之父。而以色列出了埃及後，也在摩西的管治之下，成為屬上帝的子民(出十九56)。士師記中的士師也是治理、拯救以色列人的君王。進入迦南地後，以色列人求上帝給他們一位君王，上帝就為他們設立君王制度，從掃羅開始，直到以色列民因犯罪而被擄到巴比倫為止。

由於以色列歷代君王的失敗，上帝應許並差遣彌賽亞君王，就是那稱為大衛子孫的耶穌。祂降生為王(太二1～11；路二1～20)，卻謙卑自己，全然順服，為人的罪被釘十架，復活升天，今天在天上坐著為王。正是因為祂甘心降卑順服，為罪人死，所以父上帝使祂從死裏復活，並將祂高升為彌賽亞君王(徒二24～36)，使祂得著天地一切的權柄(太二十八18)。今天祂坐著為主為王，也統治著教會和全地(西一15～20)，直到祂在榮耀中再來，復活眾聖徒，更新整個天地，成為神人同住的樂園，也是神人一同治理的榮耀國度(啟二十二1～5)，完全實現那自基督復活後已開始的「新創造」(林後五17；徒三19～21)。

基督復活後升天，賜下聖靈，使教會有能力廣傳福音，勇敢面對患難，有愛心服事貧困者，並且活出基督身體的合一（林前十二 12～26；弗四 1～16；約十七 21）。

五旬節後，聖靈繼續工作，直到主再來。教會是復活基督的見證，也是聖靈的羣體，因為「主就是那靈」（林後三 17）。

今天主基督在天上坐著為王，有以下具體的實現：

- 祂得著天地一切的權柄，藉這權柄，祂的教會有能力使萬民作祂的門徒，建立天國羣體（太二十八 16～20）。
- 祂復活後升到天上，超過一切執政掌權的靈體，並向他們誇勝（弗一 20～21；西二 15）。祂掌管萬有，並使天地在祂裏面至終同歸於一（弗一 9～10、22）。
- 祂升天時擄掠了仇敵，將各種恩賜賞給人（弗四 8；詩六十八 8），使教會藉這些恩賜得以被建立，長成基督的身量（弗四 7～16）。
- 祂從死裏復活，被膏立為主為基督（徒二 36），是實至名歸的萬王之王，萬主之主（啟十九 11～21，二十二 1～5）。祂是配受敬拜的天國君王，因此今天普世的聖徒，和一切大能天使，都當敬拜頌讚祂（詩一○三 19～22，一一○ 1～2）。終有一天，天地萬有，不論願意與否，都要向祂屈膝跪拜，口稱祂為主（腓二 9～11）。
- 基督是教會的元首（弗一 22；西一 18），祂賜予教會眾聖徒有權柄能力傳揚福音，教導真理，施行紀律，選立領袖，管治教會；而信眾在踐行一切教會的職事，也當尊基督為主，按祂藉聖經的教導，和聖靈的引導，去榮耀上帝，服事聖徒，並向世界作見證。

小結：今天，基督以祂的三重榮耀職分和權柄，賜福和管治教會和信眾（西一 18；弗四 11～16），帶領新約教會經過一切困難、苦難、軟弱、挑戰，進入豐盛。讓我們依靠祂，從祂那裏支取幫助、能力、權柄，完成祂呼召教會的美意，得以豐豐富富進入上帝的榮耀國度（彼後一 3～11；來十三 20～21）。但願尊貴榮耀都歸給祂，直到永遠，阿們（弗三 16～21）！

B. 第二層：領袖的職分和權柄（先知、祭司、君王）

「信徒皆祭司」的教義，並不是「反聖職主義」（anti-clericalism）的論點。一些極端的「反聖職」教會，堅持教會不需要選立領袖，如長老、執事、牧師、教師等，他們的理由是：我們都是弟兄！不錯，我們在主裏都是弟兄姊妹，在地位上都是平等的，都是基督身上的肢體，一起配搭事奉。但這並不等於説，教會不需要選立領袖！按新約聖經的教導，教會應在信徒當中，選立一些生命成熟、有好品格和領導恩賜的肢體，作管治、牧養、教導的工作（徒六 1～6，十四 23，二十 28；提前三 1～13 等）。這些領袖的角色不是管轄信眾，乃是作羣羊的榜樣，並且要裝備眾信徒，使他們都能「各盡其職，建立基督的身體」（彼前五 3；弗四 11～13）。有關教會領導和選立領袖的課題，我們會在本書的第六章作較詳細的探討。

C. 第三層：信徒的職分和權柄（先知、祭司、君王）

（i）信徒皆先知

- 耶穌在復活後吩咐門徒要往普天下為祂作見證（路二十四 44～49；徒一 8），宣揚那呼召他們從黑暗進入光明的上帝的作為（彼前二 9），引領萬民歸向上帝，作新約時代的「先知」。初期教會的信徒傳福音的最佳例證，是那些從耶路撒冷逃難到安提阿的門徒，在沒有使徒和領袖的帶領下，廣傳福音，建立了教會（徒十一 19～24）。
- 使徒保羅在勉勵信徒效法他時（林前十一 1），他的重點是在他自己那傳福音的熱誠和事奉方向上（參林前九 19～23，十 23～33），因為每一個信徒皆有傳揚福音、領人歸主的天職，這是信徒對外的先知性的事奉。
- 至於在教會的生活和聚會中，保羅也吩咐信徒「彼此教導，互相勸戒」（西三 16），他也同樣鼓勵羅馬信徒「彼此勸戒」，因為他們是滿有良善和知識的（羅十五 14）。希伯來書十章 25 節則強調信徒參與教會聚集的重要，因為藉此大家可以彼此鼓勵，這也是信徒對內的「先知性」的事奉。
- 使徒行傳十七章 10 至 11 節甚至記載庇哩亞信徒天天查考聖經，要察驗使徒所說的是否真確，可見信徒不單可以自己讀經釋經，並可對使徒的教導作分辨評估，具體實現了先知的職分。亞居拉和百基拉這對夫婦將上帝的道更完備地講解給傳道者亞波羅（徒十八 24～26），幫助他傳得更好，充分實踐了「信徒皆先知」的職分！

- 至於新約的「先知恩賜」(gift of prophecy)，保羅在哥林多前書十四章中論到新約時代的「先知」，沒有舊約先知的絕對權威，而且是一種恩賜和功能，多於是一個正式的職位。使徒保羅鼓勵教導信徒在教會聚會中如何運用這恩賜(林前十四26～40)，其中包括：會眾可以按次序分享上帝對他們個人的啟示(26～32節)，其餘的人(包括一般信徒)就可以聆聽並分辨這些「預言」的合理性和真確性，而這先知恩賜的運用，也是「信徒皆先知」的實踐(參帖前五19～21)。[21]

(ii)信徒皆祭司

新約信徒可以靠著耶穌成為有君尊的祭司，和聖潔的國民(彼前二9)。如此，新約信徒靠賴天上大祭司的獻上，都成為了祭司，不單可以靠祂到上帝面前來，也可藉著聖靈獻上「靈祭」，將人帶到上帝面前，這些「靈祭」包括：

a)禱告的祭(啟五8，八3～4)

在天上的敬拜，二十四位長老在羔羊面前，拿著盛滿了香的金爐，這香就是「眾聖徒的祈禱」。可見禱告是信徒向上帝獻上的祭，是上帝所悅納的一種事奉。

---

21 參陳若愚編：《聖靈工作的神學課題》(香港：中國神學研究院，1996)，頁135～152；Wayne Grudem, *The Gift of Prophecy in the New Testament and Today*, chapters 3～6。

b）福音的祭（羅十五 16）

保羅看他帶領歸主的外邦人是向上帝獻上的祭，「因著聖靈成為聖潔，可蒙悅納」。這「呼召罪人悔改」的獻祭，是父上帝所喜愛的珍貴禮物（參路十五章）。

c）頌讚的祭（詩一一六 17；來十三 15）

這是「承認主名之人嘴唇的果子」，是信徒應常常獻上的。

d）行善的祭（來十三 16）

物質和金錢的奉獻，不論是為了聖工或是聖徒，都是上帝所悅納的，也是信徒不應忘記的（參林後八～九章）。

e）身體的祭（羅十二 1～2；林後八 2、3）

為了回應上帝在基督裏的憐憫和救恩，信徒應將身體（=全人）獻上，作為活祭，為主所用，並且不斷心意更新，明白上帝旨意，並行在其中。

f）代獻的祭（腓二 17，四 18）

保羅接受了腓立比人藉以巴弗提的服事，非常欣賞感謝，於是將這服事作為祭物獻給上帝。腓立比人的信心，也成為保羅獻給上帝的禮物。這些都是「代獻的祭」。

作為在基督裏，藉祂寶血的獻祭，得蒙救贖，可藉聖靈到上帝面前來的子民，都有資格獻上禱告、生命和事奉

> 的果子，就當操練，作經常的、主所悅納的獻祭。基督徒的人生，可以說是一個「獻祭的人生」。

在新約時代中，不應再有「聖工人員」和「平信徒」的嚴格二分法，如此「聖職主義」(clericalism)是不合乎聖經的，[22] 也往往會阻礙教會的成長，因為它過分高舉主教和牧師等所謂「聖品人員」，直接或間接限制了信徒的事奉。其實「領袖」也是基督身體上的肢體，並不比一般信徒為高，因為我們都是「身上的肢體」(林前十二 27)，而作為領袖的使徒保羅，不單鼓勵信徒們事奉，更多次要求他們為他禱告(弗六 18～21；帖前五 25；帖後三 1～2)，這為領袖代禱的工作，明顯地是信徒的一種「祭司」功能。

(iii)信徒皆君王

信徒今天與耶穌同作君王，因為我們已經與主「同復活、同升天、同坐天上」(弗二 5～6)，不單享受一切屬天的福氣(弗一 3～14)，與眾聖徒同作天國子民(弗二 19)，並且等候有一天身體得以復活，進入榮耀的國度，與君王基督一同治理大地(太十九 27～29，二十五 21、23)。

從屬靈爭戰的角度，信徒皆可穿上全副軍裝，與魔鬼、邪靈和世界爭戰，在生活和事奉上得勝(弗六 10～20；約壹五 4～5；啟十五 2)。

---

22 參 John R.W. Stott, *One People*, 2nd edition (Downers Grove: IVP, 1968)。

從事奉的角度看，教會的信眾都有分於教會的治理，也都應參與教會重要的決策（如：購置新堂、選立長老、施行紀律等），並且有權利經常了解教會的發展方向，並提出不同的意見供領袖們參考。

教會中的「民主」元素，如選立領袖、事工諮詢及報告、教會公開的紀律（如：林前五 1～5），和整體會眾的共同決策，都是「信徒皆君王」的實際體現。[23]

(iv) 個人主義和人本主義的危機

在確定信徒皆祭司、先知、君王的同時，我們要防備個人主義（individualism）的危機，特別在這崇尚開放、自由，和民主的現代社會中，個人主義對信徒的教會生活和事奉，已造成了很大的破壞。

a) 教會羣體的重要

神學家里涵（Robert Letham）正確地指出，許多強調「信徒是君尊的祭司」的經文，其前文後理都是有關教會羣體，而非單指個人的（如：出十九 4～6；彼前二 4～9 等）。換句話說，若不是在教會羣體的大前提下，信徒皆祭司這真理，可能會被誤解和誤用，淪為支持個人的意見和言論，容易走向偏差和極端，也容易給人一個藉口，去否定或輕視教會選立的領袖和按立的牧者，後果是：教會容易失去方向，缺乏領導，也容易各

23 有關「教會的領導與治理」的詳細討論，請閱本書第六章。

自為政，增加不必要的爭論和不健康的發展。[24]

b) 防避人本主義

個人主義也往往與人本主義（humanism）掛鉤，因為在強調「信徒皆祭司」的同時，人也有可能忘記了我們的主耶穌才是那獨一無二的大祭司，祂才是那升到天上的祭司、君王和先知。祂為我們完成救贖，因此得以在父上帝面前代求、掌權、說話，作我們的中保。而我們作為信徒祭司，不單需要藉賴基督得救，也要時刻依靠祂，方能與上帝交通，為人代求，堅忍到底（來七 25）。

c) 我們時刻需要主

信徒若以為既已因信稱義，成為祭司，以後就不再需要中保大祭司的代禱、扶助、引領和保護，那就大錯特錯了！其實，基督升天之後，直到今天，祂的先知、祭司、君王的工作並沒有停止過。而我們作為「先知、祭司、君王」的事奉，惟有在教會羣體中運作，並且不斷的藉著基督那獨一無二的中保職分，方能有效地獻上生命為活祭，被上帝使用，並蒙上帝的悅納。

D. 總結和應用

(i) 基督職事的獨特性

主耶穌基督是彌賽亞，祂的職分是獨特和不能取代的。

---

24 參 Letham, *The Work of Christ*, 121 ～ 123。

a）基督是先知

祂道成肉身，是上帝完全的自我啟示。因此祂的言語、行為，都真確無誤地反映上帝的心意和屬性，對人有絕對的權威；而祂的完全人性，也反映了上帝按自己形像造人的美意，作為末後的亞當，基督才是我們人性的典範（不是那起初的亞當）。聖經作為聖靈藉先知和使徒發出有關基督的啟示，對教會有絕對的權威，超過一切教會傳統、領袖（包括牧者、長老、主教、教宗等）。

b）基督是祭司

作為被釘十架並高升的大祭司，基督是惟一有資格赦免人的罪的祭司。祂的僕人也可宣告人的罪得赦免，但這些宣告的效能必須基於耶穌十架救贖的福音，因為除此以外別無拯救（羅三 23～26；徒四 12）。作為大祭司，基督對人的安慰、鼓勵、幫助也是獨特的，不可被取代的（來四 14～16）。因此任何教會的牧者或服事者，不單應以基督為典範，更是要引導人到基督面前得幫助，因為祂是那真正的牧者、安慰鼓勵者、醫治加力者（詩二十三篇；約十 2～15、27～29；羅八 32～39）。

c）基督是君王

祂既是天國的君王，當人悔改信主的時候，他是歸向那至高者，並且是真誠表示，願意以基督為主為王，一生跟隨祂。若非如此，就不是真正的「歸主」了！作為復活、升天、將會再來更新天地的君王，基督不單是信徒生命和信仰的主，祂也是人類一切智識的主，包括：政治、科學、藝術、歷史與未來、教育等。[25] 這並非說，聖經是這些學問的教科書，乃是說，由於基督是創造主、救贖主、統治君王，一切知識皆源於祂，而聖經作為祂的特殊啟示，不單帶給我們救恩歷史，也為我們提供一個歷史觀和世界觀，作為一切人類學問的基礎，配合祂的「自然啟示」和「普世恩典」，幫助人類完成「治理大地」的使命。

至於教會治理方面，基督的真道和基督的靈，永遠是最重要的原則和指引。教會領袖若偏離了基督的王權，就會失去了他們在教會中的治理權柄。

(ii) 信徒職事的普遍性

a) 信徒皆先知

每一位信徒都有資格、有本分，為主作見證、傳福音，在生活中榮耀主。因此，教會有責任裝備每一位信徒為主耶穌作見證，傳揚福音的好消息（徒一 8，十一 19～21），並過榮耀主的生活（太五 1～16）。信徒之間，也當彼此教導，互相勸戒，心被恩感，歌頌上帝（西三 16～17），而教會中一個最小的弟兄，也能幫助他人，也不應被人輕看！

b) 信徒皆祭司

每一位肢體都當獻上自己事奉主（羅十二 1～2），因為每一位都是蒙召作聖徒的，而他所獻上的一切都會蒙主記念。此

---

25 參 Vern S. Poythress, *The Lordship of Christ: Serving Our Savior All of the Time, in All of Life, with All of Our Heart* (Wheaton: Crossway, 2016)。

外，每一位肢體愛心的代求、關懷、幫助、醫治，都是寶貴的。牧者的帶領和榜樣當然重要，但過分依賴牧者，往往使信徒習慣性被動。其實，牧者也常常會有人手短缺、力不從心的感覺。

c）信徒皆君王

教會的每一位信徒皆當參與教會的治理，如：選舉領袖、決定教會路向、購買堂址、紀律懲戒等。教會領袖也當讓會眾了解教會中的重要事情，如：財務、宣教、崇拜、聘牧、人事等，增加透明度。此外，作為君王基督在地上的代表和管家，信徒應在個人、家庭、職業、教會、社會、世界中，服在主的王權和真理的管治之下，忠於主的託付，參與完成天國的使命。

討論問題

1. 從「使命」的角度看，二十世紀的教會有沒有「以偏概全」？試討論之。
2. 你同意從整體聖經啟示看，教會的使命是「一個整全使命」嗎？原因何在？
3. 基督的兩次降臨，如何實現了人從上帝領受的「上帝使命」（the mission of God）？
4. 傳福音在這「整全使命」中的地位為何？「福音使命」與「整全使命」二者如何配合實踐？

5. 保羅的「福音使命策略」是怎樣的？這對今日的華人教會有何重要的提醒？
6. 教會事工的三個目標為何？三者之間有何關係？如何彼此配搭？
7. 教會可循哪三個途徑達成這三個目標？若缺少了任何一個目標，會有何結果？
8. 基督的三重職事，如何帶來全備的救贖？又如何帶給教會治理的權柄？
9. 信徒的三重職事，又如何帶來與上帝全面的關係，和對上帝全面的事奉？對傳統的「聖職主義」又有何批判？

6

教會的領導與治理

一　教會的領導

1 三個有關「領袖」的問題

A. 強調「領袖」的職分是不屬靈嗎？

有些信徒認為，「領袖」、「領導」等名詞，在一些華人社會和教會中既常被誤用，又會使人聯想到「濫權」或「驕傲」等事，容易惹人反感，因此建議改以「僕人」代之；況且主耶穌也曾說：「在你們中間，誰願為首，就必作眾人的僕人。」（可十44）他們認為強調「領袖」的職分，是不屬靈的，教會應多強調「僕人」的服事，這將會更討主的喜悅，更得信眾的接納。你認為如何？

我們同意教會同工應效法主，作「僕人領袖」（servant-leaders），但不贊成「只談僕人，不談領袖」，因為「領袖」、「領導」等名詞，都是聖經的用詞，表達了重要的真理。主耶穌勸勉門徒要以僕人的心態事奉，但並沒有廢除領袖的職分和用詞。因此我們不必「因噎廢食」。

首先，耶穌是我們的領袖（約十 3、4、16；來二 10；詩二十三 24 等）。當然，耶穌是「僕人領袖」，祂以愛和關懷去帶領羣羊，我們也當如此，但這並不等於我們在教會中應只提「僕人」，不提「領袖」，以致被誤作「家僕」。其實古代的「家僕」，只是需要順服和服事主人，完全沒有「帶領」的角色（參弗六 5～7；西三 22）！

其次，教會需要有人帶領、教導、牧養（參弗四 11～13；帖前五 12～13；來十三 17 等），否則容易迷失方向，好像羊沒有牧人一樣。耶穌是彌賽亞君王，祂是教會的元首和牧人，祂在教會、家庭、個人等層面，都是「領導」者（西一 15～23）。作為掌權和帶領的天國君王，主也分派人與祂同工，在大地和教會中作管治和帶領的工作（創一 28；多一 5～9）。

在今天新約的教會中，我們需要有基督的生命和品格的人——謙卑服事、聖靈充滿、智慧充足、勇於承擔、公義慈愛——去帶領教會。一個合乎聖經的教會領導，是健康教會的一個標誌。[1]

也許我們會問，當一個聖經中的正面用詞在社會中被濫用，使人有負面印象時，我們該怎樣處理？是否就避而不用？比方說，在公元六十四年，羅馬君主尼祿（Nero）放火燒毀京城羅馬，卻嫁禍予基督徒，使「基督徒」這名字成了臭名。今天，

1 參 Dever, *Nine Marks of a Healthy Church*, 216～243。

「耶穌」、甚至「上帝」的名字，也常被妄稱和濫用，信徒是否因此就「避而不用」呢？除了逃避，我們其實可以有另類的選擇，就是正確地了解和使用這些聖經用詞，並且向一些誤解/曲解其意思的人，作合宜的解釋，以致重建這些名詞的真義。這樣，教會就能根據聖經的教導，產生「抗衡文化」(counter-culture)的功用。主耶穌的登山寶訓(太五～七章)就是最佳的抗衡文化。

B. 教會還需要選立「領袖」嗎？

既然「信徒皆祭司」，教會還需要選立「領袖」嗎？

這是一個很重要的問題。自從馬丁路德帶領教會離開羅馬天主教的聖職主義，提倡信徒皆祭司以後，就有不少信徒懷疑，教會是否應再選立和按立聖工人員。他們不贊成「製造一個特別的階層，重走天主教會的舊路」！其中被稱為「極端宗教改革」(Radical Reformation)的「重洗派」(Anabaptist)教會中，一些較激進的信徒就主張，教會不應像天主教會般按立祭司或神甫，也不應再有聖禮(天主教就有七個聖禮)，否則聖靈的工作就會受到阻礙和限制。這種看法當然不是宗教改革者馬丁路德和加爾文等人的意思，因為他們雖然反對羅馬天主教的主教制、聖職主義，和教宗的絕對權柄，卻並不反對教會選立和按立領袖，因為耶穌、使徒，和初期教會都有選立領袖，而歷代主流正統教會也有領袖職分的設立，而這些領袖在歷代教會中，都扮演了重要的角色！

荷蘭改革宗神學家巴文克(Herman Bavinck)正確地指出，雖然宗教改革努力避免教會落入羅馬天主教會的主教階級組織之領導模式，他卻不贊同重洗派的立場。他認為教會不錯是一個有機體（an organism），但同時也是一個機構（an institution）。[2] 巴氏認為，從領導和治理的角度來看，教會需要領袖。不錯，人得救是藉上帝的道，不是靠組織，但傳遞上帝的道是通過信徒羣體，而這羣體需要有良好的體制和領導組織帶領。其次，教會信徒需要接受裝備，使他們各盡其職，建立基督的身體，而教會領導的恩賜和職分（二者不應分割對立），就是為了裝備聖徒（弗四 11 ～ 13；林前十二 25、28；羅十二 5 ～ 8）。最後還有，領袖的職分與聖靈的工作也並非互相對立排斥，乃是互相配合的：基督藉聖靈在教會中選立領袖，作帶領、引導、裝備、關顧、保護羣羊，這些領袖是大牧者耶穌的「小牧人」（under-shepherds），使教會有成長、有秩序、也有美好的配搭。

C. 領袖是「恩賜」抑或「職位」？

新約聖經論及牧師、教師、長老、執事等，究竟是指「恩賜」（gift）抑或「職位」（office）？

簡單來說，這些是恩賜，也是職分，二者並不對立，也不應分割。新約聖經就記載了在初期教會中，有恩賜和好品格的領袖被認可、委任、按立的情況，反映了領袖職位的存在。

新約學者馮蔭坤於一九八〇年發表了一篇文章，[3] 回應了德

---

2 參 Bavinck, *Reformed Dogmatics*, vol.4, 329 ～ 332。

3 參 Ronald Y.K. Fung, "Charismatic versus Organized Ministry ? An Examination of an Alleged Antithesis," *The Evangelical Quarterly* (1980), 195 ～ 214。

國新約教授基士文（Ernst Käsemann）較早期的另一篇文章。基氏的文章把新約教牧書信中對教會領袖職分的確立和重視，與保羅其他書信只看重恩賜的自由運用，二者對立起來，帶出一個結論，就是保羅和最早期的教會，並不重視領袖的職位，這些機構組織和職位，只是後期教會發展的產品。[4] 馮蔭坤認為這與使徒保羅和初期教會的教導有出入，因此他基本上不同意基氏的立論，他並具體提出了下列證據，作為支持：

1. 保羅的書信中，顯示當時教會有事奉職位的存在：

    - 加拉太書六章 6 節：教會中有會眾供應的教師。
    - 帖撒羅尼迦前書五章 12 節：教會中有一班負責治理和勸戒的領袖。
    - 羅馬書十六章 1 節：堅革哩教會有女執事的職位。
    - 歌羅西書四章 17 節：亞基布蒙委派，獲得正式事奉的職位。
    - 歌羅西書一章 7 節及四章 12 節：以巴弗從主領受事奉職位。
    - 腓立比書一章 1 節：腓立比教會有監督和執事，與提摩太前書三章吻合！
    - 使徒行傳十四章 23 節：保羅在首次傳道旅程中，已在各教會中選立長老，這是一個有猶太傳統的領袖職位。

4 參 Ernst Käsemann, "Ministry and Community in the New Testament," in *Essays on New Testament Themes* (London: SCM, 1964), 63 ～ 94。

2. 哥林多教會的情況：

表面看來，哥林多書信似乎只論及恩賜的配搭，沒有提及教會領導和事奉的職位；但馮氏提出了三個重要的考量：

- 哥林多教會不一定是一個典範，相反地，從書信反映出哥林多教會的種種問題，顯示她並非一個好的教會榜樣。
- 哥林多前書十二章 28 節列出了上帝在教會中設立「第一是使徒，第二是先知，第三是教師……」，可見先知和教師，雖然可能並非正式的職位，卻肯定是使徒以外，教會中最重要和最受尊重的領導功能，正如安提阿教會的五位領袖（徒十三 1）。
- 保羅的使徒職位：這是一個由基督賦予權威的職位，藉保羅和他的書信，帶出主基督對教會的指引和紀律。

以上的證據有力地反駁了基氏的立論。面對「保羅是否重恩賜而輕職位？」這問題，我們同意馮氏的立場，即答案應該是否定的。

馮氏文章後半部進一步確立屬靈恩賜與教會職位，二者並非有矛盾，而是應該並存和互相配合的，支持這論點的原因是：

- 腓立比書一章 1 節及使徒行傳十四章 23 節：收信者肯定是教會中有正式職位的人。
- 使徒行傳二十章 28 節：聖靈與職位沒有矛盾，而是相連的。
- 提摩太前書三章 1 節：功能、恩賜、職位三者可和諧共存。

- 實際需要：教會要有秩序，事工要有好的配合，自然需要有正式職位的人去作安排和帶領，否則容易造成困難和混亂！

小結：恩賜和職位，並不互相對立，乃是彼此配合的，因為恩賜可以藉職位表達，而職位也不能脫離適當的恩賜，否則會有「不稱職」的現象。

當然，並非所有的恩賜都需要藉職位去表達，例如一些較個人性的恩賜：關顧、分享、憐恤、幫助人等；但一些較公開的恩賜如：使徒、先知、教師、行政、牧養等，就需要正式的職位方能有效的運作。最後，馮氏也正確地指出，初期教會逐漸地將一些經常性的恩賜如：長老、主教、執事等，賦予正式的職位。這種趨勢，在新約聖經和教會歷史中，都可以觀察得到，而這也是一個合乎常理的歷史發展。

2 初期教會的重要領袖職位

A. 使徒

在新約教會的領袖職位中，使徒佔了首要的地位。這不單是因為他們親眼見過復活的主，也是由於他們所承擔的重要任務：與先知同為新約教會的根基（弗二 20）。使徒的其他特徵與貢獻包括：

- 他們是主親自選召的，又見過復活的主（可三 13 ～ 19；路六 12 ～ 16；林前十五 4 ～ 8）；
- 他們是首批被主差遣的福音使者（太十 1 ～ 7）；

- 他們是首批被復活的主所差派，並賜予赦罪權柄者（約二十 21～23）；
- 他們代表新約教會，從主領受大使命（太二十八 16～20）；
- 他們有主的權柄，領受並傳遞主的啟示，並撰寫聖經（約十五 26～27；林前二 12～16；彼後三 15～16；啟二十二 18～19）；
- 他們是初期教會的創立和開拓者，又是牧養和治理者（使徒行傳）；
- 使徒的職務和事奉涵蓋了先知、祭司和君王的三大功能。

由於使徒是新約教會根基性的領袖，使徒時代過後，已不再有「狹義的」使徒。然而，他們所開創的教會在過去二千多年，一直不斷地擴展與成長，而他們所撰寫的新約正典，也成了普世教會信仰、生活，與事奉的根基。[5]

B. 先知

- 新約先知的功能是按上帝所給予他的個人啟示，在會中作分享，使眾人得著造就，勸勉和安慰（林前十四 3、26～31），所以他有先知和祭司的雙重功能。
- 使徒保羅鼓勵一般信徒都去運用這恩賜（林前十四 1、5、24～31、39），因為有這恩賜的人不一定是領袖，也不一定有正式的領導職位。
- 然而，在安提阿的教會，有五位領袖都是先知和教師（徒十三

5 參 Bavinck, *Reformed Dogmatics*, vol.4, 333～335, 337～340；Grudem, *Systematic Theology*, 905～911。

1），可見，有先知恩賜的人也可能會在教會當領袖，特別是也兼備教師的恩賜。

- 由於新約先知的恩賜並不是撰寫正典的權威性恩賜（不像舊約先知），因此這恩賜並不限於使徒時代（參林前十四章）。[6]

C. 傳福音的

他們的恩賜是宣講福音，開荒領人歸主，建立新教會（如：腓利及提摩太，徒八 14 ～ 17；提後四 5），他們有些是使徒的助手。這種恩賜和職分主要是「先知性」的。

D. 牧師和教師

- 這兩種恩賜和功能有重疊（參弗四 11）：所有的牧師也同時是教師，但教師卻不一定是牧師。
- 教師的功能是講解上帝的話，幫助信徒明白並應用上帝的話（徒十一 25 ～ 26，十八 11），因此這職分也是先知性的。
- 但牧者的職責範圍較廣，除教導外，還要管治、醫治、牧養等（彼前五 2 ～ 3；結三十四 11 ～ 16），因此牧師的責任涵蓋先知、祭司、君王的功能。[7]

---

6 參陳若愚編：《聖靈工作的神學課題》，頁 85 ～ 102；Grudem, *The Gift of Prophecy in the New Testament and Today*, 25 ～ 88。

7 參 Grudem, *Systematic Theology*, 913 ～ 914；Lawrence Chan, " The Pastor as Prophet, Priest, and King, " unpublished paper, Westminster Theological Seminary, 1973；C.S. Keener, " Shepherd, Flock, " in *Dictionary of the Later New Testament and It's Development*, ed. by Ralph Martin and Peter H. Davids (Downers Grove: IVP, 1997), 1090 ～ 1093。

E. 長老

長老團隊是新約初期教會的主要領導模式（參徒十四 23，二十 17；雅五 14；彼前五 1～2）。在新約聖經中，長老、監督、牧師的職分十分類似（提前三 1～2；徒二十 17、28；彼前五 2）。長老主要的職務是管理、教導、牧養（帖前五 17），因此是包括了君王、先知，和祭司的功能。今天一般長老會的長老團隊中，有治理的長老，有教導的長老，也有兼顧兩方面的，而他們所聘用的專職牧師，往往就擔負重要的「教導長老」（teaching elder）的職分，許多時候還須兼顧不少行政工作呢！[8]

F. 執事

執事的主要職務是服事，其中可包括管理飯食（徒六 1～6）、財務或行政，幫助貧窮人和有物質需要的人，以及提供關懷輔導等（提前三 8～13）。執事的恩賜和職分主要是「祭司」性的，他們在教會中常與長老和牧者配搭互補。[9]

G. 今日的應用

以上所提，是新約聖經中一些重要的領導恩賜和職分，其

---

8 參 Bavinck, *Reformed Dogmatics*, vol.4, 341～345；Grudem, *Systematic Theology*, 915 ～ 918；"Church Order, Government," in Martin ed., *Dictionary of the Later New Testament and Its Development*, 219～310。

9 參 Bavinck, *Reformed Dogmatics*, vol.4, 344～345；Grudem, *Systematic Theology*, 918～920。

中除了「使徒」以外，其他的職分，都是今日教會中可以設立的。然而，由於時代的需要，當代的教會也會(也應該)設立一些相應的職位，如：小組組長、基教主任、聖樂/崇拜主任、青少年事工主任、行政牧師、會計師、宣教士、影音事工主任等。這些職位的設立，若能配合教會中「先知、祭司、君王」三重職事，就會有助於教會達成其三重目標：敬拜、培育、見證，使教會有更佳的質量成長。重要的是，教會應謹慎留心所選立的領袖，除恩賜外，還要有上帝所要求的品格素質(提前三1～13，四6～16；多一5～9，二1～15等)！

3 教會領袖的「蒙召」問題

A. 引言

教會的領袖必須是「蒙召」的嗎？傳統的華人教會一般看牧師、傳道、宣教士、長老等領袖，是「蒙召傳道」、「獻身事主」、「分別為聖」的事奉者，與一般在社會中工作的「平信徒」不同，因為後者「並沒有上帝的呼召」。這樣地看「蒙召事奉」，將傳道人和平信徒「聖俗二分」，在華人教會中常會引起一些疑問，例如：怎樣才算是「清楚蒙召」？平信徒的工作算不算是「事奉」？「蒙召獻身」比「帶職事奉」更屬靈嗎？假若一個人說他有「清楚蒙召」的經歷，但他的恩賜和品格卻不配合，怎辦？

要回答這些問題，我們須根據聖經啟示，重新檢討我們的「呼召觀」和「事奉觀」，使領袖與信眾有更美好的配搭，而教會因此也更能彰顯天國的榮耀。

B. 救恩歷史中上帝對人的「呼召」

(i) 上帝呼召祂的選民

在舊約時代，上帝從萬民中呼召亞伯拉罕，與他立約，叫他離開拜偶像的吾珥，往應許之地，去敬拜事奉真神，並且宣告地上萬國都要因祂得福。這應許在以色列民蒙上帝呼召離開埃及，到西奈山曠野聚集敬拜時，初步實現了。以色列蒙耶和華拯救，上帝與他們更新聖約，使他們成為神的子民。

很不幸地，以色列人一直犯罪，背棄真神。以色列的不信，不單帶來上帝的管教，也間接使外邦人蒙恩（賽五十五 5；六十五 1；羅十一 1）。但上帝並沒有棄絕祂的百姓，因為外邦人得救，激發猶太人整體的歸向基督（羅十一 11 ～ 27）。至終，上帝將使猶太選民和外邦信徒在基督裏合而為一，作上帝的一個選民（弗二 11 ～ 22，三 1 ～ 6），見證上帝大能的作為（彼前二 9）。

(ii) 上帝對領袖的「特別呼召」

舊約聖經記載了一些事奉上帝的領袖，蒙上帝特殊的呼召，出來事奉，明顯例子包括：摩西（出三 1 ～ 四 17）、基甸（士六 12 ～ 22）、以賽亞（賽六 1 ～ 13）、耶利米（耶一 4 ～ 10）、以西結（結二 1 ～ 三 15）、阿摩司（摩七 14 ～ 17）、約拿（拿一 1 ～ 2，三 1 ～ 2）、耶和華的僕人（賽四十二 1 ～ 6 等）。

這些人蒙召作上帝子民的領袖，如士師、先知，或將要來的彌賽亞，為要成就上帝在歷史中獨特的使命，而他們所經歷的「呼召」，往往包括了一些神蹟奇事，和上帝親自向他們顯現。

在新約時代，同樣地有特殊「蒙召」經歷的，如主耶穌直接揀選呼召的十二使徒（可三 13～19），以及在往大馬色路上遇見復活耶穌的使徒保羅（徒九 1～19）。

（iii）沒有「特別呼召」的領袖

以上的蒙召個案，都屬救贖歷史中有獨特使命的人，如先知、使徒等，他們有獨特的超自然蒙召經歷，但這並不表示所有事奉上帝的領袖，都有同類的蒙召經歷，以下就是一些較明顯的例子。

a）舊約時代

在舊約時代，有許多蒙上帝重用的領袖和先知，他們在建立上帝的子民、彰顯上帝救贖與榮耀的事工上，有極大的貢獻，但卻沒有類似上述先知和使徒的特殊蒙召經歷。他們都在上帝主權的治理（sovereign providence）中，作了美好的見證，完成了歷史的使命。他們在救恩歷史中，都是上帝大大使用的僕人和使女，包括：被擄到巴比倫的先知但以理；回歸以色列地、領導子民重建耶路撒冷城牆的尼希米；作波斯王亞哈隨魯王的王后、冒死拯救以色列民的以斯帖；外邦摩押女子、打破傳統下嫁猶太富翁波阿斯，最後成為基督先祖的路得；被哥哥們賣到埃及作奴隸，被陷害關進了牢獄，後來卻作了埃及宰相，又拯救了以色列全家的約瑟等等。

這些人都是在上帝的帶領下，在歷史中作了美好的見證和事奉，成就了上帝的救贖。他們雖沒有特別的、超自然的「蒙召」經歷，卻有被上帝「差派」的強烈信念和使命感，正如約瑟對他的哥哥們所說的話：

> 現在，不要因為把我賣到這裏自憂自恨。這是上帝差我在你們以先來，為要保全生命。……上帝差我在你們以先來，為要給你們存留餘種在世上，又要大施拯救，保全你們的生命。這樣看來，差我到這裏來的不是你們，乃是上帝。他又使我如法老的父，作他全家的主，並埃及全地的宰相。（創四十五 5～8）

又如敬虔猶太人末底改，挑戰他的養女王后以斯帖說：「焉知你得了王后的位分不是為現今的機會嗎？」，而後者也作出勇敢的回應，說：

> 你當去招聚書珊城所有的猶大人，為我禁食三晝三夜，不吃不喝；我和我的宮女也要這樣禁食。然後我違例進去見王，我若死就死吧！（帖四 16）

雖然聖經中並沒有任何記載或暗示上帝曾向這些人「顯現」或直接「呼召」他們，他們卻都有強烈的被上帝差派的使命感。

b）新約時代

我們若將保羅的「蒙召」，與提摩太的「蒙召」故事作一比較，就可以看出二者的形式大有分別。復活的基督在大馬色路上向保羅顯現，直接向他說話，使保羅知罪悔改歸主。主又直接呼召他到外邦人當中傳道，使他成為使徒（徒九 1～19，二十六 12～20）。相對地，提摩太的經歷卻很「平凡」：

> 保羅來到特庇，又到路司得。在那裏有一個門徒，名叫提摩太，是信主之猶太婦人的兒子，他父親卻是希臘人。路司得和以哥念的弟兄都稱讚他。保羅要帶他同去，只因那些地方的猶太人都知道他父親是希臘人，就給他行了割禮。（徒十六 1～3）

可見提摩太的所謂「蒙召」，並沒有上帝直接的啟示和顯現，只是使徒保羅在教會中知道弟兄們都稱讚他，於是決定邀請他作同工。經文又提到他的家庭背景（參提後一 5），和行割禮的事，這些都是提摩太蒙上帝引導，投身傳道事工的重要因素，與以賽亞和保羅等人的蒙召經歷在形式上很不同。

可見，當我們論及領袖的「蒙召」，我們不能千篇一律地，以某一種形式為準。上帝以不同形式帶領人事奉祂，有些人的經歷像先知和保羅，有些人則像提摩太，或其他的形式，但都是上帝的帶領。在新約教會時代，有一個重要的原則，就是聖靈往往藉教會羣體，引導人去事奉，像提摩太所經歷的。「蒙召」的形式也許有分別，但重要的是：同樣有上帝的帶領和指派。其實保羅雖說自己是「奉召（called）作使徒」（羅一 1），也會說自己是「奉派（appointed）作傳道、使徒、教師」（提後一 11），用詞也有靈活性，並非只有「蒙召」一詞。

其實，從一個較廣闊的角度看，新約信徒的事奉是按上帝所給予各人的恩賜、肢體彼此配搭的原理，加上聖靈的引導，和教會信眾的肯定和接納（參羅十二 3 ～ 8；林前十二 1 ～ 30；弗四 7 ～ 13；彼前四 10 ～ 11；徒六 1 ～ 6，十三 1 ～ 3，十六 6 ～ 10 等），其中包括領袖和非領袖。其實所有新約聖徒都當「將身體獻上，當作活祭」，都是事奉者（羅十二 1 ～ 2）。

C. 從聖經看「呼召」與「事奉」

(i) 舊約聖經

「呼召」一詞在舊約聖經中，主要用於上帝呼召祂的以色列民，使他們在祂的救贖歷史中有分。上帝呼召的目的有三，就是使他們：

- 藉信靠上帝應許而得蒙拯救；
- 作上帝的選民而分別為聖；
- 在世界中見證和榮耀上帝。

舊約中「呼召」一詞，也有指上帝對個人的拯救。至於上帝對個人事奉的超自然「呼召」，從上文可見，只有少數的先知、使徒和特別的領袖。其他很多的事奉者，都是按上帝對他們個別的帶領和安排，在不同的崗位和處境中，忠心地事奉，並在歷史中見證了上帝的榮美和祂大能的作為。此外，在舊約時代，上帝在祂的子民中，也設立了一些領導的職分，如：先知、君王、祭司；這些舊約的事奉職分，其後在新約時代，藉基督所拯救的信徒羣體，進一步地實現了。

(ii) 新約聖經

a) 福音的呼召：信徒蒙恩的呼召

新約中論到上帝的「呼召」，首先是指福音的「一般呼召」(general calling)。馬太福音二十二章 14 節，耶穌說「被召的人多，選上的人少」，意思就是許多人聽到福音，但蒙上帝揀選，得著福音好處的人卻不多(參太九 13)。

當人聽到福音，而用信心去接受時，他便是領受了「有效的呼召」(effectual calling；林前一 9；羅八 28、30)，得著救恩(參羅一 6～7；弗一 18，四 1；帖後二 14)，成為基督的門徒、天國的子民，這是新約聖經中「呼召」一詞最常見和最重要的用法。

總的來說，在新約聖經中，「蒙召」的人主要是指領受福音呼召的門徒。這是一個神聖的恩典呼召(提後一 9～10)，也是一個改變人生命的呼召。五旬節以後，所有歸信耶穌的人都被稱為門徒，因為他們都是跟隨和效法耶穌的人(太二十八 19；徒六 1，十一 26)。使徒保羅說得很清楚：門徒就是「蒙召」的人；而既然蒙召，行事為人就應與蒙召的恩相稱，有聖潔、合一、愛心的表現(弗四 1～6；西三 12～25；帖前四 7～9；林前七 15)。

b) 信徒事奉的「呼召」

基督在地上的時候，也曾經呼召十二門徒，與祂一起生活和事奉，又差派他們出去傳道(可三 14；太四 21，十 1)。這十二門徒其後也被稱為使徒，他們是新約教會的根基(徒一 12～

26，二 14；弗二 20），身分與舊約時代的先知相似。其後，使徒保羅在大馬色路上遇見復活的主，蒙主呼召歸主，並作使徒（徒九 1～19；林前一 1；羅一 1；林前十五 9；加一 15～16）。正如上文所說，保羅蒙召的經歷也很獨特，是復活的主向他顯現的超自然經歷。新約時代的其他傳道人（如提摩太）蒙主帶領作傳道，形式較為「平凡」，但與保羅一樣，都是主的帶領和差派。

新約聖經強調，信徒皆蒙福音呼召，也皆是事奉者。他們不單成為「聖潔的子民」，也是屬上帝和事奉上帝的「君尊祭司」（彼前二 9～10），就當將自己獻上，作為活祭（羅十二 1），並樂意接受上帝的差派，用上帝所賜予他的生命、才能、恩賜、職業、家庭、人際網絡等，去作上帝要他作的，這就是「事奉」了，因為聖經看「事奉」並不限於傳福音和教堂事工，也包括一切在家庭、社會、世界中榮神益人的工作。這「全面事奉」的觀點，凸顯了職場事奉的重要。當然，其中一些有領導恩賜的信徒，會被上帝指派在教會和福音事工中作帶領者，但大部分的信徒都會在社會中參與不同的行業，或作家庭主婦，又同時參與一些教會事工。其實大家都是「蒙召」的（羅一 7；林前一 2），只是各人有不同的崗位而已。

換句話說，新約信徒蒙福音所召而得拯救，在基督裏與祂同作「先知、祭司，和君王」。因此，每一位蒙主拯救的人都成了「事奉者」，正如希伯來書所言：

> 若山羊和公牛的血，並母牛犢的灰，灑在不潔的人身

上，尚且叫人成聖，身體潔淨，何況基督藉著永遠的靈，將自己無瑕無疵獻給上帝，他的血豈不更能洗淨你們的心，除去你們的死行，使你們事奉那永生上帝嗎？（九 13 ～ 14）

這「信徒皆先知、君王、祭司」的真理，再配合上文所提，聖經所啟示「教會的一個使命」，就很清楚地確定，每一位「平信徒」（非傳道人）在他們每天的工作都是一種事奉（參西三 23）；而每一位信徒（包括傳道人和非傳道人）都應全然的獻身事主（羅十二 1；林前六 19 ～ 20），這是毫無疑問的！[10]

可見，在新約時代，福音的「呼召」與事奉的「呼召」有非常密切的關係，因為「信徒皆祭司」！

這並非說，教會不需要領袖，因為按新約聖經的教導，教會必須選立領袖，作牧養、教導、帶領的工作。但我們應如何確立和委任領袖呢？是否單憑領袖自己說「我有蒙召的經歷」，就以此確定他適合當領袖呢？當然不是！因為在新約時代，聖靈藉聖經的教導，和教會羣體的印證，往往能分辨和確立誰可以/應該被選立為領袖。

第 6 章

10 參 Hawthorne et al., eds., *Dictionary of Paul and His Letters*, 84 ～ 85；Elwell, ed., *Evangelical Dictionary of Theology*, 84；Leland Ryken, James C. Wilhoit and Tremper Longman III, eds., *Dictionary of Biblical Imagery* (Downers Grove: IVP, 1998), 133 ～ 134。

D. 領袖的選立與委任

(i) 領袖的確立

在這新約時代，我們當然不排除上帝對某人有特殊的指示，甚至是直接的「呼召」，指派他作領袖，但我們卻不應單憑這人自己主觀的感受，就確定他能夠和應該被委任為教會的領袖。使徒提醒我們要「凡事察驗」（帖前五 21）；並且，我們該知道，上帝在這個新約教會時代，就是在「耶穌復活後、再來前」的「末世時代」（Eschatological Age），引導信徒的主要途徑是：

- 上帝的話，特別是那已完成的新、舊約聖經啟示；
- 上帝的靈，就是那在五旬節沛降教會羣體中的聖靈。

從聖經啟示，和聖靈在教會羣體中的工作，我們可以更具體地提出，教會在選立領袖時，應該注意以下各點：

1. 教會應確定領袖人選有以下重要特徵：

- 羨慕聖工，並有成熟的基督徒品格（提前三 1 ～ 13；可十 42 ～ 45；提前四 12）；特別要留意的是個人道德操守、家庭見證、非初信者、教外有好名聲、智慧充足、被聖靈充滿（徒六 3 ～ 5）。
- 有合適的屬靈恩賜（林前十二 12 ～ 30；弗四 11 ～ 13；羅十二 4 ～ 8）；特別要留意教導和服事的恩賜（提前三 2；提後二 2；

彼前四 11）、愛心的建立（林前十三 1 ～ 7，十四 19）、合一和與肢體配搭的能力（林前十二 12 ～ 27）等。

- 深入認識，並忠於上帝的話，和上帝「話語的職事」（the ministry of the Word，提前四 11 ～ 13；提後一 13 ～ 14，二 15，四 1 ～ 5）。
- 有教會羣體的支持、認可和欣賞（徒六 1 ～ 7，十三 1 ～ 3，十六 1 ～ 3；提前三 10）
- 有純正的動機，並有合乎上帝心意的事奉目標（彼前五 1 ～ 4）。

2. 領袖人選本身應有信念、內在的感動、羨慕聖工，並經常察驗上帝在環境上的帶領。
3. 領袖人選應有家人、朋友、弟兄姊妹的鼓勵和支持。
4. 領袖人選應有明顯的事奉果效，特別在傳福音、教導、牧養、治理、領導等方面。

（ii）領袖的委任

事奉主的領袖需要被選立委任，這是聖經的記載和教導，明顯的例子有：幫助摩西的首領（出十八 19 ～ 24）、先知、祭司、君王（耶一 5 ～ 10；出二十九 1 ～ 9；撒上十六 4 ～ 13；代上二十九 21 ～ 23）、耶穌（太三 13 ～ 17；路四 16 ～ 19）、十二門徒（可三 13 ～ 19；約十五 16）、保羅（徒九 10 ～ 19）、地方教會的長老（徒十四 23；多一 5）等。

聖經中沒有一套指定的選立程序，但卻有一些原則與榜樣，作我們的參考，如：須按教會的使命和需要選立；須按候選人的生命、品格和恩賜；須得會眾的認可和稱讚；重要的職分（如：牧者、長老等），可藉按手之禮去確立、承認和差遣，並表達會眾的支持和代禱等。

至於委任領袖（如：長老、牧師）的程序，不同教會有不同的方式與傳統，不能一概而論。在宗教改革以後的眾多基督教會中，近代改革宗長老會的程序可算是較為完備的，值得我們參考。[11] 這程序也大致上是近代西方清教徒教會的一般程序，[12] 包括下列三個基本步驟：

a）確定候選人有上帝的「帶領」或「呼召」

傳統上，「呼召」可分內在與外來兩方面。內在呼召包括心中的負擔和渴望（羨慕聖工）、屬靈恩賜和上帝的引導開路等；而外來呼召乃指一個地方教會對候選人的邀請（包括教會接受申請、會見考核申請者、通過聘任，並向申請者作正式邀請）。惟有內外呼召皆配合，方能構成一個正式的「呼召」，進行下一步的程序（教會作為外來呼召的媒介，可參考徒一 23 ～ 26，六 2 ～ 6；林後八 19）。

b）對候選人的「考核」

教會應對候選人的信仰、品格，和恩賜進行考核，其中可

11 參 Bavinck, *Reformed Dogmatics*, vol.4, 377 ～ 383。

12 參 Joel R. Beeke and Mark Jones, *A Puritan Theology: Doctrine for Life* (Grand Rapids: Reformation Heritage Books, 2012), 644 ～ 647。

能包括神學考驗、講道，和多次會面等（參提前三 1 ～ 13，四 1 ～ 16；提後二 1 ～ 26，四 1 ～ 5 等）。

c）行「按手之禮」

教會按立牧師和長老的禮儀，並非如「聖職主義者」所認為，是將受按立者聖化、封立，成為比一般平信徒高一等、有特殊神聖地位的「事奉者」。按立禮只是教會羣體公開確定及承認被選立的人，具帶領、教導、牧養、治理等恩賜及職分，讓眾教會也都接納他們，為受職人禱告，求上帝加添信心與恩賜，祝福他們未來的事奉，並一起差遣他們去作上帝要他們作的工（參徒八 17 ～ 19，十三 13；提前一 18，四 14；提後一 6，五 22 等），承諾與他們同工，不單接受他們的帶領、牧養和裝備，更樂意與他們配搭完成「上帝的使命」（the Mission of God）。

二　教會的治理

1 引言

教會需要「治理」嗎？答案是肯定的！

首先，我們的上帝不是一位叫人混亂的上帝，乃是叫人和平，和按規矩次序行事的上帝（林前十四 33、40）。

其次，從實際的角度看，教會是一個信徒的羣體，當中許多的活動、事工都需要有規則秩序，方能順利進行。信徒雖是「義人」，卻也是罪人，若沒有良好的管治和紀律，教會的聖道、聖禮、聖工都會受到人為的破壞和忽略。

還有，從歷史的角度看，主基督作為教會的元首，在歷代教會中曾藉聖靈設立不同的領袖職位，如牧師、長老、監督、執事等，去執行教會的管治，而這也是新約聖經所教導的！

2 教會治理的神學基礎

A. 上帝的主權

三一上帝是天地萬物的創造主，祂也掌管統治萬有，包括大自然的一切、地上萬族和普世的教會，而萬有也是按祂的美意，將要在末日達成「在基督裏同歸於一」的目標（弗一 9～10；林前八 6；詩一〇三 19～22），祂是那至高可稱頌的上帝！

B. 基督的王權

復活的基督被高舉為主為王（詩二 6；腓二 9～11；太二十八 18），祂今天坐著為王，是萬有之主，也是教會之主。

祂的王權是滿有能力的，因為祂不單拯救，保護和管治祂的子民，祂也向黑暗的權勢誇勝，至終將會消滅罪惡、死亡和撒但（詩二 8～9，一一〇 1～3；林前十五 24～28）。

基督的王權也是滿有恩典的，因為祂是和平之君（賽九 6～7），祂是牧人（結三十七 24），祂是那使上帝、人和創造彼此和好的主（弗二 12～18；西一 20～22）。

作為教會的主，祂今天藉著聖靈，透過祂的話，在教會中不斷施行祂的治理。換句話說，基督並沒有將祂的治理權，移交予一位無誤的教宗或一個有絕對權力的主教團，正如羅馬天主教會所宣稱的。在基督再來之前，祂在教會中所設立的領袖，仍然要時刻警醒，忠於主的道和主的靈，按主的心意帶領教會，避免濫權和偏離真道，因為基督復活升天之後，祂一直掌管宇宙，也管治著教會，並沒有停止。[13]

C. 基督的治理方式

作為教會的王，基督藉祂的道和祂的靈，治理祂的子民。福音真道和生命之靈，是祂招聚子民，成立教會的媒介；然後，子民也藉此媒介得著管治、成長、保護和保守（彼前一 3 ～ 5、23 ～ 25；弗二 18 ～ 22，六 13 ～ 20）。

基督是教會的建造者及保護者（太十六 18），祂賜予使徒們天國的鑰匙，就是藉真理管治教會的權柄（約二十 21 ～ 23）。基督是教會建立的根基（林前三 10 ～ 11），祂是真葡萄樹，那結果子的枝子（教會）的生命源頭（約十五章）。祂是「頭」：教會賴以生存、事奉，和成長的源頭（弗四 16；西二 9）。祂也是那尋找、招聚、帶領、餵養、保護羊羣，甚至為羊捨命的「好牧人」（約十章）。

基督的治理涵蓋普世與地方教會。普世教會在基督裏蒙揀選，被救贖，成為一個新人，並且藉聖靈被建造為靈宮（弗一 3 ～二 22）。而每一個地方教會都在彰顯這普世教會，每一個都是基督的身體，是獨立和完整的，卻也是與其他地方教會藉聖靈的團契相連的。

13 參 Bavinck, *Reformed Dogmatics*, vol.4, 369 ～ 372。

基督的治理是基於祂彌賽亞的身分，祂的道成肉身、順服、捨命十架、完成救贖大功，奠定了祂作為天國君王的尊貴地位（徒二 36）；而被聖靈膏立，是祂成就救贖的能力之源（徒四 17～19，二 32～36）。基督今天坐在父上帝的右邊，透過聖靈，統治宇宙萬物和地上的普世與地方教會。這統治是以祂作為彌賽亞的三重身分：先知、祭司、君王，去貫徹進行的。不錯，基督是君王，但祂以愛和憐憫治理教會，因為祂也是「大祭司」（來四 14～16），祂以智慧、聰明、謀略和公義治理，因為祂也是先知（賽十一 1～4）。

教會中的信徒和領袖，也從祂承受這三重的職分，尤其是「君王」的職分，分擔主所交託的治理工作。在教會的治理工作，領袖與信徒都應有正確的態度、合乎聖經的原則、在聖靈裏的合一、彼此配搭和互動。

3 教會治理主要模式探討

A. 歷史引言

羅馬天主教會在中世紀時代，發展並建立了一個嚴謹的治理模式，這模式以教宗（Pope）為首，在他以下有三個階層的聖職人員：紅衣主教（Cardinals）、主教（Bishops），和神父（Priests）。這個聖職團體，地位超越平信徒，統籌主理一切教廷和各教會的聖工，甚至治理及真理解釋權力，皆集中於教宗一人身上，因為按羅馬教會的傳統，歷代教宗乃使徒彼得（即所謂耶穌委任的首位教宗）的合法繼承人，因此皆具有至高的權威。

這模式的歷史發展可簡述如下：

首先，主耶穌在地上時呼召設立十二使徒，作祂復活的見證人和教會領袖，其中又以彼得為首，因為他曾被主稱為教會的磐石（太十六 17～19）。使徒離去以後，教會又委任了長老和監督／主教，照管教會聖工。漸漸地，地區性主教出現了，因為不同區域的教會，都感到有需要設立一個較為固定的領袖職位，去負責監管地區教會的宣講及聖禮；這樣，主教制度逐漸形成。自第五世紀始，羅馬教會發展迅速，且得到羅馬帝國該撒的支持，加上有使徒彼得傳統之優勢，慢慢的，其教會地位被提升，成為眾教會之首；其主教也成了眾主教之首，教宗的職位被確定、被鞏固，直到今天。

在教義上，羅馬天主教會的治理模式在中世紀已被建立，成為教會教義的一部分。這教義最具代表性的表達，就是一八七〇年天主教「首次梵諦岡大公會議」所發表的《基督教義典章》中宣告：

- 基督直接應許並授予使徒彼得在普世教會中的至高管治裁判權。
- 彼得這至高的權柄，藉羅馬主教得以繼承，代代相傳。
- 教宗在普世教會的至高權柄，不單包括信仰和道德，也包括教會紀律和管治。他的裁決乃高於任何人的判斷，且不受任何大公會議的限制。
- 教宗在真理的教導和解釋上，也擁有絕對的權威，靠著上帝的幫助，他在教義和道德的教導上是無誤的（infallible）。[14]

14 參 John H. Leith, ed., *Creeds of the Churches: A Reader in Christian Doctrine from the Bible to the Present* (Louisville: Westminster John Knox Press, 1982), 449 ～

這羅馬天主教的教宗—主教階層式、從上而下的極權治理模式，被十六世紀始於歐洲的宗教改革運動所駁斥排拒，原因如下：

- 教宗—主教階層式治理模式，與聖經真理如：信徒皆祭司、基督的身體等不符。
- 主教在地區性教會，及教宗在普世教會的絕對權力，因人性的軟弱，容易被濫用。
- 使徒的職分是獨特和有時代性的，因此是不能繼承的。
- 監督／主教的職分，在新約聖經中，與長老是相類的。
- 彼得的使徒職分，並非高於其他使徒。
- 羅馬主教權柄高於其他地區主教，也缺乏根據。

此外，有關教宗職位的歷史證據，也難以確立，因有下列難以回答的問題：

- 彼得是否曾在羅馬任職主教？
- 他是否曾擔任主教和教宗？
- 他是否曾將這些職位傳予他的繼承人？[15]

基於上述原因，宗教改革者和他們所設立的教會，都拒絕羅馬天主教以教宗為首的治會模式。在改教後的六百年間，

457。

15 參 Bavinck, *Reformed Dogmatics*, vol.4, 358～368。

天主教教會的治理模式並沒有基本的改變，但宗教改革後成立的基督教教會，卻有不同的治會模式出現，其中較重要的是：主教制、長老制、公理制，和無制度等四類，茲簡單說明及評論之。

B. 主教制（Episcopalism）

(i) 架構

基督教「主教制」的治會方式，在一些國家的教會（如：英國、美國、澳洲等）中設立，延續天主教的部分傳統，卻是不以教宗為首，而以大主教（Archbishop）為全國教會之首，由他委任各教區（Diocese）的主教（Bishops），再由主教委任堂會的牧師或教區長（Rector），負責各堂會的領導和牧養工作。這些都是被按立的聖職人員，他們有權柄主理教會聖工，而平信徒在決策和治理方面是沒有角色的。至於大主教的人選，是由主教團投票選舉出來的（如：美國聖公會），或是由國家元首委任（如：英國聖公會）。在這種制度之下，會眾的角色是接受主教和牧師的帶領、教導、牧養和管治。

(ii) 源起

主教制的源起是初期教會需要從眾長老中，選出一位領導或會長；而這位領導的職分漸漸演變為主教，這是教會發展的自然結果。因此有人認為，這制度雖然缺少聖經啟示，卻有歷史因由和教會的需要作支持。亦有人提出，初期教會的使徒，就是後來主教團之前身；還有，使徒雅各在初期耶路撒冷教會中的領導身分，也被喻為是主教制治會的先例。這一切都為主教制的合理化，作出了一些辯護。

（iii）批判

然而，這制度在近現代福音派神學中，受到不少批判，包括：

- 主教或監督的職位，在新約中是與長老相類，而非另一個更高的職位，且往往是眾數，而非單數的領袖職位，這是團隊領導的模式。其實，主耶穌設立十二門徒，也沒有給予某一位或數位門徒有較高的權柄。這是祂的智慧，避免引致領袖濫權！
- 至於主教是使徒的繼承人這立論，也沒有任何歷史和聖經的根據！反倒是，保羅和巴拿巴是由教會信眾按手差遣的（徒十三 3）；提摩太是眾長老按立的，而非保羅（提前四 14）。最終來說，領袖的委任和設立者是主，而非使徒（徒二十 28；弗四 11）。
- 主教制不鼓勵信徒參與教會事奉，將教會肢體聖俗二分，並且在教會的領導和治理上，無需向信徒交代，容易產生特權階級和黑箱作業，非常不利於教會的健康成長。
- 主教制的治會模式，將教會的權力，包括經濟、物業、按牧和牧者的調配等決定權，往往集中在主教和教區領袖手中，以致地方堂會信眾參與不足，缺乏歸屬感，影響堂會的獨立自主權和長遠發展！[16]

---

16 參 Grudem, *Systematic Theology*, 923 ~ 925；Erickson, *Christian Theology*, 1070 ~ 1074。

C. 長老制（Presbyterianism）

早於使徒時代，教會已有按立長老（徒 1 — 30，十四 23；多一 5），但長老制的治會模式，到宗教改革時代，特別在改革宗教會，才發展為較完整的體制。

(i) 架構特色

從結構角度看，長老制的特色是：

- 每一地方教會的會眾會選立他們堂會的長老，組成堂議會（Session），負責治理所屬堂會。堂議會成員包括牧師和信徒領袖，前者由會眾聘任，是教導長老（teaching elder），信徒領袖則大多數是治理長老（ruling elders）。
- 一個地區的堂議會組成一個區議會（Presbytery），其成員包括各堂部分或全體長老，一同負責治理該區各堂會。
- 從各區議會又選出部分成員，組成全國總議會（General Assembly），有權柄治理全國區議會及堂會。

(ii) 治理特色

從治理原則看，長老制的特色是：

- 各堂的會眾及堂議會可以選聘自己教會的牧師，再由區議會確立。
- 各堂的物業權在區議會，供堂會免費使用。
- 堂會之間有糾紛，可上訴於區議會，而區議會間的糾紛，可上訴至總議會。

- 一切的治理決策皆須經議會決定及執行，而非單由個別領袖決定，這是羣體領導的原則。
- 長老制的治理，容許教牧與信徒一同領導，一起配搭事奉；而且一般的領袖職位，皆有任期，可以防止濫用權力的流弊，也讓會眾有自由按時選擇他們認為合適的領袖。

(iii) 優點

長老制的治會模式有以下的優點：

- 長遠的歷史先例：以色列人出埃及後，上帝在曠野指示摩西召聚七十位長老和官長，一同分擔領導工作（民十七14～25）。耶穌時代的猶太會堂有長老治理（太二十一23；路七3），使徒時代各地教會皆有長老選立，並與使徒一起事奉（徒十四23，十五22～23）。他們是受尊重的，並且信徒理應順服他們（彼前五1～5；來十三17）。
- 符合新約治理教會的原則，包括：尊重基督的主權和祂的話語；肯定信徒的參與，特別在選立長老和牧者的重要決定上；肯定每個教會的堂議會，有權領導治理自己的教會；實踐長老團的集體領導，有牧者和信徒領袖同工配搭；重視治理和教導，尊重長老和牧者（提前五17）。
- 全國總議會不單可見證教會的合一，並可集中資源進行一些特別事工，如：宣教、神學教育、出版和社會服務等。此外，個別堂會若有困難或特殊需要，可求助於區議會或總議會。[17]

(iv) 不足之處

但長老制治會也有其值得商榷之處：

- 新約聖經並沒有先例或提示，一個堂會的長老有權柄治理其他堂會。不錯，初期教會在堂會之間有互助，如：耶路撒冷教會曾接受其他教會的資助，而使徒行傳十五章也記載了在耶路撒冷召開的一個跨教會會議，但這與今天長老會中的「區議會」或「總議會」的權力架構很不同。其實，使徒行傳十五章所記載的會議中的決定，也並非有甚麼法理的約束力，乃是派遣使徒和同工到各處教會勉勵、安慰，和教導眾人（徒十五 22～32）而已！
- 長老團治會往往與一般信徒脫節。不錯，堂會的長老是會眾選立的，但長老上任後，卻往往甚少諮詢會友。他們在會議桌上討論的事務決定，除非是極重要的，如購堂和按牧等，否則是不必、也極少向會友交代，如此便形成會眾與領袖團的脫節。至於信徒與區議會及總議會之間的脫節情況，可能更加嚴重，這裏就更不用說了！[18]
- 長老制的三重議會，本是希望區議會和總議會對個別堂會有

---

17 參 Louis Berkhof, *Systematic Theology* (London: Banner of Truth, 1966), 581 ～ 592。

18 參 Grudem, *Systematic Theology*, 925 ～ 927；Erickson, *Christian Theology*, 1074 ～ 1078。

所支援和幫助，特別是在信仰和神學方面，不會偏離正路，但當今的情況剛好相反。福音信仰的堂會面對自由主義神學的壓力，竟來自「總議會」，而非其他個別堂會，這是過去三十年美國聯合長老會的情況。因為神學立場的分歧，和不同意總議會一些高層領袖的神學立場，許多福音信仰的堂會紛紛離開這個宗派，改而參加其他宗派，或另立宗派，以至在三十年間，會友人數從最高的四百三十萬，跌至二〇一四年的一百六十七萬，這是可悲的！這也反映了長老制三重議會在持守信仰上的潛在問題；試問，有哪一個福音信仰的堂會，願意留在一個宗派，其領袖是不以耶穌為惟一救主、不相信聖經為上帝的話、樂意支持同性婚姻，甚至願意按立同性戀者為牧師、又不贊成教會應傳福音領人歸主的呢？[19]

- 由於堂會的物業權屬於總會，這會影響各堂會的獨立自主權和健康的成長，尤其是當堂會在信仰和發展方向上，與總會的領袖有分歧，甚至要考慮脫離宗派時，就會產生種種困難。我們當記得，按新約聖經，初期教會是尊重地方教會的獨立自主的，因為每一個堂會都是「基督的身體」！

---

19 參 S.M. Lucas, *For a Continuing Church: The Roots of the Presbyterian Church in America* (Phillipsburg: P & R Publishing, 2015)；*PCUSA continues membership decline – 92,433 members gone in 2014* [document on-line]; available from The Layman: A Ministry of the Presbyterian Lay Committee website (http://www.layman.org/pcusa-continues-membership-decline-92433-members-gone-in-2014/)。

D. 會眾制（Congregationalism）

會眾制的治會方式，始於十六世紀宗教改革後。在英國及歐洲的一些信徒，為了擺脱國家教會的束縛，和確定信徒皆祭司的真理，而成立獨立教會，並提倡信徒治會，這運動其後影響了美國的清教徒，和世界各地的福音信仰教會，如：浸信會、公理宗和信義宗等。[20]

(i) 基本信念

a) 地方教會的獨立自主權

每一間教會都是基督的身體，有權管治自己，藉基督的真理，和聖靈的引導，治理教會信徒，推展教會聖工，執行紀律，而不受外界的機構或人物所控制。不錯，地方教會可自由選擇參加一些聯合事工或教會聯會，但卻是以堂會代表形式參與，且不一定是永久性的。

b) 民主的治理原則

教會中每一位信徒，都有權參與教會的治理和決策，因為他們是基督身上的肢體。在教會的重要決定上，信徒有權投票表示贊成或反對。同樣，在選立教會領袖中，每一位信徒皆有選舉權和被選權。

---

20 參 Grudem, *Systematic Theology*, 928 ～ 936；Erickson, *Christian Theology*, 1078 ～ 1082。

c）肯定會眾在教會治理上的角色

會眾制不贊成將教會的治理權集中在一個領袖如牧師，或一個小團體如長老團，或一個委員會如執事會的身上，因為這違反了新約聖經的指示，就是信徒和會眾應參與教會的治理。以下是一些支持的經文：

- **馬太福音十八章15至17節：**主耶穌論及教會紀律時說，若受勸戒者不肯聽從兩三個人的勸告，就要告訴教會，而這裏所指的「教會」，不是一個或多個領袖，乃是教會的會眾。
- **使徒行傳六章2至6節：**使徒建議，在會眾選出七位執事去管理飯食。經文記載，會眾都喜悅這話，就選了七個人，並叫他們站在使徒面前，接受禱告、按手，然後出去事奉。可以看見這選舉有會眾的參與，以及使徒的禱告和認可！
- **哥林多前書五章1至5節：**保羅指引教會如何處理紀律的事，就是會眾要在聚會時，把那犯了淫亂而不肯悔改者逐出教會，將他交給撒但。這不單單是領袖的事，也是全體會眾的事。
- **加拉太書一章6至9節：**保羅相信，每一個地方教會的會眾，都有責任持守正統福音信仰，因此他勸勉加拉太教會信徒，不單是領袖，不要離開福音真道，並且要拒絕那些傳另一種福音的人（參提後四3～5）。[21]

---

21 參 Dever, *Nine Marks of a Healthy Church*, 220～225。

狄馬可（Mark Dever）更認為，會眾不單應在治理和紀律的事上有所參與，也應在教會的教導工作上有監察的角色，就是當發現有錯誤或不當的教導時，就應反映出來，以便修正、改善。

有人問：會眾制是不是一個民主體制？狄氏回應說：從基督王權的角度看，它是一個君主體制；從信徒肢體關係和從主領受權力的角度看，它是民主體制。但從長老團領導的角度看，它是一個貴族體制（aristocracy）。[22]

狄氏的回應是頗為平衡的，而他所牧養的會眾制教會 Capitol Hill Baptist Church, Washington D. C.，就是實踐這種治理模式：教會信眾參與治理，也致力順服基督的王權，並委任長老團為領袖。[23] 這是平衡的會眾治理模式，但並非所有「會眾制」的教會都做得到。一般來說，許多所謂「會眾制」的教會（包括一些華人教會），往往沒有長老團隊，只有執事會或事工委員會，去輔助一位牧者的領導。有些會眾制教會，很強調會眾的參與和投票權，卻忘記了按基督王權治理；也忽略了對聖經真理和聖靈的引導，以致在會議中常有一些無謂的爭論。而當代信徒對權威的反叛，對領袖的缺乏信任，也會造成治理困難和混亂現象。

其實，會眾的參與和領袖的帶領是沒有矛盾的。聖經教導我們要順服領袖，使他們在事奉中有喜樂（來十三 17）。當然，教會整體也有責任選立好領袖，就是成熟、有見識、有恩賜和

22 參 Dever, *Nine Marks of a Healthy Church*, 226。

23 參 Dever, *Nine Marks of a Healthy Church*, 227 ～ 243。

好品格的人。但對領袖有信任和尊重，是信徒的本分。[24]

會眾制的優點是尊重每一間堂會的獨立自主權；看重信徒與會眾在聖工和教會治理的參與；以民主方式選立領袖；強調自由與平等，這些都是好的。但若不小心，會引致自我孤立、山頭主義、缺乏領袖、反權威（包括聖經權威）；這樣的教會容易迷失方向。

E. 不看重治理制度的治理方式

有些教會的治理方式，是不看重制度的，這並非說，這些教會羣體沒有治理，或是沒有治理原則，乃是說，它們並沒有跟從上述的制度，也不認為需要一些類似的治會制度，這是基於這些羣體獨特的教會觀。

十七世紀在英國興起的名為貴格會（Quakers）的極端教派，強調聖靈內在亮光的指引，拒絕以任何外在規條治理教會，因為聖靈在信徒心中的工作已經足夠，無須任何制度或條文。這些教會往往不與其他教會來往，而教會內部則由一位或多位長老（或監督）帶領聚會，間中也有一些聚集，與信徒交通，決定教會方向，但一切決定基於聖靈在各人心中的感動和共識，沒有投票，沒有紀錄，也沒有制度。貴格會重視聖靈的內心引導，這是好的，但其治會方式則不利於教會的事工發展和屬靈傳統的傳承，也容易落入主觀主義、自我隔離、受異端影響，和讓少數領袖獨攬大權的危險。[25]

---

24 參 Dever, *Nine Marks of a Healthy Church*, 227 ～ 248。

25 參 Erickson, *Christian Theology*, 1082 ～ 1083；J.D. Douglas, ed., *The New*

另一個不重視體制的教派，源於愛爾蘭的普里穆特弟兄會（Plymouth Brethren）。這一體系的教會出現，是信徒抗議十九世紀英國教會表面化的儀式、宗派主義，和了無生氣的教會事工。他們提倡廢除外在的組織結構及一切聖職頭銜，並以內在生命和聖靈引導為信徒追求的目標，以及教會治理的方式。其中一位廣為華人認識的領袖達爾比（J.N. Darby，1800～1882年），對二十世紀許多獨立的華人教會影響深遠，尤其是他主張的時代論主義（Dispensationalism）和教會觀。[26] 弟兄會在治會方面的正反評價，可參考上文對貴格會的評價，不過弟兄會教會，對接觸其他教會方面相對較為開放。

最後一個不重視體制的例子，是屬於宗教改革時較極端的重洗派教會（Anabaptist Churches），其中包括門諾會（the Mennonites）。這一體系教會的人反對宗教改革教會的嬰孩洗禮、牧師聖職和治會制度，提倡一個不分聖職與平信徒的弟兄教會（brotherhood Church），當中人人平等，在基督裏合一，在聖靈裏配搭，無須任何治會制度，去限制各人在聖靈中的自由。較特別的是，他們看教會是一個立約的羣體（a visible covenantal community），因此必須在愛中彼此分享，甚至凡物公用，像初期教會一樣，但這不是一種組織結構。此外，作為立約的羣體，他們認為信徒應該經常聚集、彼此建立、領受真道、互相勸戒。若有犯罪而不肯悔改的人，應勸勉他；若他一

第 6 章

International Dictionary of the Christian Church (Grand Rapids: Zondervan, 1974), 39。

26 參 Douglas, ed., *The New International Dictionary of the Christian Church*, 282～283, 303。

直不聽勸，要將他逐出羣體，直到他悔改，方能重新接納他，這是教會的禁制（the Ban）。最後，重洗派教會看重每位信徒良心的自由，容許每一位肢體按自己的良心，參與教會事工，了解自己的信仰。[27] 重洗派重視信徒的祭司職分、羣體中的愛與紀律，和聖靈裏的自由，這些皆值得肯定；但其輕忽領袖的設立、行事的次序和明文的規章，有違聖經的真理和歷代教會的經驗智慧，則不可取。

4 教會治理模式綜合建議

綜觀上述各種治理模式，筆者則建議華人教會採取結合長老制和會眾制的治理方式，一則可以有團隊領袖的帶領，二則可以有會眾的參與，將兩個體制的短處除掉，將其長處結合。以下各點，是這個結合模式一些較為重要的原則，供讀者參考：

1. 教會在基督的主權下，藉敬拜、培育、見證、忠心實踐上帝的天國使命，等候基督的再臨。
2. 信徒皆「祭司、先知、君王」，因此應接受教導、裝備、運用上帝所賜予的恩賜，積極參與教會的事奉與治理的職分。
3. 信眾應在信徒中選立長老團隊，作帶領、教導、治理的工作；其他領袖，如執事及事工負責人，也當由信眾選立。所有選立領袖皆當符合聖經的標準，並有任期，以避免濫權的流弊。

27 參 Robert Friedmann, *The Theology of Anabaptism: An Interpretation* (Scottdale: Herald Press, 1973), 115 ～ 133。

4.　除選立領袖外，信眾也有權利及責任：

- 參加每年的會友大會，及重要的臨時會議；
- 經常為教會代禱；
- 知道及通過教會的財政報告及預算；
- 作經常性的金錢奉獻；
- 投票支持（或不支持）教會聘任牧師傳道；
- 知道及參與教會之發展及事工方向；
- 投票支持（或不支持）教會重要事工（如：購堂、開設分堂等）；
- 了解及參與教會紀律，特別是「逐出教會」的事件。

5.　每個地方教會都是基督的身體，因此都應有自由和權柄，在真理和聖靈的引導下：

- 確定教會的信仰和神學立場；
- 擁有教堂的物業權；
- 參與或退出教會以外的宗派、機構或聯合事工，以推展天國事工，增進合一，並確定教會的獨立自主權。

6.　教會應有典章，列明教會的信仰、行政結構、事工方向、領袖選舉方式和任期，和其他信眾應知事宜。這典章應由全體信眾通過，並經常定期檢討，按需要作出修訂。

7.　領袖會議如長老會、執事會等，應有會議紀錄，以供參考及事工跟進，而重要決定應向信眾公佈，以保持教會合一，避免誤會，及有利聖工之推行。

8. 教會的紀律應建立在愛的團契和肢體彼此勸戒的基礎上，也應以重建及悔改挽回為目的。若必須把某個信徒逐出教會，應經領袖詳細考慮及禱告，並有信眾的認可及參與。
9. 教會治理的目標，是按上帝的本性，凡事規規矩矩按次序而行，藉以建立基督的身體，完成天國使命，榮耀上帝。

討論問題

1. 信徒既都是「先知、君王、祭司」，教會還需要選立牧者和領袖嗎？
2. 新約聖經論及領袖的身分，究竟是指「恩賜」抑或「職位」？聖經如何說？
3. 初期教會有哪些重要的領袖職位？其功能是甚麼？試簡述之。
4. 當教會的領袖，需要「蒙召」嗎？試從新舊約聖經歷史中，探討這「蒙召」的課題。
5. 在教會中，「帶職事奉」者有沒有「蒙召」？他們在教會外的工作，又是否「事奉」？試討論之。
6. 教會當如何「選立」和「委任」教會的領袖？從這角度看，「自由傳道」合乎聖經嗎？
7. 有了聖經和聖靈，教會還需要「治理制度」嗎？為甚麼？
8. 簡單描述教會治理的四個主要模式，並個別評論之。
9. 試簡述及評論筆者的「教會治理模式綜合建議」，你有其他建議嗎？請說明。

7

教會的敬拜

一　引言

敬拜上帝、培育聖徒、向世界作見證，是教會存在的三大目標。雖然重點不同，卻是互相配合，缺一不可。以下我們會集中探討教會的敬拜，因為敬拜在教會的職事中，有特殊的地位：它帶領信眾直接榮耀上帝，又預備他們將來永恆的事奉，因為在那新天新地中，當眾聖徒皆完全成聖，而領人歸主的見證也完成了，上帝的子民仍會繼續稱頌那坐在寶座上的父上帝，和被殺的羔羊基督。我們可以說，教會今天在地上的敬拜，是永恆天國榮耀的先嘗與前奏。

二 「敬拜」的定義

1 一個「聖經神學」的定義

當代福音派新約學者卡森（D.A. Carson），他根據聖經神學，為「敬拜」下了一個相當全面的定義。[1] 這定義包括下列的要點：

- 「敬拜」乃是一切有道德本性、有知覺力的個體（如：人和天使），對他們的創造主適當的回應，就是將一切祂應得的榮耀歸與祂，因為這是祂配得的，也是祂所喜悅的。
- 人類犯罪墮落後，人要「敬拜」上帝，須先回應上帝的救贖恩典，他的敬拜才能蒙上帝的悅納，因為惟有得蒙救贖者，方有資格進到上帝的面前。
- 真正的「敬拜」，是以上帝為中心的，也是出自人內心對上帝的愛。它並非以「自我滿足」、「自我實現」為至終目的，也並非單有外表的儀式。
- 新約的敬拜也是以三一上帝為中心的，因此耶穌基督和聖靈也是我們敬拜的對象，而在聖靈裏的生命與能力，也是我們敬拜的基礎。
- 真正的「敬拜」表達於教會的主日崇拜，和信徒每天（每時每刻）榮耀上帝的生活，二者互相配合，缺一不可。
- 「敬拜」是個人性的，也是羣體性的，二者不能互相取代。羣

---

1 參 D.A. Carson, ed., *Worship by the Book* (Grand Rapids: Zondervan, 2002), 26～58。

體的敬拜，是教會本質的表現，也是信徒作為基督身體的正常表達。

- 新約教會的「崇拜」不單實現和成全了過去舊約聖殿中的「敬拜」，更是展望未來那新天新地的榮耀敬拜。新約敬拜是「末世已開始」（eschatology in augurated）的落實。

卡森對「敬拜」的定義，有穩固的聖經基礎，是探討教會「敬拜」職事的理想起點。

2 聖經中的「敬拜」用詞

另一方面，我們也可以從聖經的用詞，去了解敬拜的本質。其中很明顯的是，我們發現，在舊約希臘文譯本（《七十士譯本》），和新約的希臘原文中，論及敬拜時，用了三個希臘文動詞去表達敬拜的本質，它們是：*Proskynein*、*Latreuein*、*Phoboun*。我們可以根據這些詞語在聖經中的用法，去探討敬拜的含義。

A. *Proskynein*：敬拜是「尊崇」上帝

(i) 舊約（《七十士譯本》）

這詞有「俯伏崇拜」的意思，是以色列民在聖殿中，稱頌尊崇至高至聖者的表達（詩五 7，九十九 5，一三八 2）。這詞也用於表達人對上帝的感恩，如：上帝的信實與帶領（創二十四 26～27、32）、上帝的自我啟示（出三十四 8）、上帝應許子民將得勝（士七 13～15）等。此外，俯伏敬拜也是以色列民願意順服上帝的律法的自然表現（尼八1～6）。在律法中，俯伏也是子民向上帝獻初熟之果時合宜的表達（申二十六4～10）。[2]

（ii）新約

新約繼承舊約俯伏尊崇的意思，也將這含義作進一步發展，其中包括：

- 人應尊崇敬拜獨一的真神，但不應敬拜任何其他人或事物，包括使徒和天使（徒十25～26；啟十九10，二十二8～9），因為那是拜偶像的行為，而拜偶像是極嚴重的罪（啟九20，十三4、8、12）。
- 敬拜獨一真神，包括敬拜耶穌，因為祂是永恆的聖子，三一上帝的其中一位（太十四33，十六16）；並且祂也是彌賽亞君王，藉死與復活被立為主為王（太二2，二十八16～20；可十二35～37；路二十四52；徒二32～36；腓二5～11）。
- 將對上帝的崇敬，與向上帝的求助結合，例如：瞎子對耶穌的信靠與敬拜（約九38）；麻瘋病人對主的懇求和俯伏（太八2）。這些事件顯出敬拜加強了懇求的迫切性，也顯明那幫助者是大有能力的上帝。換句話說，信心的禱求，也是一種敬拜的行動；
- 啟示錄中充滿了尊崇敬拜的詩歌，這些獻予獨一真神的讚美詩，一方面是稱頌上帝的榮耀「屬性」，即：智慧、能力、信

2 參 David G. Peterson, *Engaging with God: A Biblical Theology of Worship* (Downers Grove: IVP, 1992), 55～63。

實、公義、聖潔等；另一方面也是稱頌祂大能的「作為」，即：祂的創造、管治、救贖、審判、獎賞、得勝與榮耀（啟四 8 ～ 11，五 8 ～ 14，七 10 ～ 12，十一 15 ～ 18，十二 10 ～ 11，十六 5 ～ 7，十九 1 ～ 7）。這兩方面的讚頌，其實也是緊密相連的！[3]

B. *Latreuein*：敬拜是「事奉」上帝

(i) 舊約（《七十士譯本》）

這詞有「獻祭事奉」的意思，舊約主要有以下幾方面的用法：

- 祭司和利未人在會幕和聖殿中的供奉和服事（代下十一 14；出二十八 43；珥一 9、13；民八 22；結四十四 11，四十五 5），這屬於禮儀的事奉，是表達了上帝子民須藉祭司作為中保，獻上禮物給上帝，作為感恩、奉獻，和贖罪之用。所獻上之物部分供祭司享用（代下三十五 3）。其實作為萬有之主，上帝不會、也無須藉此得著供應（詩五十 9 ～ 13），但祂喜悅子民如此事奉。
- 耶和華上帝是大君王，以色列人出埃及，目的是要敬拜事奉祂（出三 12，十九 1 ～ 6），這是一個全面的事奉（申十 12 ～ 13、20，十一 13），是一種對上帝忠誠信靠的生活方式，而不是單單外表的禮儀。

3　參 Colin Brown, ed., *Dictionary of New Testament Theology,* vol.2 (Grand Rapids: Zondervan, 1986), 874 ～ 878。

- 事奉也包括對上帝律法的遵行，和對鄰舍的愛心表達（利十九18；出十九5）。「敬拜事奉上帝」與「愛人如己」是不可分割的，正如聖殿的崇拜與敬拜者的生活、工作和待人處事，都有密切的關係！[4]

(ii) 新約

- 新約確定舊約祭司在殿裏的敬拜事奉，是上帝為子民安排的（來九9，十2，十三10），但卻同時指出這些敬拜是暫時和不完全的。直到基督來到，在十架上獻上自己，作為完全的祭牲，人若信靠祂，他的良心方得完全潔淨，得著新生命，藉聖靈事奉永生上帝（來九11～14），並且被悅納在「錫安山」（即末世聖殿），與眾聖徒一起敬拜事奉（來十二22～27）。
- 保羅用 *Latreia* 一詞描述信徒應有的敬拜，是將全人獻上，作為活祭（羅十二1），以展示信徒的一切生活事奉（羅十二～十六章）都是一種敬拜，包括傳福音和代禱（羅一9～10）、為耶路撒冷教會收集奉獻（羅十五25～27）、愛心的肢體生活等（羅十二9～21）。這種全人的事奉，也是在聖靈裏的敬拜（腓三3；約四23～24）。這全人敬拜的觀念，並不否定信徒和教會的崇拜，而是將廣義與狹義的敬拜區分。其實二者並不矛盾，應該互相配合。
- *Latreuein* 一詞所帶出的敬拜觀，引申出真敬虔的本質是超

4 參 Peterson, *Engaging with God*, 64～70。

越宗教禮儀的。雅各認為，真正的敬虔是對軟弱無助者的關愛，和拒絕同流合污（雅一 26～27）。其實信徒應該提防的，正是表面和虛偽的敬虔（約十六 2；西二 18；徒二十六 5）。[5]

C. *Phoboun*：敬拜是「敬畏」上帝

(i) 舊約（《七十士譯本》）

a) 恐懼戰兢

當人面對上帝的自我啟示時，往往有一種恐懼，尤其是當這啟示同時帶來超自然的現象，或是有審判的意味時，這恐懼就會更大（出三 6，十九 16，二十 18～19；詩二 11～12；賽二 10、19、21）。

b) 敬畏尊重

表達上帝子民對上帝應有的忠誠與順服，對與他們立約的上帝守約，這是真正的敬虔，也是子民敬拜上帝應有的態度（出十八 21；詩二十五 14；瑪三 16；四 2）。

c) 生活有上帝

這包括遵守上帝的誡命（申五 29，六 2；傳十二 13）、聽從上帝的話（該一 12；撒上十二 14）、行祂的道（申八 6，十 12）、遠離惡事（箴三 7；伯一 1、8），以及事奉祂（申六 13，

5　參 Colin Brown, ed., *Dictionary of New Testament Theology,* vol.3 (Grand Rapids: Zondervan, 1986), 549～551。

十 20；書二十四 14）。[6]

(ii) 新約

由於基督已降生，並且完成了救贖，因此敬畏上帝就是敬畏基督、愛基督，其中包括：

- 在基督裏敬虔度日，不怕逼迫（提後三 12）；
- 堅信基督的福音真理（提前三 16，六 3）；
- 有敬虔的美德與行為（弗五 21；提前二 10，四 8，五 4，六 11；多一 1，二 12）；
- 人人都應懼怕上帝的審判（太十 28；來十 27、31；彼前一 17），但對信靠耶穌的人，主叫他們不要懼怕（路一 3、11，二 10，五 10；徒十八 9～10；啟一 17 等），因為他們有福音好消息，有上帝所賜的能力，又有上帝那超越懼怕的愛（加五 6；約壹四 18），而這在基督裏的愛是與屬上帝的人永不隔絕的（羅八 35～39）！[7]

小結：上述三個希臘文詞語，帶出了我們敬拜上帝應有的態度：俯伏崇拜、獻祭事奉，和敬畏尊重。這些態度應從心裏發出，表現於日常生活裏，並且表達於個人和集體的敬拜中。我們應該如此敬拜三一上帝：聖父，聖子、聖靈，一方面是由於祂榮耀的屬性，祂是配得的；另一方面，也是由於祂的作

---

6 參 Peterson, *Engaging with God*, 70～72。

7 參 Brown, ed., *Dictionary of New Testament Theology,* vol.2, 90～95。

為：創造、治理、救贖，我們要感謝稱頌祂。

上帝也是與我們立約的君王，我們當尊崇順服祂。從廣義的角度看，信徒每日的生活，都是一種敬拜和事奉，因為都是全人獻祭的一部分，也都是以榮耀上帝為至終目的（羅十二 1；林前十 31；彼前二 4～5）。然而，教會作為上帝的子民也應經常地聚集敬拜，活出她的身分，就是聖靈的殿、上帝的子民、基督的身體，並建立這天國的羣體，直到主的再來。個人生活的敬拜，和羣體聚集的敬拜，是相輔相成的！

新約教會在過去二千多年，在主日集體敬拜的傳統一直存在。這傳統源於初期教會，看主日為慶祝上帝創造的首日，和基督復活的日子，成全並超越了舊約律法中的安息日誡命。[8]

以下我們會從聖經啟示的救贖歷史（history of redemption），去了解教會敬拜的本質。

三　從救贖歷史看敬拜：「福音在進行中」（The Gospel in Motion）

「福音」從狹義的角度看，是藉宣講基督的死和復活，領人信靠祂、歸向祂，使人得救（林前十五 1～4；羅一 2～5、16，十 9）。其實從廣義的角度看，整本聖經六十六卷書所載的，都

8　參 James F. White, *Introduction to Christian Worship*, revised ed. (Nashville: Abingdon Press, 2000), 50 ～ 53；D.A. Carson, *From Sabbath to Lord's Day: A Biblical, Historical and Theological Investigation* (Eugene: Wipf & Stock Publishers, 2000), 221 ～ 250, 343 ～ 412。

是上帝所啟示的救贖故事、都是「福音好消息」！[9] 從創世記到啟示錄，這福音故事敘述了上帝給予人的好消息，其中涵蓋了上帝的創造、人的犯罪墮落，以及上帝主動揀選差遣賜福亞伯拉罕、以色列民，並藉眾先知宣告上帝的審判與應許，最後更藉基督的降生、天國福音的宣講和大能的作為、受死、復活與再來、更新天地成就救贖，使天國至終實現於大地。這聖經所載的福音故事，涵蓋了世界和人類的歷史，也帶來個人、羣體和宇宙的更新。這一切都是以耶穌基督為中心的，因此也可以稱為「基督的故事」（the Christ Story）。

教會的敬拜，就是要將這以基督為中心的福音故事，帶進教會的羣體中，使她再次經歷這福音的震撼與豐盛。這「福音的進行」（Gospel Motion）可分三個階段：

1「重述」基督福音故事（Gospel story retold）：昨日的回顧

敬拜是將聖經所載之基督事件（創造→墮落→基督降生、受死、復活→主再來及天地更新），藉音樂、宣講、聖禮等表達出來，顯出基督救贖的榮耀。這重述分三個水平進行：

A. 天上的重述

耶穌藉祂的死和復活，敗壞那掌死權的（來二 14），使上帝與人、與天地復和（羅五 10），然後升到天上，坐在父上帝

9 參 Chris Wright, "'According to the Scriptures': The Whole Gospel in Biblical Revelation," *Evangelical Review of Theology*, 33, issue 1 (Jan 2009): 4 ~ 18。

右邊掌權。啟示錄四至五章描述天上的敬拜，就是所有受造生靈，皆俯伏敬拜那坐寶座的羔羊，將一切榮耀歸與上帝（啟五6～9）！

B. 地上的重述

天上的敬拜成為地上教會敬拜的典範。當教會藉宣講、聖禮、詩歌、行動，去重述這獨特的基督事件時，就將福音再次藉聖靈的能力，在信眾生命中產生功效，再次經歷在基督裏的新生命。

C. 心中的重述

教會的敬拜，會帶來信眾心中的回應，就是藉聖子，在聖靈裏，稱頌上帝，並且樂意將自己全然獻上，成為活祭，在一切事上榮耀上帝，尊主為大。教會敬拜在信眾身上的果效，莫過於此！

2「展現」基督福音故事（Gospel story re-enacted）：今日的實現

教會作為敬拜的羣體，聚集在主前，本身已是上帝子民的表現，再加上在敬拜中宣告及展示基督事件，就更將這福音事件實現在會眾身上，這實現的方式包括：

- 信徒恩賜配搭，展現基督身體的多元和合一（林前十二章）；
- 上帝的話語和聖靈，展現基督救贖的能力和真實；

- 藉聚集、敬拜、聖禮，展現信眾生命得潔淨、更新和培育，然後被主基督差遣，進入世界作福音的見證，完成福音使命，帶來天國的實現。

3「前瞻」基督福音故事（Gospel story projected）：明日的盼望

教會聚集敬拜的時候，一方面慶祝基督藉十架與復活，向死亡與罪惡誇勝，另一方面也承認自己仍有軟弱，因此無可避免地會有張力，但在這張力當中，也有光明的盼望，因為福音事件的終局是那榮耀、永恆、完美的國度和羔羊的婚筵（太六10；啟十九6～9，二十一2）！[10]

4 結論與應用

A. 敬拜是「基督福音故事」的重述、展現、和前瞻

教會的敬拜，是「基督福音故事」的重述、展現、和前瞻。這進程讓崇拜中的信眾得以經歷體驗福音的過去、現在，與未來。描述了使徒約翰所見到的兩個敬拜異象，帶出了這福音故事的「過去、現在、未來」，與今日教會敬拜的關係。在啟示錄四章1至11節的異象中，上帝坐在天上榮耀的寶座，周圍有四活物和二十四位長老一同敬拜那「昔在、今在、以後永在」的全能創造主，他們同聲頌讚說：

---

10 參 Robert E. Webber, *Worship Old & New: A Biblical, Historical, and Practical Introduction* (Grand Rapids: Zondervan, 1994), 65～91。

> 我們的主，我們的上帝，你是配得榮耀、尊貴、權柄的；因為你創造了萬物，並且萬物是因你的旨意被創造而有的。（11 節）

第五章的敬拜異象，焦點轉移到那用寶血救贖人類的聖子耶穌身上，約翰說：

> 我又看見且聽見，寶座與活物並長老的周圍有許多天使的聲音；他們的數目有千千萬萬，大聲說：曾被殺的羔羊是配得權柄、豐富、智慧、能力、尊貴、榮耀、頌讚的。我又聽見在天上、地上、地底下、滄海裏，和天地間一切所有被造之物，都說：但願頌讚、尊貴、榮耀、權勢都歸給坐寶座的和羔羊，直到永永遠遠！四活物就說：「阿們！」眾長老也俯伏敬拜。（11～14 節）

新約教會信眾該知道，我們今日在地上的崇拜，就是參與這在天上榮耀的敬拜。這會幫助我們面對今天地上的一切苦難。

B. 教會敬拜的媒介

福音故事可以藉「宣講敍述」去展示，如：宣讀信經、頌唱聖詩、宣講聖經信息、頌讀禱文等，但也可以藉「聖禮及行動」去體驗，如：洗禮、聖餐、奉獻、差遣、愛心行動等。這兩種方式可互相配合，帶出全面豐富的敬拜。

C. 教會敬拜三要素

在敬拜中要體驗上帝福音的能力與豐盛，必須重視三個要素：

- 上帝主動的呼召，和人信心的回應；
- 每一位出席的信徒都應參與，不應只作壁上觀；
- 重新建立信眾的歷史感，就是上帝在歷史中的作為。在這方面，歷代教會的「基督教年曆」(the Christian Year) 會很有幫助(本章下文會有說明)。

環顧今日的華人教會，以敬拜作為「基督福音故事進程」的精神、體現和意識都相當薄弱，必須加強。此外，教會要了解今天、面對明天，就必須先對「教會敬拜」在歷史中的發展有基本的了解和評估。這就是我們以下所要探討的。

四　歷代教會敬拜：神學與實踐

華人教會過去在「教會敬拜歷史」方面的研究不多，但西方教會在過去五十多年有頗多著作，具參考價值的也不少。[11]

11 如：Webber, *Worship Old & New*；James F. White, *Protestant Worship: Traditions in Transition* (Louisville: Westminster John Knox Press, 1989)；Robert E. Webber, ed., *The Complete Library of Christian Worship, vol.2: Twenty Centuries of Christian Worship* (Nashville: Star Song Publishing Group, 1994)；J.G. Davies, *The New Westminster Dictionary of Liturgy and Worship*, revised ed. (Louisville: Westminster John Knox Press, 1986)；G. Wainwright and K.B.W. Tucker, eds., *The Oxford*

以下，我們會就「歷代教會敬拜」的發展，作一簡單的敍述和評論。

1 初期教會

首先，根據新約的記載，耶穌基督看自己為彌賽亞，是那實現舊約聖殿敬拜、神人關係的中保，而祂自己就是上帝的殿（太十二 6；約二 19）。基督在與猶太宗教領袖的辯論中，聲稱自己有權柄重新詮釋猶太人的傳統敬拜，如：安息日的律例（可二 27～28）、潔淨禮儀的規則（可七 1～23）、禁食與禱告的實踐（太六 5～8、16～18）等，祂也以此教導祂的門徒，而初期教會的使徒們也緊隨耶穌這方面的教導。

其次，教會敬拜的事奉，正如其他方面的事奉，是根源於主基督的救贖工作：祂的降生、地上的天國事工、受死、復活、升天、再來。這基督事件（Christ event），是信徒得生命、獻身敬拜事奉的基礎（羅十二 1～2；林前十二 1～3）；祂的道成肉身，也是會眾認信和敬拜的主題（約一 1～18；路一 46～55、68～79；提前三 16）；祂的受死與復活，是教會敬拜和宣講的內容（啟五 6～14；林前一～二章，十五 1～4），是信徒藉洗禮與主聯合的根基（羅六 1～11），是會眾藉聖餐同享合一團契，與上帝、與人相連的生命依據（林前十 16～17，十一 23～26）。

至於崇拜的方式和實踐程序，新約聖經並沒有太多的啟

History of Christian Worship (New York: Oxford University Press. 2006) 等。

示。新約中的書卷，如使徒行傳和書信中，有不少敬拜的記載和材料，如：詩歌、認信宣告、讚頌詞、祝福、講道內容與指示等，但對崇拜聚會的程序、結構等，並沒有全面的指示，但可以肯定的是：在新約聖經，特別是在保羅書信中，已開始重視教會的領導和治理，並崇拜的秩序和次序，為以後教會的敬拜、領導和治理，打下了美好的根基（林前十～十四章；提前二～三章等）。

公元二世紀，初期教父（如游斯丁、愛任紐等）開始給予主日崇拜一個簡單的兩重結構，就是：

- 宣讀並傳講上帝的話；
- 領受主餐。洗禮也是崇拜重要環節，但並非每次崇拜皆有洗禮；而隨著洗禮而來的，是慕道初信者須參加學道班（catechumate），一個洗禮前的信仰道德學習課程。[12] 這其後在中世紀和宗教改革時期，演變為較詳細的要理問答（Catechism）的學習，成為正統教會傳統的一部分。[13]

初期教會（2～3 世紀）除了確立聖道和聖禮是崇拜的主要兩部分以外，還有以下特色：

---

12 參 Robert E. Webber, ed., *The Complete Library of Christian Worship, vol.7: The Ministries of Christian Worship* (Nashville: Star Song Publishing Group, 1994), 393～412。

13 參 Davies, *The New Westminster Dictionary of Liturgy and Worship*, 149～151。

- 以「基督福音故事」為基督教敬拜的主要內容，透過講道、聖禮、聖詩、祈禱等表達；
- 以敬拜為信眾對上帝恩典呼召的回應，而非人自己想像出來，得上帝喜悅的功德；
- 逐漸加上詩歌、頌讚、禱告、祝福，使崇拜更豐富多彩。

由於羅馬君主君士坦丁（Constantine）信奉了基督教，四至五世紀大公教會的敬拜有很大的改變和發展。教會除了有更大的自由去敬拜、傳福音，和建立聖堂外，教會的敬拜形式也有新的發展。以君士坦丁堡（Constantinople）為中心的東方教會，受希臘文化和啟示錄的影響，在敬拜形式上充滿了禮儀、美術象徵與圖像，以反映屬天榮耀與神祕，使參加者深深感到上帝的美麗、超越、奧祕，幫助人俯伏敬拜。另一方面，以羅馬為中心的西方教會，在敬拜上受到羅馬文化中的實用主義影響，無論在建築上和禮儀上，都盡量以簡單實用為主，除了舉起餅和杯、敲鐘、燈光外，就再沒有其他儀節，這反映上帝簡單而莊嚴的屬性，祂的同在使人安靜敬拜。

2 中世紀教會

五世紀以後，教會的崇拜循兩個稍為不同的方向發展：主流正規的教會，強調敬拜的神祕性，而修道院的羣體，則重視敬拜的靈修性。

A. 敬拜是一個奧祕

中世紀教會的聖職人員相信教會的敬拜禮儀，是神性而奧妙的行動，為要幫助信徒成聖，脫離世俗的污穢和罪惡。這神祕的禮儀，與主禮者和聖職人員的神聖身分，以及聖俗二分的世界觀，是不可分割的。以「敬拜禮儀為奧祕」的方向，把信徒與牧者分開，也使一般人對教會、禮儀、與上帝，有神祕莫測的感覺，對屬靈事物也有不可摸、不可知的印象，其實這是不健康的。這種取向有可能是受到希臘神祕宗教的影響，也可能與中世紀教會敬拜只使用拉丁文聖經有關。當然，羅馬天主教會的聖品階級制度和「聖餐變質說」的教義，皆助長這種不大健康的「神祕主義」。

羅馬教會的崇拜通稱為彌撒（the Mass），往往成為上帝顯現的一個禮儀，一個基督被獻上的戲劇性重演，而多於聖徒一起聚集，一起敬拜的行動，因為信眾都成了觀眾——看牧者藉禮儀去表達一個（為活人和死人）獻上的祭，再加上聽不懂的拉丁文，和不完整的聖餐禮（往往為避免基督的血滴出來，酒只由神甫一個人喝）。這敬拜中的聖道與聖禮，都失去了原來上帝賜予教會信眾的正常功能，實在非常可惜！

B. 敬拜是一種靈修

中世紀的修道院運動，乃是向外表化和世俗化教會的一種抗議。羅馬天主教無論在她的階級制度、政治權力鬥爭，以及向信徒斂財和愚民政策，皆使她失去那些有心事奉者應有的信任。對這些獻身事奉者而言，離開這世俗化的教會，進修道院事奉上帝，是當時惟一的出路。

修道院中的修士重新藉聖餐敬拜上帝，操練敬虔與聖潔，得著屬靈的餵養，這就建立了藉敬拜達到成長的靈修傳統。除聖餐外，讀經、禱告、默想，也是敬虔的操練；特別是禱告，在中世紀修道院的發展中，更成為最重要的敬虔操練和生活方式：每天有定時的禱告，有多種不同的禱文，去面對不同的處境和需要。

這靈修性的敬拜傳統，影響了過去數百年福音派信徒的屬靈觀，華人教會信徒也深受影響。與此相關的，是對聖職體制和崇拜禮儀產生了負面印象，看這些皆為「不屬靈」的。

C. 小結

從初期教會藉聖道和聖禮去宣講基督的救贖歷史故事，藉此敬拜三一上帝，發展到中世紀時期，變成重視禮儀（因受異教節日影響），和神祕化的崇拜（因受神祕宗教影響），教會的敬拜漸失去原有的意義，成了上帝顯現、基督身體臨在再次被獻的禮儀，間接帶來修道院運動，和傾向避世的屬靈傳統。這歷史的發展教導我們，一方面要小心世俗文化和異教對教會的負面影響；而另一方面，也要建立整全和合乎聖經的屬靈觀和敬拜傳統，使教會有正面健康的成長，不致走向另一極端。若能如此，教會才能在每一個時代，承接正統信仰的敬拜傳統，並且不斷有進步。

3 宗教改革教會

十六世紀宗教改革領袖如：馬丁路德、加爾文、慈運理（Ulrich Zwingli）等，努力清除當時羅馬教會中，一些不必要、違背聖經真理的教義和敬拜方式，帶領信眾返回初期教會的純潔。改革領袖們一方面在崇拜細節上各有分歧，但在一些大前提上，卻有共同的信念，[14] 以下稍作說明。

A. 一些共同信念

（i）反對天主教的聖餐觀

宗教改革家一致堅拒天主教彌撒所表達的聖餐觀，因為羅馬教會看彌撒為重演基督被釘十架的禮儀，是平息上帝公義忿怒的獻祭。這不單有違「基督一次獻上成為完全的贖罪祭」的教導（來九 11～14、23～28），也失去了聖餐原有的意義，就是為基督的救贖作「感恩的稱頌」（eucharist 一詞的意思）。羅馬教會的彌撒也引進了其他的錯謬，如藉參加彌撒可得治病，而煉獄中的靈魂也可藉之而早日得釋放等。此外，彌撒作為聖禮，也失卻了聖餐原有「聖徒相通」的含義，因為羅馬教會認為，信徒不必親身出席敬拜禮儀，乃可藉神甫代表他們在彌撒中的獻上，而得蒙救恩之福。這些觀念皆扭曲了聖經所啟示的聖餐和救恩真理。

宗教改革也拒絕接受羅馬教會所提倡的變質說

---

14 參 White, *Protestant Worship*, 36～116；Webber, *Worship Old & New*, 109～114；Webber, ed., *The Complete Library of Christian Worship, vol.2: Twenty Centuries of Christian Worship*, 75～79。

（transubstantiation）的聖餐觀，就是彌撒的禮儀自動使餅和酒變成基督的身體和血，自動帶來基督肉身的同在。對改教家來說，這些都是缺乏聖經根據的錯誤傳統，誤導了不知多少教會的信眾。

(ii) 堅持以「上帝的道」為敬拜的中心

改教家也一致堅持以「上帝的道」為教會敬拜的中心。中世紀天主教會強調聖禮的重要，以七個聖禮，特別是聖餐禮，為教會敬拜的核心，卻忽略了上帝話語的宣講和教導，這使上帝的道在羅馬教會中逐漸式微。馬丁路德以上帝的道為首要，他看聖禮也是上帝話語有形體的表達。慈運理更堅持教會的敬拜應把上帝的道置於首位；任何會分散信徒對上帝的道專注的元素，如音樂、電風琴、聖袍、圖像等，都當除掉。更重要的是，改教家們都堅持崇拜中誦讀宣講上帝的話，應使用本國本土語言，使會眾可以明白參與。還有，除了慈運理外，所有改教者都同意，教會的崇拜應兼備聖言與聖禮。至於聖餐方面，改教家大都認為教會應經常守聖餐；然而，由於慈運理重聖言而輕聖禮，因此主張每季只守一次聖餐；他的看法影響了不少教會，如：英國清教徒、浸信會、長老會、公理宗、獨立教會等。直到今日，這些宗派教會仍大多實踐每月一次聖餐。第二代改教神學家加爾文曾提出，教會應每週守聖餐，但這建議，除了少數教會如聖公會以外，一般更正教教會都沒有落實執行。

B. 一些分歧

在敬拜的事奉上，宗教改革時代的不同教會，也有不同的實踐形式和重點，帶出近現代歐美和世界各地更正教會的多元傳統。

首先，信義宗（Lutheran）和聖公會（Anglican）在敬拜的事奉上，較接近天主教的傳統。雖然在神學上的理念已有改變，但在崇拜形式上，信義宗仍保留中世紀彌撒/聖餐和傳統禮儀。

自十六世紀起，聖公會的崇拜便有《公禱書》（*The Book of Common Prayer*）為清楚指引；書中「序言」論及禮儀時也清楚表示，聖公會教會保留古代傳統的禮儀，而一些違反真理的、被誤用的，或對信徒有害的部分，則被刪除。[15]

其次，慈運理和重洗派教會，在敬拜的事情上，則與天主教會劃清界線。這些教會廢棄一切外表禮儀、禮拜傳統及規則程序，強調單靠信心及聖靈的工作，毋須外表禮儀和物質的幫助，也不必進行公開性的崇拜，認為敬拜只是信徒一起聚集、禱告、讀經、互勉、同領主餐的團契活動，與教外的人無關。這些教會當然也不會承認國家設立的教會是真正的教會。

至於跟隨加爾文神學的改革宗教會（the Reformed Churches），在崇拜的事奉上走一條中間的路線。加爾文在法國斯特拉斯堡（Strasbourg）牧會時，受法國改教家布塞爾（Martin Bucer）的影響，將傳統的崇拜程序簡化，除掉部分禮儀及誦讀禱文，改以感恩禱告、詩篇及聖詩等代替，並且增加崇拜中的

---

15 參 *The Book of Common Prayer* (Pacific Publishing Studio, 2010), ix ～ x。

講道時間(達一小時)。因此,崇拜變得較理性化。另一方面,加爾文也參照初期教會的崇拜儀節去設計敬拜程序,並且採納初期教會的崇拜結構,包括藉聖道(Word)和聖禮(Sacrament),宣告基督的十架、復活與再來。這些特徵都深深影響日後改革宗教會的敬拜,使其有別於慈運理和重洗派的敬拜。後者單單注重聖道,而輕忽聖禮的施行。很明顯,今日的福音派教會,包括各地的華人教會,都深受慈運理和重洗派的崇拜傳統影響。

當代美國長老會牧師凱勒(Timothy Keller),則極力推動改革宗崇拜(Reformed Worship),並指出它三個美好的特徵:

1. 有精簡的表達:這包括形式和語言上的表達,有別於自由教會的隨便和靈恩教會的感情化。
2. 有超越的目標:就是要將人帶到至高上帝的面前,與上帝相遇,並且得聽上帝的話,得著啟迪、感動、震撼。
3. 以崇拜為「福音歷史的重述」:藉著聖道與聖禮去敍述這歷史,並讓會眾在崇拜中有機會作出回應。

凱勒將這古典改革宗傳統,實踐在今日美國城市的處境中,結合了聖經講解、教會傳統及當代文化等要素,為改革宗的崇拜傳統作了適切的應用。此外,他也寫了一些崇拜程序示範,給我們參考。[16]

凱勒的例子說明了一個事實:無論是改革宗、信義宗,

16 參 Carson, ed., *Worship by the Book*, 193 ～ 249。

抑或其他宗教改革傳統的崇拜程序，在過去五百多年的變化不大，因此今天的教會，倘若要實踐宗教改革時期的崇拜原理和方式，只要把原本的稍作調整，其實一點也不困難。事實上，改革宗和信義宗這兩個傳統的敬拜，有很多方面仍然值得華人教會參考。

4 自由教會

宗教改革以後，近代「自由教會」(Free Churches)的興起，始於十七世紀一些英國信徒不願隨從聖公會的禮儀和教義，因此另立教會，包括循道會、浸信會、公理會、長老會等。在歐洲大陸，「自由教會」也是一些不贊成由政府設立及管理的教會，而另設獨立教會。而北美的「自由教會」，除了來自英國及歐洲移民，也包括來自亞洲、非洲、南美洲等不同種裔的獨立教會。

自由教會的信仰特色是注重個人重生得救的經歷，強調內在屬靈的生命，輕看外在的禮儀和形象，也不注重教會治理的方式與權柄，部分甚至因為信徒皆祭司的信念，不贊成按立聖職人員。聖禮方面，他們強調洗禮是人信心和委身的行動，多於是上帝主權的恩典。聖餐也是一樣，強調的是信徒「記念主」的聚會，多於是上帝施恩的途徑。敬拜方面，也是看重參加者心靈的敬拜，至於禮儀、聖袍、節期等，大都被視為是外表的宗教形式，是可有可無的！

其實，近現代自由教會的敬拜神學與實踐，深受以下崇拜運動所影響：

A. 反禮儀運動

近代反對教會禮儀的運動，源於十七世紀的英國清教徒（puritans）。他們以心靈的敬拜，去取代聖公會的《公禱書》，以內在的敬拜為屬靈生命的特徵，並看《公禱書》為無益，甚至有害！英國浸信會先驅史密夫（John Smyth）認為，真崇拜應從內心發出，因此要藉一本書誦讀禱文、發預言或唱聖詩，都是不屬靈的。公理宗信徒認為禱告應出自內心，藉聖靈感動，不應寫在書上照讀，否則就不真誠、不屬靈。貴格派教會反對按立牧師，也不贊成施行聖禮，主張信徒各人安靜等候聖靈，在基督的同在中等候上帝。他們相信，敬拜是靈裏的，不需要外表的禮儀和聖禮。[17]

今日各地很多的華人教會，明顯地都受了這種「反禮儀運動」的影響！

B. 教學式敬拜

自由教會敬拜的一個特色，是強調要明白上帝的話，看重崇拜中的講道。這特色源於十七至十八世紀清教徒的教學式敬拜，其後也影響了長老宗、公理宗和獨立教會的崇拜。在這些教會的主日崇拜中，上帝的話是首要的，形式包括讀經、釋經、問答、講道等，而講道時間甚至有長達兩至三小時的。這些長篇釋經講道，在當時的長老會教會中，尤為多見。此外，在教會崇拜中，禮儀是沒有地位的，而其他程序如音樂、聖

17 參 Webber, *Worship Old & New*, 114 ～ 115；Webber, ed., *The Complete Library of Christian Worship, vol.2: Twenty Centuries of Christian Worship*, 80 ～ 87。

餐，也只是陪襯而已。崇拜聚會基本上是一個聽道的聚會，偏重理性的交流！

C. 佈道式敬拜

自由教會中的佈道式敬拜，強調個人的屬靈經歷，包括個人歸主及內在生命復興的經歷，以下的「運動」是較為突出的例子：

(i) 敬虔運動 (Pietism)

十七世紀歐洲的敬虔運動，是教會內部的更新運動。它針對當時的正統教會，只重視教義和外表的宗教活動，卻缺乏聖靈的工作與活潑的屬靈生命。在敬拜方面，敬虔運動領袖強調自由形式的敬拜，廢棄一些刻板和規律不變的程序。他們認為，自由形式敬拜是為了真信徒，也會引領人歸主和生命的更新；相反，刻板規律的程序只會製造掛名的會友，也會攔阻人生命有改變更新。敬虔運動鼓勵教會藉活潑自由的敬拜，幫助個別信徒經歷上帝，放棄刻板規律的崇拜，因為那是毫無益處的。

(ii) 莫拉維運動 (Moravianism)

十八世紀奧地利貴族親岑多夫(Zinzendorf)，收容莫拉維的基督徒難民，建立信徒羣體，一起過敬虔生活，並且推動普世宣教事工。這運動提倡自由敬拜，藉禱告與詩歌經歷上帝的愛，特別著重基督十架的苦難，帶來信徒個人內心屬靈的敬拜、成長與獻身事主。莫拉維運動影響歐洲和英國的自由教會，特別在宣教事工、敬拜和詩歌方面。英國著名傳道人約翰衛斯理兄弟的歸主和宣教事奉，也深受這運動的影響。

(iii) 復興運動 (Revivalism)

十八、十九世紀的復興運動為歐美社會帶來一浪接一浪的歸主運動，也影響了各地的社會風氣，然而，由於強調個人歸主和靈裏經歷，教會的敬拜愈發趨向主觀和實用主義。英國的衛斯理兄弟帶來福音聖詩和戶外羣眾佈道的運動，使教堂內的敬拜，延伸至教堂以外，形式更趨向自由。十九世紀美國佈道奮興家芬尼（Charles Finney），進一步將佈道式的敬拜帶進教會中，強調吸引未信者聆聽和決志接受福音，進一步使自由教會的敬拜，變得更自由、更實用，與傳統的「教會禮儀」和「救恩歷史進程」，有更遠的距離！

小結：十六世紀的宗教改革領袖，曾努力重建初期教父的敬拜，並從古典禮儀中重新發揚敬拜的神學傳統。十八、十九世紀的自由教會敬拜卻愈來愈走向主觀和實用的方向。一般華人教會，一方面受到宗教改革傳統「重視上帝的話」這積極正面的影響；但在另一方面，也受自由教會運動的影響，逐漸與崇拜禮儀、客觀救恩歷史，和初期教會敬拜傳統脱節。這對教會羣體的建立，和全面的敬拜，都帶來一些負面的影響。華人教會的崇拜神學和實踐，至今仍有待改善。

5 二十世紀教會崇拜的更新

二十世紀是一個多變社會、多元文化和多元神學的時代，西方基督教會在二十世紀上半葉經歷了兩次大戰的苦難和動盪後，休養生息，在下半葉有更新的現象，特別是在教會敬拜的神學和實踐上，有以下較明顯的進展：

A. 天主教崇拜禮儀的改革

自十六世紀「天特會議」(Council of Trent，1546～1563年)一直到二十世紀中葉，歷四個世紀之久，天主教教會中的崇拜禮儀基本上也沒有改變，都是固守以聖職人員為主、神祕的聖禮主義、外表的崇拜儀式。[18] 其中的問題，是崇拜的領導幾乎沒有平信徒的參與，而在崇拜的神學與實踐上，也與賜生命的聖靈和福音真道脫了節。

一九六三年，天主教會在第二次梵諦崗大公會議後，出版了《聖禮儀的典章》(Constitution on the Sacred Liturgy；以下簡稱《典章》)，啟動了天主教教會的崇拜改革。首先，《典章》重申教會敬拜的意義：敬拜是教會最重要的核心事工，因為它可以藉禮儀的慶典，使基督的救贖工作，實現在教會的羣體中。其次，《典章》也清楚列明，崇拜應蘊涵的神學原理，其中包括：

- 崇拜是上主賜予教會信眾的恩典，因為人得以敬拜上帝，全賴上帝差遣愛子降生，帶給人救恩與復和；人必須先藉信心

18 參湯清編譯：《歷代基督教信條》，頁274～293。

歸主，才能向上帝敬拜。

- 新約教會在五旬節得以成立，是上帝藉聖靈的呼召。新約教會的敬拜，是慶祝基督的受死與復活，而信徒的成長更是藉受洗歸主、領受聖道與聖禮、宣講基督的福音。
- 一切教會的禮儀敬拜，包括洗禮、宣講、聖餐，皆是主基督的工作，因此信徒的行動，只是以信心回應上帝的恩典。
- 教會的敬拜，是參與那天上眾天使、天使長、和眾天軍的敬拜（啟四～五章）。
- 敬拜是教會一切能力之源，也是教會一切事工的至終目標。

以上的神學原理，[19] 確立了崇拜的福音本質；就是慶祝基督的降臨、十架、復活，勝過死亡與邪惡的救贖工作。

這崇拜神學的轉變，帶給天主教教會實踐上的一些改變和更新，如：崇拜新儀文、講道與音樂更新、崇拜的語言、平信徒的參與，以及與當代文化結合等；因著這些改革，天主教教會的敬拜變得更能反映福音，更適切信眾，更自發自然。

B. 基督教主流宗派的崇拜更新

基督教主流宗派，如聖公會、信義會、長老會、循道衛理聯合教會等，於上世紀七十年代以後，紛紛更新他們的敬拜禮儀，並出版新的詩集，提高教會的敬拜意識，使信眾的敬拜更豐富多采，並努力使之與信徒的生活和事奉適切地相連。

19 參 W.M. Abbots ed., *The Documents of Vatican II* (Guild Press, 1966), 133 ～ 177。

著名基督教崇拜學者韋特（James White）於一九九〇年，倡議眾基督教教會一同簽署《更正教崇拜宣言》（A Protestant Worship Manifesto），並進行十二項教會崇拜改革，其中包括：藉敬拜關注社會公義；將敬拜建基於羔羊的救贖；以聖經為中心、重建教會年曆；推行教會合一、堂會間彼此交流學習；關注洗禮前的真理學習；重視經常領受聖餐；重建教會的聖禮、和好及治療事工；推動信徒參與事奉，特別在音樂方面；注重教堂崇拜空間的擴充、設計、提升；在神學院中教導如何帶領崇拜；藉禮儀更新、引導整體信眾的生命與生活更新等。這宣言對近年改善和更新教會的崇拜事工，有一定的推動作用。[20]

C. 靈恩運動與讚美敬拜

(i) 靈恩運動（the Charismatic Movement）

上世紀六十至七十年代於美國出現的靈恩運動（聖靈運動的「第二波」），始於一個禱告運動，和聖靈裏的敬拜。這運動影響了許多宗派教會，並逐漸超越傳統宗派教會的範圍，發展成立了眾多的獨立教會，並且從美洲伸展到南美洲、亞洲、非洲及世界各地，成為二十世紀最快速增長的教會羣體。

從一個較廣闊的角度，這運動也包括自一九〇〇年開始的五旬節運動（pentecostalism；簡稱「第一波」），和上世紀八十年代始於美國南加州的葡萄園教會（vineyard churches；簡稱「第三波」），是過去一百多年的聖靈運動的重要環節。

---

20 參 White, *Introduction to Christian Worship*；Webber, *Worship Old & New*, 124 ～ 127。

靈恩教會領袖強調，教會應落實信徒皆祭司的真理，讓每個信徒都可以參與禱告代求、敬拜讚美和教會事奉；還要讓更多信徒明白，敬拜應身心靈全人投入，經歷基督的同在和上帝的大能。在敬拜的特徵方面，靈恩教會重視讚美，使用現代樂器和領唱團隊，他們也會以舞蹈和短劇配合，並且在崇拜中也常運用醫治和先知的恩賜，去服事會眾。這些靈恩教會的特色，就是幫助信徒以信心經歷上帝的大能，因此也逐漸影響了不少傳統的福音派教會信徒。

(ii) 讚美敬拜運動 (Praise and Worship Movement)

這個運動始於六十年代的美國，在過去五十多年影響遍全球。它的出現，標誌著現代信徒對傳統教會中死氣沉沉的崇拜愈來愈不滿，並期望找到新的出路，就是渴望一種在聖靈裏與上帝深交，突破外表形式，全人投入，充滿讚美的敬拜！當然，詩歌在這種敬拜中是非常重要的，特別是一些表達與主相交、頌讚主名、喜樂歡呼的詩歌。在這種崇拜聚會的開始，往往有一段頗長的「詩歌時間」，先是讚美，然後是敬拜，最後是進到上帝面前，單單瞻仰上帝的榮美；唱詩後會有講道，然後有代禱和服事的時間。

讚美敬拜的崇拜形式，與靈恩運動的敬拜，十分配合，但它也可以配合非靈恩的福音派教會的敬拜，因此在過去三十多年，也廣受一般福音派教會歡迎。當然，也有些福音派教會，會由於「讚美敬拜」的形式太接近「靈恩派」，因而拒絕採用它。[21]

21 參 Webber, ed., *The Complete Library of Christian Worship, vol.2: Twenty Centuries*

D.「新興教會」的敬拜

在過去二、三十年，在美國出現了所謂「新興教會」（the emerging church）。根據新約學者卡森的分析，這種新興教會，其實是對傳統教會的抗議，其中包括：

- 抗議傳統教會的權威領導，認為這種領導其實是一種偶像崇拜。
- 抗議傳統教會的自我隔離，認為她遠離了現實社會，而不了解教外人的需要。
- 抗議傳統教會追求成為「超大型堂會」（megachurch），以為「大」就是「好」，因此漸漸失去了她存在的真正目的。這些抗議也具體地反映在新興教會的敬拜事工中。[22]

根據新興教會牧者金博爾（Dan Kimball）的分享，[23] 他們教會的敬拜，一般都有以下的特色：

- 敬拜是信徒的生活方式，不單單是每週的一個聚會。
- 敬拜必須適切會眾文化：帶領者應了解現代人如何溝通，如何學習和表達對上帝的愛。

---

of Christian Worship, 131 ～ 134。

22 參 D.A. Carson, *Becoming Conversant with the Emerging Church: Understanding a Movement and Its Implication* (Grand Rapids: Zondervan, 2005), 11 ～ 44。

23 參 Dan Kimball, "Emerging Worship," in *Perspectives on Christian Worship: Five Views*, ed. J. Matthew Pinson (Nashvilla: B&H Publishing Group, 2009), 288 ～ 333。

- 按現代人以多元的感觀去設計崇拜：傳統教會要求人只用耳聽和用理性去接受，新興崇拜則包括用眼看、用手摸，並用心去感受和富創作的成分。
- 每次崇拜的安排都沒有固定的程序，乃是按當下會眾的需要、他們即時的建議，甚至是因應他們在聚會中的反應而定。
- 在新興崇拜中，也有傳統崇拜的元素，如：詩歌、禱告、講道、報告、讀經等，但焦點卻不在於領導者單向的表達，而在於對話、鼓勵會眾的參與，和考慮如何服事他們，滿足他們牧養上的需要。
- 崇拜會場多用藝術創作，如：繪畫、雕刻、十字架等，又或者用實物，如：桌子和椅子，以營造家的氣氛，又如：用沙石鋪滿地板，讓會眾有「曠野的感受」等。

以上簡單的描述，反映了新興教會對傳統的不滿，和追求真實信仰體驗的熱誠。他們的抗議，確是對傳統福音派教會的提醒和挑戰。他們的創意也是值得欣賞的。然而，至終來說，按卡森教授的分析，新興教會一直是徘徊在一個問題上，就是：「要真理還是要經驗？」卡森在回應這個問題時，則從新約啟示看經驗與真理兩方面，確定兩者都是上帝所賜予信徒的祝福，都是建立教會不可或缺的元素。因此，他認為我們沒有必要從兩者取其一！[24] 筆者同意卡森所言，在新興教會迎向未來時，他們必須全面建立並加強其信徒的真理根基，否則他們的

---

24 參 Carson, *Becoming Conversant with the Emerging Church*, 218～234。

生命與信仰皆會趨向薄弱，最終不單教會自己得不到建立，更會失去她對傳統教會應有的貢獻和挑戰，這將會是十分可惜的事。

E. 結合式的敬拜

在過去二、三十年間，北美一些教會嘗試結合不同的敬拜傳統，為基督教崇拜謀求出路，其中的表表者就是崇拜學者韋伯（Robert E. Webber）。[25] 他向同道主張取各家之長，去建立一個有歷史傳統、又適切現代人的崇拜形式和內容。他的建議得到不少福音派牧者的支持，包括紐約救贖者長老教會（Redeemer Presbyterian Church）的凱勒，和華盛頓國會山莊浸信會（Capitol Hill Baptist Church）的狄馬可（Mark Dever）等，他們紛紛實踐結合式的崇拜（blended worship），將下列三種敬拜傳統融合，取長捨短，設計有創意的崇拜：

(i) 禮儀及聖禮傳統（Liturgical-Sacramental）

歷史中一些主流教會如聖公會的禮儀，若運用得宜，將能提高會眾的參與度，並加強崇拜的歷史和真理內涵。而聖禮的施行，也可與聖道配合，突顯基督救恩之豐盛，使信眾得享靈筵。此外，這種傳統的教會，具濃厚的歷史和正統神學背景，

---

25 參 Robert E. Webber, *Planned Blended Worship: The Creative Mixture of Old and New* (Nashville: Abingdon Press, 1998)；Webber, *Worship Old & New*, 131 ～ 133；Webber, ed., *The Complete Library of Christian Worship, vol.2: Twenty Centuries of Christian Worship*, 134 ～ 140；Pinson, ed., *Perspectives on Christian Worship*, 218 ～ 268。

能幫助當代信徒在敬拜中更有歷史感和信仰基礎，不會流於膚淺和表面化。

再者，這些教會強調道成肉身的教會身分，和社會行動的重要，也能幫助一些偏重宣講事工的教會，有更全面的敬拜和事奉。華人教會中屬基要派和福音派傳統的，多年來受自由教會和弟兄會的影響，一向不重視禮儀、聖禮，和社會行動，他們可以從中多加參考和學習。

(ii) 福音信仰／改革宗傳統 (Evangelical / Reformed)

這個傳統強調聖經基礎、個人悔改歸主的經歷，和傳福音與差傳事工的重要，因此看重崇拜中的講道和佈道功能，且又對信徒的聖潔生活尤為重視。對外方面，它傾向藉領人歸主和個人生活見證去影響社會。在神學與學術研究層面，也會倡導建立基督教世界觀和進行文化更新的工作。理性思維是這個傳統的強項，而過去半個世紀，福音派的神學教育迅速發展，並且在聖經研究、神學探討、護教倫理方面有長足的發展，使這些教會的崇拜在釋經講道及護教工作上，都有顯著的進步。這是值得肯定的，也可供華人教會作參考。

(iii) 靈恩和敬拜讚美傳統 (Charismatic & Praise-worship)

這個較現代的崇拜傳統重視聖靈的工作、恩賜的發揮、禱告和醫治的大能，並藉現代詩歌敬拜讚美榮耀三一真神，是值得較傳統的教會借鏡的。它在佈道見證的熱誠，和對天國能力的關注方面，也是值得肯定的。它的弱點是在上帝話語的教導，和教會治理的結構方面，但在支取聖靈的能力、推動信徒參與敬拜，以及教會敬拜和見證功能的發揮上，是值得其他教會參考學習的！

F.「結合式敬拜」的應用：華人福音派教會的出路？

將這三類教會崇拜傳統結合，取長補短，也不失為當代華人福音派教會的一個出路！不同傳統的結合，能幫助華人教會學習謙卑，突破自己的限制，豐富信徒的崇拜體驗，也增進與其他教會之間的了解、溝通與合一。不錯，在實踐過程中，也許每個教會都有她的困難和傳統阻力，但如果教會的領袖能按各自堂會的背景和現況，在結合崇拜內容和形式上，不斷的力求改進，作適當的調校，已是難能可貴，也肯定會為教會帶來極大的祝福。

以下是一些簡單重點，供讀者參考討論：

(i) 確定和實踐上帝的道在崇拜中的地位

華人教會一般在觀念上看重上帝的話，但我們必須在實踐上貫徹這觀念。

首先，我們的教會崇拜是否能帶領會眾經歷以基督為中心的福音故事，展現救恩歷史的過去、現在、未來？是否能實踐如本章第三部分所言，從救恩歷史看敬拜，使會眾經歷「福音在進行中」？其次，我們的崇拜講道，是否能宣講上帝話語的深度與廣度？這與我們教會傳道者的訓練有密切關係。最後，我們在崇拜中和其他時間，有否積極幫助弟兄姊妹回應、遵行上帝的道？

尊重上帝的道不單是要聽好道，也須經常行道（雅一 19 ～ 27）。

(ii) 重建崇拜中的聖禮與禮儀

洗禮與聖餐，在歷代教會中佔有重要的地位，因為它們與基督的死和復活，並信徒的信心，都不可分割（羅六 1 ～ 14；西二 12；林前十一 23 ～ 31 等）。如何將洗禮與崇拜、見證、培育結合起來，而不只是一個「入會的儀式」，是值得教會領袖一同討論的。而聖餐方面，「每週崇拜有聖餐」（如：聖公會的模式）是值得考慮的，因為教會不應「重聖言輕聖禮」，因為兩者皆是主賜予教會的「施恩途徑」！至於禮儀方面，如：讀經、禱告、認罪、詩歌、頌讚、祝福、差遣等，都可以豐富信眾的敬拜體驗。華人教會不應忽略這方面的學習與實踐！

(iii) 重建聖靈和聖樂在崇拜中的地位

聖靈是上帝，而五旬節確定了新約教會時代，就是聖靈的時代，但福音派華人教會普遍不看重聖靈的工作，這是不幸的，也是無可推諉的！其實，崇拜中的講道、詩歌、禱告、聖禮、敬拜行動，無一可脫離聖靈而行。教會應該重新教導有關聖靈的真理，切實與聖靈同工，在聖靈中敬拜，因為這是主所喜悅的敬拜（腓三 3；約四 23）。

聖樂方面，教會有二千多年的豐富音樂遺產，但華人福音派教會一般不重視聖樂，在敬拜上是一大損失！[26]

---

26 參 Robert E. Webber, ed. *The Complete Library of Christian Worship, vol.4: Music & the Arts in Worship (Book A and B)* (Nashville: Star Song Publishing Group, 1994)。

(iv) 運用歷代教會的年曆

學習運用歷代教會的年曆，作為教會崇拜和生活的一部分。教會年曆表達了歷史中基督的福音故事、聖經啟示的精華，和神人關係之發展，這也是今天華人教會可善用的寶貴資源(請參閱本章第六部分「基督教年曆：意義和實踐」)。

(v) 重建歷代教會主日崇拜聚集的「四部曲」

從初期教會開始，一個較完整的主日崇拜包括：

- 招聚聖民；
- 宣講聖言；
- 同領聖餐；
- 同蒙差遣。

今天華人教會應重拾這完整的崇拜，讓會眾有更整全的敬拜體驗(請參閱以下「主日崇拜的『四部曲』：歷代教會傳統」)。

五　主日崇拜的「四部曲」：歷代教會傳統

研究崇拜歷史的學者發現，過去二千多年來，基督教會的崇拜經常出現的一個崇拜結構，包括下列重要的程序：(1)招聚聖民；(2)宣講聖言；(3)同領聖餐；(4)同蒙差遣。雖然歷代教會崇拜在時間上、深度上，和次數上都有不同，但這四部曲的崇拜元素，卻是恆久不變，經歷了時代的考驗。不錯，初期教會崇拜不大重視招聚和散會的環節，中世紀教會在聖言宣講上較為輕忽，而宗教改革教會在聖禮安排上，並非每週一次，但在整體而言，這四個要素，皆歷代教會的共識，因為它們都是信眾經歷「福音在進行中」的媒介。今天我們可以將這四部曲結構更清楚的說明、修正和應用，使之能更有效地帶出歷史中的福音故事，使崇拜者更能領受上帝豐富的救贖恩典！[27]

1 招聚聖民

在人類歷史中，人得以到上帝面前，都是源於上帝的呼召。自從亞當犯罪，被逐出伊甸園後，人便流離失所，其後上帝主動呼召亞伯拉罕，並引領以色列人出埃及，成為上帝所招聚的子民（出十九 1 ～ 6）。但以色列人背逆耶和華上帝，被擄異邦，但上帝應許要招聚他們歸回（耶二十三 3，二十九 14）。聖子耶穌降生，為要招聚祂的子民（太四 18 ～ 25，九 35 ～ 38，二十八 18 ～ 20；約十 9 ～ 16），祂是那真正的牧人，也是那末世的聖殿（約二 18 ～ 22；啟二十一 22）。在基督裏，信徒被招聚成為主的聖殿，既有敬拜，亦有成長（林前六 19 ～ 20；弗二 19 ～ 22）。教會不單是聖靈的殿，也是父上帝的子民和基督的身體（來十二 22 ～ 29；林前十二章），經常蒙上帝呼召到上帝面前來敬拜事奉祂，領受聖餐、分享上帝的道和先知的預言（林前十一章，十四章）。

教會每週的主日崇拜，並不是在信徒踏進教堂時才開始

27 參 Webber, *Planned Blended Worship*, 50 ～ 189；Webber, *Worship Old & New*, 149 ～ 194。

的！當他在主日早晨起牀、更換衣服、吃早餐和出家門的時候，他就已經在回應上帝的呼召，開始他的主日敬拜旅程。這是一個信心的旅程，一個朝向聖徒聚集、聆聽主道、領受主餐、蒙主差遣的旅程，而這旅程始於信徒從家中出發，進入教堂，在上帝面前預備自己，參與朝見永生上帝。

在較傳統教會中，信眾進入禮堂後，會以安靜和默禱來開始敬拜，這是好的，因為安靜是敬畏上帝的表現，正如哈巴谷先知宣告：

> 惟耶和華在他的聖殿中；全地的人都當在他面前肅敬靜默。（哈二20）

有些教會用一首詩歌開始，並由詩班及主禮人列隊進堂，這也是合宜的，象徵子民進到上帝的面前。當主禮人向會眾說：「主與你們同在／主賜你們平安！」而會眾也同聲回應。這是一個合宜的開始。接著，主禮領導會眾向上帝發出讚美和感恩，或是宣告上帝同在的應許，或是一同唱一首榮耀頌，都會幫助會眾進入敬拜。

有一些教會，會在崇拜的開始，用二十至三十分鐘唱讚美敬拜詩，其好處是給予全會眾參與投入敬拜，也預備他們聆聽主道，但其弱點往往是詩歌重複唱頌，有時詩歌的內容較為貧乏，詩歌敬拜時間太長也會使人疲勞。並且這種安排也容易使人誤會「敬拜」等於「詩歌讚美」，其實整個崇拜的每一部分都是敬拜，不可分割，應彼此配搭，互相呼應。

總的來說，崇拜的首個環節——招聚聖徒，是上帝主動呼召子民到祂面前來朝見祂，聆聽祂的道，接受祂的餵養，並且蒙祂差遣進入世界。而人來到聖堂敬拜，就是對上帝呼召的正面回應。

2 宣講聖言

A. 歷史的回顧

歷代正統教會，從新約使徒時代到二十一世紀，皆以宣講上帝的話為教會崇拜不可或缺的一環，是崇拜聚集的核心。會眾進到上帝面前，需要安靜，才能專心聆聽、默想、回應上帝的道，因為聽道不單是知識的傳授，也應帶來生命的更新，在神人立約的過程中，人的信心回應十分重要，在中世紀時代的羅馬教會中，這方面是極受忽略的，但卻是十六世紀宗教改革者所看重的。

在敬拜中，上帝話語的宣讀與教導，應與子民的回應互相配合，這在舊約時代中已很明確，例如，摩西在西奈山聚集中的宣講：

> 摩西下山，將耶和華的命令典章都述說與百姓聽。眾百姓齊聲說：「耶和華所吩咐的，我們都必遵行。」……摩西將血一半盛在盆中，一半灑在壇上；又將約書念給百姓聽。他們說：「耶和華所吩咐的，我們都必遵行。」（出二十四 3、6～7）

以斯拉和利未人在回歸後宣讀和講解上帝的話，也有百姓的正面回應：

> 以斯拉站在眾民以上，在眾民眼前展開這書。他一展開，眾民就都站起來。以斯拉稱頌耶和華至大的上帝；眾民都舉手應聲說：「阿們！阿們！」就低頭，面伏於地，敬拜耶和華。耶書亞……和利未人使百姓明白律法；百姓都站在自己的地方。他們清清楚楚地念上帝的律法書，講明意思，使百姓明白所念的。（尼八 5～8）

其實，以色列人在舊約時代中的聖殿敬拜，到後期的會堂敬拜，皆看重聖經的宣讀與教導（參拉七 25 ～ 26；路四 16～21）。到了新約時代，更不用說了，上帝的話語是教會事奉和敬拜的核心（參提前四 13；提後一 13～14，二 2、15，四 1～5）。可見，歷代教會，從初期到宗教改革，並近現代的福音信仰教會，都一直以講道為崇拜中的核心環節，這也是可以理解的！

B. 崇拜與講道

教會崇拜中的講道，是敬拜的一部分，不能與整個崇拜脫節，因為二者的關係密切。首先，當上帝的子民尊崇敬拜三一真神時，他們當然也會尊重上帝的話——聖經。因此，在崇拜中講解聖經，讓信徒得以明白上帝的旨意、信靠上帝的應許和順服上帝的命令，這都是合宜的。

其次，講道引發信眾的敬拜，也是很自然的；因為上帝的道和上帝的作為，會使人讚美上帝，就如過了紅海的以色列人（出十四 31，十五章），和歸回故土的猶太子民（尼八 1～8）。正如彼得所言，宣講聖言使上帝得榮耀（彼前四 11）。

當然，講道要引發會眾的敬拜和讚美，就必須忠於上帝的話，並且應以上帝為中心，不是以人為中心！

忠於上帝的話，就是「按正意講解真理的道」（提後二 15），即準確地帶出經文的原意，不以私意解經，也不是道聽途說，也不作隨意的靈意解經，乃是竭盡所能找出經文的意思，並將這信息應用在今日的會眾身上，這是「釋經講道」的目的。而「以上帝為中心」，就是要宣講上帝的作為，和祂榮耀的恩典，引發信眾的信心、愛心和盼望，並靠著上帝的能力，過榮耀上帝的生活，忠心地事奉祂。

要忠心地宣講上帝的話，以下是一些具體的建議：

- 崇拜的講道不一定要分「佈道」和「培靈」的信息，因為上帝的話是活潑的生命之道，可以使未信者得生命（彼前一 23），也可以使信徒的生命有成長（彼前二 1～3）。
- 要宣講救恩的豐盛，因為這可幫助信徒更明白，更多享受在基督裏的豐盛，因而心中充滿感恩，藉此使上帝的榮耀得稱讚（弗一 3～14）。
- 在給信徒的勸勉和道德教訓當中，不要忘記提醒他們所蒙的恩召（弗四 1），和他們在基督裏的能力資源，這包括：與主的復活聯合（羅六 14；弗一 19～21）、有聖靈的大能（加五

16～23）、赦罪的應許（約壹一7～10），和肢體的相顧（來十24～25）等。

- 要傳講適切會眾的信息：講者一方面要了解這個時代、這個教會，和個別肢體的情況和需要；另一方面，也須了解「人性的軟弱和需要」，明白我們「共同的人性」。要了解人性，可藉著與他人交往、自我反省、文學、心理學、歷史、時事等途徑。當然，那創造和拯救人的上帝是最了解人的。因此，明白聖經啟示，也是明白共同人性的重要途徑！
- 明白整體聖經真理，會幫助我們了解個別經文。因此，聖經神學是傳道者的必修科，特別是一些重要的課題如：天國、末世、聖約、救贖歷史、從創造到新創造、律法、恩典等；講道者若能了解和融會貫通，定能更準確掌握聖經整體的信息，更有效地作釋經講道。
- 講道者應多操練「從新舊約聖經宣講基督」，因為這是治療「律法主義」和「道德主義」的最佳良藥，也能幫助信徒活在恩典中，靠主得勝（詳細可參閱本章末之「附錄：從新舊約聖經宣講基督」）。

當然，崇拜的講道，須與會眾的回應配合，但如何回應？可以考慮的方式很多，包括：講員帶領會眾一起禱告，或引導會眾個別有安靜禱告時間，或一同起立同唱合適的詩歌和「榮耀頌」，或同誦詩篇，或與會眾同唸認罪、感恩、讚美禱文等信經，或讓會眾有小組代禱等，這些方式都能幫助會眾即時作出回應。

3 同領聖餐

A. 備受忽略的聖餐

自初期教會開始，聖禮一直是教會崇拜的一部分。[28] 這是合宜的，因為基督教的聖禮（包括：洗禮與聖餐），是三一上帝藉基督與祂子民立約的記號和印證，也是祂施恩的途徑。洗禮是人悔改歸主，加入教會的禮儀；而聖餐則是信徒歸主之後，同領基督救贖恩惠的行動，也是歷代教會「崇拜四部曲」之一。然而，近現代的福音派教會，受到「自由教會」傳統和反禮儀運動的影響，鮮有經常在每週崇拜中施行聖餐，往往只是每月一次，而且這聖禮也沒有得到應有的重視。這對教會的敬拜和生命培育，都有虧損。

B. 教會崇拜中的聖餐

初期教會教父如希坡律陀主教（Hippolytus），[29] 將基督設立聖餐的行動，綜合為四部分，就是：（1）拿起餅和杯；（2）祝謝；（3）擘開；（4）遞給門徒（太二十六 26～27；路二十四 30）。這個次序成了初期教會的聖餐禮儀結構，現簡釋如下：

(i) 拿起餅和杯

開始時，主禮人宣告聖餐禮開始，並用手接受教會司事

28 參 Robert E. Webber, ed., *The Complete Library of Christian Worship, vol.6: The Sacred Actions of Worship* (Nashville: Star Song Publishing Group, 1994), 107 ～ 263。

29 參 Hippolytus, *Apostolic Tradition*；見 Webber, *Worship Old & New*, 173 ～ 189。

所預備好的餅和酒，讓他分派予會眾。司事代表了信眾將上帝所賜予他們的，獻上為主所用，並藉主禮人的手，分派予全會眾，這是信眾的參與和奉獻，也是團契分享的表達；然而，這方面的禮儀，在宗教改革時期被取消了，原因是為了避免信徒誤會，以為聖餐是一種「再獻祭」的贖罪行動（這是羅馬天主教會的錯謬）。當然，取消這個禮儀環節，也是一個損失，因為宗教改革以後，基督教教會的聖餐禮，就缺少了這「信徒獻上和參與」的環節了！

(ii)為餅和杯祝謝

這是「謝恩」的環節，是主禮人邀請會眾提升他們的心，上達天上的主，獻上稱頌與感謝；接著，主禮人便帶領會眾，向三一上帝獻上全面感恩的禱告：為著上帝的創造、管治、供應、道成肉身、十架救贖、榮耀復活、升天、賜下聖靈、再來等，獻上感恩與敬拜。

近現代福音信仰的教會聖餐中，也設有祝謝禱告的環節，但往往只集中為基督十架對個人的贖罪感恩，而忽略了更全面、更廣闊地獻上感恩的祭，為上主的創造、救贖、管治、天地更新、天國實現的榮耀稱頌上帝。此外，上主那無比的榮美、豐富的智慧和知識，和那測不透的屬性，豈不也能引發我們衷心的讚美嗎？

(iii)將餅擘開

聖餐中擘餅的意義非常豐富。首先，這是指向教會的合一，因為所擘開的是一個餅，所分著喝的是一個杯（林前十16～17、21），教會的合一是一個事實，也是一個命令。

其次，耶穌擘餅的行動也象徵祂的身體在十架上被破碎（林前十一24），這個意思自三世紀希坡律陀主教直到今天，仍是大部分更正教會的理解。

第三，主禮人舉起餅和杯，也表示會眾可以一同看見和聽見這代表基督救贖的元素。

第四，在擘餅時，主禮人重申上主的吩咐，就是門徒須經常如此行，為要記念主的救贖，而這「記念」是一個「吃喝的行動」，是「超越內心思維」的記念。

第五，初期教會在這個環節中，會加上祈求聖靈的工作，和為會眾代求的禱文，表示教會信眾在享受這筵席後，將會繼續他們在地上的使命！

(iv) 遞給門徒

這最後的環節，帶出了聖餐的神聖時刻，就是一個在主基督耶穌裏的團契，讓信眾一同經歷門徒與主在最後晚餐中的相聚，同享筵席，同在愛中契通的時刻（太二十六26～28）。主禮人將餅和杯遞給每一位信徒時，都會重複主設立聖餐時所講的話，宣告這聖禮的意義；而當各人領受了餅和杯後，這「記念」和「領受」主救贖工作的主餐，就正式完成。信眾同享這主所設立的主餐，是經歷與主基督，和與其他聖徒之間的團契交通，藉一同吃喝，就是主吩咐我們的記念方式，領受祂那豐盛無比的救贖大恩（參約六25～63）。

小結：今日教會可以從初期教會的聖餐程序，加上禱文，配合詩歌，並使用適當的禮儀（參考如：聖公會的《公禱書》），建立適合教會的聖餐儀節。正確和經常地舉行聖餐，能建立信眾的生命與敬虔，提高他們對上主的感恩與讚美，也是一個美好的見證！

4 同蒙差遣

在崇拜之始，會眾蒙上帝呼召，前來敬拜，在崇拜之末，也蒙上帝差遣，進入世界，見證主的榮美，並以愛心服事人。傳統教會的「散會」程序，多是跟隨初期教會，以「祝福」結束崇拜聚集。其後又加了一些不同的儀節，如詩歌、差遣的宣告等。茲簡述如下。

A. 祝福

祝福禮文源於民數記六章 24 至 26 節，就是摩西代表上帝吩咐祭司為以色列人的祝福：

> 願耶和華賜福給你，保護你。
> 願耶和華使他的臉光照你，賜恩給你。
> 願耶和華向你仰臉，賜你平安。

在新約時代的祝福禱文有哥林多後書十三章 14 節、希伯來書十三章 20 至 21 節、帖撒羅尼迦前書五章 23 節，以及以弗所書三章 20 至 21 節等。

「祝福」乃上帝藉祂的僕人，將祂所賜的福，施予祂的百姓。祝福的意義是一方面承認敬拜上帝的人是蒙福的，因為他們在會中與上帝相遇；另一方面，「祝福」也是祈求上主繼續與信眾同在，賜福予他們的生活、事奉和見證。

舊約時代只有祭司才有資格祝福上帝的子民，但新約時代因著基督的救贖，使信徒皆可為祭司。因此「祝福」者並不限於祭司，甚至不限於牧者傳道，信徒們也可彼此祝福；教會的執事、長老也可以為會眾祝福。

B. 散會詩歌

這也是合宜的，特別是表達喜樂、讚美、差遣、使命的詩歌，而在詩歌結束後，程序也可加上「阿們頌」或一首「頌詩」如：*Alleluia*，也是適當的。

C. 牧者的宣告

牧者的宣告，如：「願主差遣你，全心愛主服事主！」

會眾也可回應，如：「感謝讚美主！」

D. 當代教會的關注：社會關懷行動

美國長老會牧師納比頓（Mark Labberton）認為，崇拜是人與上帝相遇的時刻，是人重新檢視和校正人生方向的機遇。因此，真正的敬拜能使人先求上帝的國和上帝的義（太六 33），這包括愛鄰舍、實踐社會公義、存謙卑的心、與上帝同行（彌六 8），特別是關顧那些貧窮的、弱勢的、被忽略的社羣。這是敬拜上帝者的本分，也是敬拜上帝的羣體不可推卸的責任，是人對上帝呼召的必然回應！納氏因此稱「敬拜」為信徒的「危險行動」！[30] 因為敬拜催促我們面對社會的不公義、腐敗，和非人化現象，同時也督促信徒和教會面對自己的冷漠、自我中心、同流合污和假冒為善，並祈求上帝的赦免和加力！

不少當代基督教牧者、崇拜學者，和神學家都普遍同意，社會公義和教會敬拜二者關係密切，息息相關，難以分割，[31] 然而這卻是普遍華人教會常常忽略的，華人牧者和信徒可在這課題上更多的思考、研究和實踐。

六　基督教年曆：意義和實踐

1 基督教年曆的意義

自初期教會起，基督教年曆一直是教會崇拜的重要環節，但其後被宗教改革領袖棄而不用，以致它差不多從更正教教會中完全消失，主要原因是抗議中世紀羅馬天主教對基督教年曆的誤用，高舉「聖人」過於年曆的福音性意義。近年來不少西方教會重新使用基督教年曆，再次確認它的崇拜功能，也致力重建其神學意義。

---

30 參 Mark Labberton, *The Dangerous Act of Worship: Living God's Call to Justice* (Downers Grove: IVP, 2012)。

31 參 Webber, ed., *The Complete Library of Christian Worship, vol.7: The Ministries of Christian Worship*, 463 ~ 489。

年曆的敬拜和神學意義，主要有以下兩方面：[32]

A. 確定基督教的歷史觀

基督教信仰重視歷史，因為上帝在歷史中工作，包括祂的創造、管治、救贖和啟示，都是歷史性的。基督教信仰不是建基於人的內心神祕經驗，或是民間傳說，或是偉大哲人的思想，而是上帝在歷史中的客觀啟示和工作；而這啟示和工作的核心，是耶穌基督的降生和天國事工、受死復活，帶來一個「新創造」，而這新創造的完全實現，也將是歷史性的新天新地！我們稱這上帝在歷史中的工作為「福音故事」，就是整本聖經所記載並預言的「一個故事、一個盼望、一個使命」。

分析基督教的歷史觀，可分為有三個層面：

(i) 一般歷史

這是按時間次序（chronology）的歷史，是與整個宇宙及人類歷史進程配合的歷史觀，正如路加記載耶穌降生故事（路一～二章），這故事發生在羅馬該撒亞古士督時代，因此是一般歷史的一部分。

第 7 章

32 參 Robert E. Webber, ed., *The Complete Library of Christian Worship, vol.5: The Services of the Christian Year* (Nashville: Star Song Publishing Group, 1994), 79 ～ 112；Webber, *Worship Old & New*, 217 ～ 227；White, *Introduction to Christian Worship*, 67 ～ 80；*The Book of Common Prayer*, 11 ～ 18。

(ii) 救恩歷史

這是上帝在一般歷史中的特殊作為，因著上帝特殊的愛和恩典，上帝主動地在歷史中成就救贖工作，而這救恩歷史的核心，就是耶穌基督和祂兩次的來臨。

(iii) 末世歷史

救恩歷史在舊約時代是應許，在新約時代是實現。基督的降生、成就救贖，和榮耀再來，便構成了末世在歷史中的實現（來一 1～2；腓三 21；弗一 9～10）。這構成了第三個層面的歷史觀，因為「末世」不單是超越了在亞當裏的舊時代，也是藉基督的復活開始，並延展至永恆。

B. 記念、慶祝、盼望

教會的崇拜是記念上帝對罪人的憐憫，主動的揀選、呼召和應許。祂的慈愛、公義和信實，這一切藉著祂與亞伯拉罕、大衛、基督所立的恩典之約，充分的彰顯出來。

這記念也帶來慶祝，因為這一切的歷史，已成為今日信徒的豐盛，超過他們所想所求。有基督教年曆作為骨幹的崇拜，將崇拜的「四部曲」與這「福音故事」連結起來，為信眾帶來生命的建立、福音的見證、慶典的喜樂、榮耀的盼望。

這盼望不會落空，是因為基督已復活！由於「已然未然的末世」（already and not-yet eschatology）已開始實現，並且我們有聖靈的印證（羅五 1～5）。新約教會已蒙救贖，現正等候天國君王的再臨，這是「年曆」帶給教會的盼望信息。

2 基督教年曆的主要節日

A. 降臨節(Advent):聖誕節前四個主日

這節期促使教會期待及預備基督的降生，並遙望祂的再來。在信仰上它讓新約信徒重新經歷舊約以色列人對彌賽亞的熱切盼望，也藉此感謝上主的應許信實，使他們得以活在今天，就是基督兩次降臨之間，得享「已然—未然」的末世救贖恩典。

此外，這節期也與另兩個節期相連：

- 天使報喜節(Annunciation)：每年三月二十五日，即聖誕節九個月前(路一 26～38)，展示上帝的主動啟示和鼓勵，以及馬利亞的順服與讚美。
- 初生基督被獻(Presentation)：每年二月二日，即聖誕節後四十天(路二 22～40)，展示基督生為長子的身分，且生在律法之下，為要把律法以下的人贖出，得兒子的名分(加四 4～5)。

B. 聖誕節：救主的降生

聖誕節記念主基督—道—成為人，將永恆的光，帶進這個黑暗的世界(賽九 1～2；約一 1～5、8～9、14)。祂是那「公義的日頭」，為這世界帶來嶄新的一天(瑪四 2)。聖誕節的節期是十二月二十五日至一月六日，前者是慶祝基督的降生，而後者則是慶祝祂藉東方博士向世界的「顯現」(Epiphany)，而兩個日子都是借用異教的節日，因為基督降生的準確日期已無從稽考！

C. 顯現節（Epiphany）：一月六日

這節期慶祝上帝的榮耀，藉基督彰顯於世人面前（約二11）。這節日所涵蓋的歷史事件包括：基督降生與東方博士來朝、基督受洗，和以水變酒的首個神蹟。這些事迹皆指出基督道成肉身的目的，乃在世人面前顯明上帝的榮耀，在黑暗中彰顯上帝藉基督帶來的光（林後四6），使因信稱義的上帝子民能以更新改變，榮上加榮（林後三18），在上帝國裏發光如太陽（太十三43）。

這節期多以基督「登山變像」作結（路九28～35），這也是以「榮耀」為主題的，因為這事件是基督復活榮耀的預告。

D. 預苦期（Lent）：復活節前四十天

這節期又稱大齋期，乃復活節之預備，源於初期教會施行洗禮前，對將受洗者作要理教導（catechism）之預備時期。[33]

這四十天的預備時期，在聖經歷史記載中，有豐富的神學意義：

- 摩西在曠野牧羊四十年，代表一段歸隱、等候和操練時期；
- 以色列飄流曠野四十年，代表上帝的管教和供應時期；
- 耶穌四十天受魔鬼試探，代表祂作為「新人類」的代表、「末後亞當」的代贖與得勝。

33 參 Hippolytus, *Apostolic Tradition*。

這些都與信眾領受救恩，一生作主門徒，有密切的關係。除此以外，預苦期作為受洗者數年「要理學習」(catechism learning)的最後階段，也是極重要的節期，因為信徒受洗歸主，是一生成聖旅程的開始（羅六章；林前六 11，十二 12～13；西二 11～三 17)。

預苦期的起始點是蒙灰日(Ash Wednesday)，象徵人需要悔改歸向上帝，方能得潔淨，蒙上帝悅納，去敬拜事奉祂(代下七 14～15)。預苦期的結束是「聖週」(Holy Week)，即復活節前一週。這聖週也許是基督教年曆中最重要的節期，因為其中包括記念基督十架代贖(Atonement)的受難節(Good Friday)，和開展新創造(New Creation)的復活節(Easter)。

E. 復活節(Easter)：歡樂的節日

預苦期的氣氛是陰沉的，復活節則是充滿喜樂的慶典。在這平安和歡樂的日子中，信眾無須禁食，並且崇拜中的講道、禱告和詩歌都是環繞著基督復活的主題；其中讚美詩 *Alleluia* 也是這個節期常用的，配合信眾將來在榮耀中的讚美。

初期教會也將受難節和復活節相連，因為基督的死和復活是不可分割的，因此週五的受難節很快便成為教會的節日。受難節當天會舉行崇拜，甚至有禁食的傳統，等候復活清晨的來臨。受難節乃舊約時代逾越節在新約時代的實現，因它記念耶穌藉十架成為「逾越節羔羊」，為世人贖罪(林前五 7；約十三 1，十九 36)。與受難節有關的是棕枝主日(Palm Sunday)，在受難節前的主日舉行，以記念主騎驢進聖城。濯足日(Maundy

Thursday）又稱設立聖餐日，於受難節前一天舉行，以記念主設立聖餐及為門徒洗腳的神聖行動。

此外，復活節以後的五十天，初期教會稱之為「復活節期」（Eastertide），直到五旬節（Pentecost）。在這五十天中，教會的氣氛充滿歡樂。在崇拜中，信眾站著禱告和唱詩頌讚上帝，而講道也是常以基督的復活顯現，和未來復活的盼望為主題。此外，由於五旬節將到，信徒也會為那真理的聖靈，另一位保惠師的來臨，歡欣感謝上帝，並努力傳揚福音，與人分享救恩的信息。

F. 五旬節（Pentecost）

五旬節是記念聖靈降臨的節日，它顯示基督與聖靈關係密切，不可分割（約六 63，十四 26，十六 12 ～ 14；林後三 17 ～ 18；加五 5 ～ 6、13 ～ 25）。

舊約時代的五旬節，是在逾越節後的五十天的節期，為慶祝每年農耕收割的歡樂節期；而新約的五旬節，則是記念在基督復活後五十天，聖靈降臨教會的重要時刻（徒二 1 ～ 47）。教會必須慶祝五旬節，因為聖靈的降臨，使教會有能力將福音傳遍萬邦（徒一 8）；這節日也展示天國的進程進入一個新的階段：基督已升天，坐著為王，祂必再來（太二十六 62 ～ 64；徒一 3 ～ 11）。聖靈的來臨，也提示我們，教會的時代就是聖靈的時代（the age of the Spirit）！

五旬節後二十七至二十八個主日，才到另一個降臨節，因此它是教會年曆中最長的節期，在這段日子中，教會要在聖靈裏敬拜，記念基督受死、復活、高升的救恩奧祕，並且要廣傳福音，盼望基督在榮耀中再臨！

小結與建議：教會年曆有豐富的神學意義，對教會聖徒的崇拜、靈命和見證，都會有極大的幫助。然而很可惜，華人教會除了一些有歷史傳統的宗派，如聖公會、長老宗、信義宗等外，都沒有這個傳統。要將教會年曆在教會的崇拜中實行，還需要很多學習和努力。我們的建議是，由教會的崇拜小組開始，閱讀研習有關資料，並可以訪問有這種傳統的教會，逐漸在教會崇拜中實踐「年曆」和「節期」，為教會帶來新的恩典。[34]

附錄　從新舊約聖經宣講基督

1 新約聖經的主題是基督

毫無疑問，新約二十七卷書都是以基督為中心的救贖啟示。四福音書記載耶穌道成肉身，藉十架與復活完成救贖工作，並將會再來。使徒行傳描述這基督的福音，如何藉聖靈的大能，從耶路撒冷被傳到地極。啟示錄則展現耶穌基督之末世啟示，並帶出受苦教會之榮耀盼望。

因此，新約聖經的每一段經文，都與基督和祂的救贖有直接的關係。講道者在講解和應用經文的過程中，若不以基督為

34 以下兩本書有豐富的資料，值得同工參考使用：Webber, ed., *The Complete Library of Christian Worship, vol.5: The Services of the Christian Year*；*The Book of Common Prayer*。

中心，就是不忠於上帝在新約聖經的啟示了。

2 舊約聖經皆指向基督

從整體聖經啟示的結構來看，基督降生之前的舊約聖經，都是指向耶穌基督，因為基督是救恩歷史的高峯，是上帝國度實現的關鍵，其中包括：

A. 基督實現舊約的應許

耶穌復活後，在往以馬忤斯路上向門徒說：

> 「無知的人哪，先知所說的一切話，你們的心信得太遲鈍了。基督這樣受害，又進入他的榮耀，豈不是應當的嗎？」於是從摩西和眾先知起，凡經上所指著自己的話都給他們講解明白了。（路二十四 25～27）

可見基督的受害與得榮，並非上帝的臨時措施，乃是祂計劃的實現，而這計劃在舊約聖經中已有充分的啟示！

B.「新約」是舊約「恩典之約」的實現

基督所立的「新約」，是舊約「恩典之約」的實現。在舊約時代，上帝向亞伯拉罕和大衛所作出的應許、所立的聖約，都指向新約時代，上帝藉基督的血，與祂的子民所立的新約（太二十六 27～28）；因此，舊約歷史中的聖約，皆在基督裏實現了（來十 1～8）。這樣，新舊約的啟示，在基督裏就有不可分割的關係了！

C. 基督超越亞當的罪所帶來的問題

亞當的罪所帶來人類的墮落、失敗、痛苦，在基督裏得以超越。因此，基督被稱為「末後的亞當」（林前十五 20～23、42～49），而亞當則是基督的「預表」（羅五 14）。舊約中亞當和以色列人的失敗歷史，與新約中基督的得勝成為對比（太四 1～11；來二 15）。舊約中的亞當和以色列，是新約信徒的鑑戒（林前十 1～11），但基督的得勝，卻也成就了在祂子民的拯救與得勝（羅五 1～11；林前十五 20～22、51～57）。

D. 聖子在舊約中顯現

舊約時代中，聖子雖仍未道成肉身，但也有顯現的時刻，如：與雅各摔跤的「神人」（創三十二 27～31）、「耶和華的使者」（the Angel of the Lord）、耶和華軍隊的「元帥」（書五 13～15）、被擊打的「磐石」（出十七 5～7；林前十 4）等。

E. 舊約對基督的預表

舊約中的一些人物（如：亞當、摩西、約書亞、大衛、但以理、以利亞、約拿、約瑟、挪亞等）；一些律例（如：獻祭、贖罪日、逾越節、禧年、會幕、聖殿等）；一些聖職（如：先知、君王、祭司等），都是基督的預表。這些歷史人物與制度，雖在舊約時代出現，卻是在基督裏得以成全，實現了上帝呼召和設立他／它們的至終目的。

F. 新約對舊約經文的引用

新約引用舊約經文超過一千次，這顯明舊約的啟示，是新約中基督的背景和基礎，其中不少是預言、應許、平行、對比，和在歷史中有連續性和提升性的關係，充分顯示新舊約聖經的連續性（continuity）和一體性（organic unity）。

3 超越「律法主義」的釋經講道

不以基督為中心的講道，有傾向成了律法主義的道德教訓，不單不能幫助聽者成聖(參羅七 14～25；腓三 1～11 等)，也有違整體聖經的本質——就是上帝恩典和救贖性的啟示。不錯，耶穌要求門徒「負軛」，但祂也應許這軛是「容易和輕省」的（太十一 28～30），因為有上帝的恩典與能力的幫助。人若不是先從上帝領受救贖恩典，並依靠聖靈的能力，就必然不能、也不願意順服上帝，而講台上的道德要求，就容易變成法利賽人式的「律法規條」，與福音的原則相違！因此，合乎聖經的講道，都應避免律法主義，而應藉新舊約宣講基督，帶出救贖性、恩典性，滿有聖靈大能的信息！

4 如何預備「從新舊約聖經宣講基督」的講章？

1. 按照歷史、文法釋經，了解該段經文在當時的歷史文化處境中的信息。
2. 按照救恩歷史的前文後理（redemptive-historical context）去明白該經文的意義。

3. 了解該經文與「基督」之關係，從經文中清楚地看到基督。
4. 將「以基督為中心」的信息，適切地應用在會眾身上。

願聖靈親自教導我們，從整本聖經中看到基督、宣講基督，藉此傳講福音、建立聖徒、敬拜三一上帝！

5 參考書籍推介

Beale, G.K. and D.A. Carson, eds. *Commentary on the New Testament Use of the Old Testament.* Grand Rapids: Baker, 2007.（中譯本：畢爾、卡森編：《新約引用舊約》，上下冊。金繼宇、于卉譯。South Pasadena：麥種傳道會，2012。）

Clowney, Edmund P. *Preaching Christ in All of Scripture.* Wheaton: Crossway, 2003.

Greidanus, Sidney. *Preaching Christ from the Old Testament : A Contemporary Hermeneutical Method.* Grand Rapids: Eerdmans, 1999.（中譯本：桂丹諾：《從舊約傳講基督》。陳永財譯。South Pasadena：麥種傳道會，2015。）

Johnson, Dennis E. *Walking with Jesus Through His Word: Discovering Christ in All the Scriptures.* Phillipsburg: P & R Publishing, 2015.

Keller, Timothy. *The Prodigal God: Recovering the Heart of the Christian Faith.* New York: Penguin, 2008.

陳若愚編：《君王的使者：十一篇以基督為中心的釋經講章》。香港：環球聖經公會，2011。（譯自：Johnson, Dennis E. *Heralds of the King: Christ-Centered Sermons in the Tradition of Edmund P. Clowney*. Wheaton: Crossway, 2009.）

討論問題

1. 「敬拜」是甚麼？試從聖經的用詞及聖經神學角度，探討其定義及特色。
2. 韋伯（Robert E. Webber）定義敬拜是「福音在進行中」，試述其要點，並提議這觀點可如何應用在教會的主日崇拜中。
3. 試從歷代教會敬拜的歷史，探討在每個時代中，華人教會可以學習的三個功課。
4. 基督教主日崇拜傳統的「四部曲」，其內容及神學意義何在？請簡述之，並構思在華人教會中，可如何實踐或加強之。
5. 「基督教年曆」在崇拜中，有甚麼神學意義？
6. 傳統的「年曆」中有甚麼主要節日？討論每個節日的信仰含義，並構思如何在你的教會中實踐。
7. 分享及比較各人在不同教會中的崇拜形式，有何異同？如何互相學習？如何改善？
8. 討論「從新舊約宣講基督」的神學意義、對講道者可能帶來的困難，和對信眾的益處。

8

教會的聖禮：神學與實踐

一　甚麼是「聖禮」?

從字義的角度看，「聖禮」(sacrament)一詞來自拉丁文 *sacramentum*，其意思是「神聖的禮儀」。其後，天主教的拉丁文聖經譯本《武加大譯本》(the Vulgate)把新約希臘文的 *mysterion* 譯作 *sacramentum*(弗五 32)，間接地將「聖禮」與「奧祕」相連。因此，傳統天主教對「聖禮」的定義就是：上帝藉象徵性的行動(如：洗禮、聖餐)，使信徒可以領受基督的「奧祕」(參西一 26～27；弗五 32)。當然，他們也強調，這領受並非源於人，乃是源於上帝，就是上帝藉「基督」和「教會」(兩個基本的「奧祕」)，並透過「聖禮」，將救贖恩典傳遞予人，使人得救。他們也說，人必須藉信心去接受，聖禮才會生效。[1]

1　參 Cross and Livingstone, eds., *The Oxford Dictionary of the Christian Church*, 1435～1436。

從聖經和神學的角度看，聖禮的意思在歷代有不同的詮釋。早期教會為聖禮下定義的神學家，是西方教父奧古斯丁（Augustine），他看聖禮為「無形恩典的有形象徵表達」（a visible sign of an invisible grace）。這定義肯定了聖禮的象徵角色，和它與上帝恩典的關係，但卻沒有清楚指明這關係的性質。探討這關係成為過去一千七百多年來，特別在十六至十七世紀的「宗教改革」時期的神學家所努力研究的一個神學課題。[2]

中世紀的羅馬天主教會，將教會聖禮「神蹟化」，引來日後宗教改革領袖們的強烈批判。而過去五百多年，基督教的聖禮觀也有多元的發展，其中具代表性的立場，包括羅馬天主教、東正教、馬丁路德（和信義宗）、加爾文（和改革宗）、慈運理、重洗派和浸信會等。這些始於宗教改革時期的聖禮立場，到今天仍然是基督教教會（從廣義角度看）的主要立場。在本章的第二部分，我們將會介紹和評論這些不同的聖禮神學。

作為一個起點，讓我們先為「聖禮」作一個一般性的定義。要確定「聖禮」的定義，先要回答一個關鍵的問題：究竟教會的「聖禮」有何主要特徵？在聖經和教會文獻中常有記載了一些與信仰有關的「記號」（如天虹、聖物、十字架等），它們都是聖禮嗎？甚麼記號才算是聖禮？當代聖經學者慕理（John Murray），提出了聖禮的五個基要特徵，可供我們參考：

1. 是主基督親自設立的（洗禮：太二十八 19；聖餐：路

2 參 Michael F. Bird, *Evangelical Theology: A Biblical and Systematic Introduction* (Grand Rapids: Zondervan, 2013), 757～758。

二十二 14 ～ 20）。

2. 使用物質與行動作為可見的恩典記號（如：洗禮的水和洗濯的行動；聖餐的餅和酒，並飲和吃的行動等）。
3. 以有形的物質和行動帶來無形的恩典。當然，這帶來的是甚麼恩典，須依據主基督在設立聖禮時的宣告說明。
4. 這些聖禮行動也是上帝恩典的印證（seals），確定它們所指向的上帝的救贖恩典（創十七 9 ～ 11；羅四 11）。
5. 它們必須在教會中經常施行，作為世世代代的定例（太二十八 19；林前 1 一 26），換句話說，聖禮是不論境況如何，教會都應經常進行的聖工。[3]

慕理提出的五個特徵，幫助我們從聖經和救恩歷史來明白聖禮的基本要素。很明顯地，慕理的聖禮定義對天主教的傳統，特別是「七個聖禮」的立場，是有批判性的。但對當代福音信仰的信徒，這個定義是一個起點，幫助我們進一步研究與討論。

二　歷代主要聖禮觀評介

1 羅馬天主教

傳統天主教的聖禮神學，於中世紀形成。在天特會議

3 John Murray, *Collected Writings of John Murray: Vol.2, Selected Lectures in Systematic Theology* (Edinburgh: Banner of Truth, 1977), 366 ～ 367。

(Council of Trent，1547 年)的信經中，有清楚明確的宣言，[4] 且於一九九四年的天主教「教義問答」中有詳細的闡釋。[5] 一九六二至一九六五年間的梵諦岡第二次大公會議，曾為天主教神學和教會事工帶來更新，特別是在教會觀和救恩論方面。聖禮方面，信徒在聖餐中的參與多了，禮儀也改用了本國語言，但當代天主教會的聖禮神學，大致上仍然是相當傳統的。[6] 以下是這傳統的簡介。

A. 七個聖禮

傳統天主教會有七個聖禮，代表人生的七個階段/處境，包括：

1. 洗禮(出生)；
2. 堅信(長大成人)；
3. 聖餐(餵養)；
4. 痛悔(醫治)；
5. 抹油(疾病和死亡)；
6. 聖職(屬靈領袖)；
7. 婚姻(天上國民)。

---

4 見 "Decree Concerning the Sacraments," in *Creeds of the Churches: A Reader in Christian Doctrine from the Bible to the Present*, ed. John H. Leith (Louisville: Westminster John Knox Press, 1982), 425 ~ 439。

5 見 *Catechism of the Catholic Church* (U.S. Catholic Conference, 1994), 277 ~ 420。

6 參 Elwell, ed., *Evangelical Dictionary of Theology*, 955 ~ 959。

按羅馬天主教會的教導，這些聖禮都是基督所設立的神聖行動和話語，使人得享生命和成聖的恩典，是上主施恩之有效途徑，也是基督的恩典作為，藉聖職人員施行。既是基督的工作，聖禮的功效就不會受到聖職人員的個人品格和罪惡所影響，因為聖禮的果效源於基督，也單靠基督。

天主教的七個聖禮可分為三大類：

(i) 入門的聖禮

這些聖禮包括了洗禮、堅信、聖餐。它們的功能分別是：賜新生命、強化和餵養生命，使人達致完全。

(ii) 醫治的聖禮

這些聖禮包括了痛悔和抹油；它們的功能是藉上主生命和恩典的注入（infusion），使信徒的靈魂與身體得著醫治與重建。「痛悔」的功能是赦罪與復和，而「抹油」是藉膏抹的禮儀，使患重病者重獲健康，或準備他進到永生之福。這些醫治的「聖禮」是必須的，因為信徒今生的生命少不免有苦難、疾病和死亡，引致他們的新生命衰弱，甚至因罪而失落，因此需要聖禮來強化生命。這樣看來，天主教會認為，信徒在今生沒有得救的確據，需要不斷地「注入」恩典！

(iii) 聖職與委身的聖禮

聖職和婚姻這兩個聖禮的功能是使他人得享救恩，不單為教會帶來使命，並且得以服事人和建立上帝的子民。「聖職禮」

將人分別為聖，牧養教會，藉三類職分：主教、長老、執事，建立教會。而婚姻聖禮則帶來個人及社會的福樂，也反映基督與教會的關係，藉此盼望那將來榮耀中的羔羊婚筵。

B. 聖禮的效能

天主教看聖禮是：禮儀的行動帶來自動的效能（*ex opere operato* = by the work performed），即是說聖禮的外表記號（如：水、餅和酒）完全掌控了內在的恩典。至於人的角色是甚麼？答案是：只要接受聖禮的人沒有故意的硬著心，抗拒攔阻聖禮，他就可以享受聖禮的恩典了。[7]

這恩典的性質又是怎樣的呢？

這是一種注入（infused）、成聖（sanctifying）、外加（super added to nature）的恩典。

C. 一個問題

問題：天主教的七種聖禮，是否比更正教的兩種聖禮更豐富、更完備、更優勝呢？

回答：非也！

首先，我們要知道，其實除了洗禮與聖餐，其他五種禮儀，都不是基督親自設立的，因此都不可以算為聖禮。此外，

---

7 參 Bavinck, *Reformed Dogmatics*, vol.4, 484～485。

羅馬天主教會看聖禮所帶給信徒的恩典是貧乏和不持久的，因此認為教會需要一而再、再而三地，增添新的聖禮和注入恩典，幫助信徒免受罪的刑罰。天主教會甚至認為，就算信徒在今生已完全充足地領受了七種聖禮，死後他仍必須進到煉獄（Purgatory），為自己的罪擔受一些刑罰，甚至需要他在世上的家人，為他求特赦（Indulgences）。可見，天主教雖然有七個聖禮，它們所傳遞的救贖恩典並不完備、也不確定能為領受者帶來完全的救贖。

更正教神學家卻認為，基督所設立的洗禮和聖餐，已經表達和傳遞了完備的救贖恩典。因此，信徒藉信心領受聖禮，與基督聯合，在聖靈中體驗得救的確據，盼望「新創造」的實現。這豈不是更符合福音的本質，更值得我們用感恩的心去領受的嗎？

由於天主教看聖禮所產生的功效，是一種注入、外加，和需要不斷補充的恩典，方能得到上主完全的赦免、領受得救的確據，這驅使敬虔的天主教徒獻身進入修道院，積德修行，努力追求蒙上主完全的接納！反觀更正教信徒，根據新約保羅的教導，便明白人可藉信主、「洗禮」、歸向基督，得到完全的赦罪，生命與主聯合（羅六章），有得救的確據。他們又可藉信心領受「聖餐」，生命不斷被聖化、更新、建立（林前十～十一章），不單得以享受在基督裏豐盛的生命，並且有永生的盼望，等候將來羔羊的婚筵。這豈不是更完備、更合乎新約啟示的聖禮觀嗎？[8]

8　參 Bavinck, *Reformed Dogmatics*, vol.4, 493～495。

2 東正教

一〇五四年，東西方教會分裂，東正教（Eastern Orthodoxy）脫離以教宗為首的羅馬天主教，兩個教會正式分道揚鑣；在教會治理、救恩詮釋，以及神學建構上，都有不同的發展方向。比方說：東正教教會不接受羅馬教宗為普世教會的至高領導。他們看救恩為一「神性化」（deification）的歷程，多於是滿足律法的要求，且強調地方教會和信徒的崇高地位。在神學上，東正教源於初期教會的東方教父傳統，與天主教的西方背景不同，但其豐富的聖禮神學傳統，很值得我們探討和學習。

A. 聖禮是甚麼？

東正教看聖禮為基督徒領受參與在基督裏的生命之途徑，是上主與人類分享生命，拯救人脫離罪惡與死亡，得著榮耀的永恆生命的途徑。聖禮是教會奧祕的重要環節。[9]

B. 多少個聖禮？

東正教大致上保持七個聖禮的天主教傳統（洗禮、堅振、聖餐、痛悔、抹油、婚姻、喪禮），但當中沒有嚴格規定，且具有彈性：兩個、三個、七個，甚至十個聖禮，都有東正教的神學家支持。東正教傳統中，亦有一些「聖物」，或稱為「聖禮行動」（sacramental actions）的，如：僧侶專業、膏立君王、敬拜聖物

9　參 Nicholas Cabasilas, *The Life in Christ*, trans. Carmino J. Decatanzaro (New York: St. Vladimir's Seminary Press, 1974), 17～112。

及聖像（icons）等。較特別的是他們容許孩童領聖餐。此外，東正教與羅馬天主教一樣，都是以聖餐為聖禮之核心禮儀。

C. 聖禮之效能

東正教與天主教一樣，看聖禮的外在行動，就是領受者內在生命更新的保證（*ex opere operato*）。例如孩童的洗禮，就是他新生命的開始，再加上堅信禮同時進行，這孩童就立刻有資格領聖餐！至於聖禮所帶來的恩典，東正教強調是生命神性化的過程，而不是罪得到買贖的律法要求；前者是東方教父的傳統（如：加帕多家教父），後者則是西方教父（如：奧古斯丁）所強調的。

東正教看人類的需要，並非要解決從亞當而來的罪，乃是從亞當遺傳下來的殘缺、短暫，和被惡勢力綑綁的生命。因此人需要重生，而洗禮就是新生命的開始。而在人生的不同階段，人也必須藉著聖禮，不斷的重生，有更新的生命，直到有一天，在基督裏有復活的生命。這新生命是上帝白白的恩典，但也需要人的配合。

東正教看人洗禮後的生命更新，需要人不斷運用他的自由意志，與上帝的能力配合，這樣，方能從撒但手中重獲自由釋放。東正教強調，惟有當人運用其自由，與上帝合作（a God-man synergism），人才能經歷生命的更新，即：重生！

東正教也非常重視聖靈的工作，惟有聖靈才能使人有內在生命力，可以不斷地更新，達到至終完全神性化的境界。我們欣賞東正教神學從使徒保羅學到了一個重要的真理：「在基督裏」就是「在聖靈裏」（羅八 9～10）。[10]

D. 聖餐：基督榮耀人性的同在

東正教看聖餐禮是核心的聖禮，是信徒藉杯和餅，領受基督榮耀人性的時刻。東正教沒有天主教的變質說（transubstantiation），但也沒有把聖餐只看為是一個象徵，因為他們認為，當信徒擘餅時，他們是「真實地」領受基督，祂是上主所賜的天糧。當然，東正教神學家認為，這是一個「奧祕」（*sacramentum*），人不能完全了解！

東正教教會看重三一上帝論，特別強調聖靈的工作，這在其教會觀及聖禮觀中尤其明顯。在聖餐中，杯和餅被聖靈所聖化改變，成為基督榮耀的人性，為領受者帶來生命的改變，包括：靈魂得潔淨、罪得赦免、聖靈的團契、天國的豐盛。

東正教認為，聖餐建立教會，因為藉領聖餐這逾越節奧祕，教會得著改變：從墮落的人性，改變成基督榮耀的人性，實現了教會是基督身體的身分。從神人配合的角度看，聖餐也是聖徒向父上帝的禱求，而這祈求是在基督裏，藉聖靈而獻上的，為了使領受聖餐者經歷基督的同在。

聖餐也帶來盼望，因為它指向終極的實現，就是宇宙萬物回歸它原有的形態，而教會也將實現她的合一與榮耀。[11]

---

10 參 John Meyendorff, *Byzantine Theology: Historical Trends and Doctrinal Themes*, 2nd edition (New York: Fordham University Press, 1979), 191～200。

11 參 Meyendorff, *Byzantine Theology*, 201～211；Cabasilas, *The Life in Christ*, 113～148。

E. 短評

東正教的聖禮神學是豐富多采的，其中值得我們學習的可包括：重視聖靈；確定聖禮與信徒生命成長的密切關係，並努力在象徵和實體間找出聖禮的實質功效；也以「奧祕」取代天主教的「變質說」；且強調聖禮與基督、教會和末世的緊密關係等。

然而，東正教的聖禮觀，值得討論和商榷的問題包括：為何是七個聖禮？強調奧祕會否落入神祕主義？聖餐如何是基督榮耀人性的領受？

總的來說，東正教會的聖禮觀，是介乎羅馬天主教和宗教改革兩者的中間路線，其聖禮神學比天主教有較強的聖經基礎，他們重視聖靈的工作，且看聖禮與信徒生活息息相關。

3 馬丁路德

德國宗教改革先鋒馬丁路德（1483～1546 年），為普世教會帶來福音、神學和教會的更新與復興。他的神學強調上帝的道和因信稱義，而他的聖禮觀也與這些神學主題息息相關。

A. 上帝話語的重要

對路德來說，上帝的道（福音）是教會首要、甚至是惟一的標記，因為真正的教會必然有福音真道的宣講，和聖禮（洗禮及聖餐）的正確施行。教會不能缺少「道的宣講」，因為信道是從聽道而來，而聽道是從上帝的話而來（羅十 17）。因此路德認為，教會的崇拜必須有上帝話語的宣講，甚至在聖餐禮中，信徒不單要「望彌撒」(中世紀的傳統)，更是要「聽彌撒」，即是聆聽上帝的話語。

B. 批判天主教的聖禮觀

路德強烈批判羅馬天主教的聖禮神學與實踐。

首先，路德認為，新約聖經中只有兩個聖禮，就是洗禮和聖餐，天主教其他的聖禮都不是基督所設立的。

其次，路德看聖禮是「上帝可見的話語」(the visible words of God)，是上帝話語的延伸(extensions)。它們宣告上帝救恩的應許，就是：人藉信心可得赦罪之恩。可見，他也認為「聖禮」必須藉人的信心領受，方能生效。

第三，天主教傳統「單藉聖禮行動就有效」(*ex opere operato*)的觀點，也被路德完全否定，因為聖經清楚指明，信心是領受上帝恩典之必須途徑，因此他肯定，天主教教會是錯誤的，因為她教導接受聖禮的人，只要沒有犯「至死的罪」(mortal sin)，聖禮就自動有效！路德明言，信心是得救的必要條件，他甚至認為，人若真信福音，就算沒有領受聖禮，也能得救。

路德如此看重信心，會否是將聖禮觀「主觀化」了？路德當然肯定聖禮的「客觀價值」，因為它們是上帝賜予教會的，作為上帝福音應許的保證，其功效源於基督，不是出於人，也不是依賴人的能力。路德承接教父奧古斯丁的傳統，看聖禮的功效乃獨立於受禮者或施禮者的個人品格(正面或負面)，因為聖禮指向基督和祂的榮耀，使人能抓住上帝信實的應許，面對罪惡、死亡、地獄的黑暗而不懼怕。[12]

C. 洗禮

(i) 洗禮的意義

路德看洗禮為教會神聖的禮儀（liturgy），展示「因信稱義」的教義真理。洗禮是上帝施恩的途徑，帶給信的人救恩，包括：罪的赦免，脱離死亡和撒但的綑綁，得享永生。他看洗禮的功效不在水本身，乃在施行水禮時所宣告上帝的道，和人對這福音真道的信心。還有，「奉三一上帝之名」的意義是：洗禮是上帝向人施行恩典的工作，藉此上帝向人宣告：祂完全接納罪人，並賜予人豐盛的救恩。

(ii) 支持嬰孩洗禮

路德認為，新約的洗禮與舊約的割禮相類，都是上帝對祂的子民立約應許的印證。不錯，嬰孩本身沒有能力運用信心，但當他領受洗禮時，基督祝福他，賜他「嬰孩信心」（infant faith），和天國子民的身分，這是上帝白白的恩典。路德不接受中世紀天主教的教義：未受洗而死的嬰孩會去到「靈薄獄」（Limbo），因為這教導缺乏聖經根據。他認為根據主對孩童的祝福，未出生和未受洗而夭折的嬰孩，應該都是得救的。

---

12 參 Althaus, *The Theology of Martin Luther*, 345 ～ 352；George, *Theology of the Reformers*, 90 ～ 95。

(iii) 洗禮與信徒生活

洗禮是一次過的禮儀，但它的救贖果效卻是一生的，因為，像悔改的行動一樣，洗禮要求信徒每天經歷更新，每天悔改歸向上帝，而洗禮也是上主慈愛和恩典的保證，引領我們經過人生一切境遇，包括困苦與黑暗，而最終仍得蒙保守和拯救。[13]

4 路德與慈運理有關聖餐的辯論

A. 慈運理的聖禮觀

瑞士神學家慈運理（Ulrich Zwingli，1484 ～ 1532 年）與路德同為第一代的宗教改革領袖。他與路德一樣，看重上帝的道，也支持嬰孩洗禮；但他的聖禮觀，特別是聖餐觀，卻與路德的有相當的分歧，引致很激烈的爭辯。

慈運理看聖禮只是一個標記（sign），一個外在的行動，指向無形的現實，卻是與這現實沒有實質的關係。聖禮象徵上帝的恩典，卻非受恩的途徑（means of grace），也不保證聖靈在人心中的工作。他看洗禮只是入教的標記和承諾，和見證受禮者的信心和委身，洗禮本身並沒有潔淨的力量。

面對重洗派對嬰孩洗禮的批判，慈運理與路德一樣，引用「恩典之約」作為支持：洗禮不單是人對上帝的承諾，也是上帝對人藉聖約的應許的標記，可追溯至上帝與亞伯拉罕立約，和

---

13 參 Martin Luther, "The Babylonian Captivity of the Church," part 1, *Martin Luther's Basic Theological Writings*, 2nd edition, ed. Timothy F Lull (Minneapolis: Fortress Press, 2005), 210 ～ 239；Althaus, *The Theology of Martin Luther*, 353 ～ 370。

設立割禮的記號（創十七章）。[14]

B. 二人的共通點：批判天主教的聖餐（彌撒）

在宗教改革時代，羅馬天主教會的彌撒聖禮，在神學和實踐形式上，都備受爭議和批判，以下是一些較明顯受到批判的因由：

- 彌撒只是神甫的工作；
- 使用語言：拉丁文；
- 會眾沒有資格領聖餐，除非是在特別節日，如復活節，而且只能領餅，因為聖餐的酒，只有神甫才有資格領受；
- 「變質說」的教義於一二一五年，在第四次拉丁會議（Fourth Latin Council）通過，這教義看聖餐的餅和杯在被祝謝後，即變成基督的身體和血。

慈運理與路德都反對以上的聖餐形式，和背後的神學理念，因為他們深信：

- 聖餐並非一個供人觀賞的禮儀，而是供會眾參與的盛筵，所以信眾與牧者應該一同參與；
- 上帝的道是最重要的，而聖禮是上帝可見的道，應配合那可

14 參林榮洪：《基督教神學發展史（三）：改教運動前後》（香港：宣道出版社，2009），頁 206 ～ 208；G.W. Bromiley, ed., *Zwingli and Bullinger* (London: Westminster John Knox Press), 132 ～ 160。

聽的道；

- 聖餐並非基督被獻為祭的重演（天主教的詮釋），因為基督在十架上的獻上，是不能、也不必重複的；
- 變質說的教義是錯誤的！

C. 二人的分歧：聖餐的意義

1. 路德因為耶穌說：「這是我立新約的血」，看聖餐為基督的遺約（testament）；而慈氏則因為耶穌說：「你們要如此行，為的是記念我」，而視之為對主的記念（memorial）。路德看聖餐為基督賜予教會的禮物（「這是我的身體……我血」），而慈氏則視之為一個記念和委身的禮儀（「要如此行」）。
2. 路德的「同質說」（consubstantiation），看聖餐中基督的身體和血，是在餅和杯的「上、下、左右」，真正的同在，也供參與聖禮者真正的領受吃喝；但慈氏卻不能接受「這」就必然是指那屬物質的身體和血，正如主說：「我是葡萄樹」，或保羅說：「基督是磐石。」因為這些都是寓意的表達，因此不可以直接將比喻實質地等同基督。
3. 二人皆同意餅是一個記號（sign），但路德看這記號與實體——就是基督的身體，同在一起；而慈氏則看二者在本質上相隔甚遠：一個在地，一個在天！
4. 路德認為慈氏的聖餐是不真實的（unreal），而慈氏認為路德的聖餐有「天主教變質說」的味道，也有落入拜偶像的危險。

5. 基督論的分歧：路德和慈運理皆相信基督的神人二性，但卻只有一個位格；然而，前者強調一個位格，而後者則強調神人二性的分別。基於屬性相通（communication of attributes），即基督的「人性」可以有「神性」的特徵，相反亦然，路德看基督的人性可以無所不在。但慈運理卻不同意，他認為基督雖復活升天，祂的人性仍在，不會變成神性；而今天祂的榮耀身體仍在天堂，在父上帝的右邊掌權，直到祂再來，審判活人死人。

歷史告訴我們，慈運理在人生的後期，較多體會聖餐中基督「真實的同在」（real presence），但很可惜，由於上述聖餐神學上分歧，兩位宗教改革先鋒最終還是不能彼此協調和解！一五三一年，慈運理在一次與羅馬天主教軍隊的戰役中，戰死沙場，享年四十七歲。[15]

5 重洗派

這一派的教會又稱為「極端的宗教改革」（radical Reformation），始於十六世紀初的歐洲。他們反對為嬰孩施洗，並堅持曾於天主教會領洗者，或未信而受洗者，皆須重洗，這是基於他們的教會觀。

15 參 George, *Theology of the Reformers*, 144 ～ 161；Bromiley, ed., *Zwingli and Bullinger*, 176 ～ 238；Althaus, *The Theology of Martin Luther*, 375 ～ 403。

A. 教會觀

重洗派看教會為「重生信徒的羣體」，他們要求所有信徒在受洗加入教會時，必須決志作主門徒，並與其他信徒過愛心的羣體生活。他們嚴守政教分離的原則，因此不同意天主教、信義宗，和慈運理派等教會，容讓政府以武力影響和管治教會。重洗派認為政府是上帝設立，維持法治的權力組織，應得到公民的順服，除非它破壞信仰，或強逼信徒違背信仰；教會卻是以愛心和真理管治信眾，因此二者的管治動力和原則完全不一樣。

重洗派教會發展初期，其信徒受到很大的迫害，一些領袖也為其信仰殉道了。其後較自由的宗教改革教會，逐漸容忍和接納他們，而他們也正面影響了一些「福音信仰教會」的發展，如：自由教會、浸信會、門諾會等。

其實，重洗派教會的目標，並非要如路德、加爾文一樣，藉上帝的道改革教會，乃是要帶領教會返回初期使徒教會的樣式，實踐門徒的愛心生活、為主受苦、彼此洗腳等。

B. 聖禮觀

對比宗教改革領袖，重洗派領袖的聖禮觀比較接近慈運理：強調人的信心、立志和獻上，多於上帝的主權和施恩。對他們來說，洗禮和聖餐只是領受者信心的記號（signs of faith），其意義在於信徒的生命表現。

(i) 洗禮

重洗派看洗禮有三重意義：

1. 聖靈的洗：受洗者須先有聖靈重生的經歷；
2. 水的洗：水禮見證受洗者罪已得赦，有無愧的良心；
3. 血的洗：受洗者須樂意為主受苦，甚至有殉道的心志。

可見洗禮對他們來說，是一個信心的見證，先信後洗，這是不可改變的次序。因此，重洗派教會不接受嬰孩洗禮，和未有信心的成人的洗禮。其後某些受重洗派影響的教會（如：浸信會），要求轉會者重洗或重浸，也是基於相類似的原則。

洗禮印證信徒立志作門徒，過新生活，這是重洗派洗禮觀的要義，對信徒個人的信仰和生活都很重要。另一方面，重洗派也很強調「約」的觀念：洗禮是人與上帝立約，也是他與教會肢體立約的行動，因為他藉此進入了教會的羣體。

(ii) 聖餐

重洗派否定聖餐的餅和酒本身有任何效能，他們不單不接受天主教的「變質說」，也不接受一般宗教改革的觀點，即「聖餐乃上帝施恩的途徑（means of grace），是基督真實同在（real presence）的媒介」這個看法。

重洗派看聖餐只是一個記號，用作記念基督「十架犧牲、復活」的禮儀，也印證基督對我們的愛、信徒之間的合一、和平和愛的連結。當信徒誠心領受聖餐時，他們就能與主連結，也彼此連結。

(iii) 其他

除了洗禮和聖餐外，重洗派還有兩個重要的禮儀。其一是洗腳之禮，它是主親自吩咐門徒當守的，為要藉外面的洗濯，象徵內心靠基督寶血的潔淨，也帶出主對門徒的要求：謙卑服事，正如聖餐所象徵的。

其二是逐出令（the Ban），就是將一些敗壞的會友，逐出教會，目的是要使他悔改，得以挽回。逐出令的方式乃按照馬太福音十八章15至20節主耶穌的吩咐；較明顯的個案包括：醉酒、姦淫、咒詛褻瀆、與非信徒通婚、與配偶不停爭吵，以及騙取教會信眾的財物等。[16]

6 加爾文：承先啟後的聖禮觀

A. 承先

加爾文（1509～1564年）是第二代的宗教改革領袖，他從路德學習很多，也受慈運理的思想影響，因此他的聖禮觀是介乎這兩位前輩的。當然，加爾文曾說，他撰寫《基督教要義》（即他的系統神學）最大的目的，乃是闡釋聖經真理，並建立聖徒的敬虔生活，而並非要跟隨任何人的思想。

加爾文看「聖禮」是：

- 主藉一個「可見的神聖記號」（a visible sign），去表達一個「不可見的恩典」（an invisible grace），這與奧古斯丁的看法一致。

16 參 Friedmann, *The Theology of Anabaptism*, 134 ～ 152；George, *Theology of the Reformers*, 285 ～ 294。

- 上帝的「道」或「應許」有形的表達，這也是路德所強調的。聖禮是上帝的道（福音應許）的記號（sign）和印證（seal），換句話説，聖道先於聖禮，並且聖道賦予聖禮真正的意義，而聖禮也是上帝表達祂應許的信實。
- 信徒在主、天使和人面前見證他們「對上帝的敬虔」的神聖行動，這也是慈運理所看重的。

這定義肯定了加爾文的聖禮觀，與奧古斯丁、路德、慈運理等前輩的共通點，也確定聖禮一方面是上帝向人的施恩行動，另一方面也是人對上帝的敬虔回應。

此外，與其他宗教改革者一樣，加爾文認為聖禮只有兩個，而不是七個。洗禮是入門的禮儀，其意義主要是象徵和展示信的人「潔淨和罪得赦免、更新和成聖、與基督聯合」等福氣。而聖餐禮則是信徒加入教會後，得餵養及培育的禮儀，其意義是象徵和展示：

- 基督使我們得生命，並不斷有生命的餵養；
- 聖靈使我們與基督聯合，又與祂有契合交通；
- 聖徒在基督裏合而為一，彼此團契相通。[17]

---

17 參 David W. Hall and Peter A. Lillback, eds., *Theological Guide to Calvin's Institutes: Essays and Analysis* (Phillipsburg: P & R Publishing, 2008), 374 ～ 385。

B. 啟後

然而，加爾文的聖禮神學也有其獨特和創見之處，[18] 其中包括：

- 聖禮是上帝與人立約的記號(tokens)，在舊約是割禮和獻祭，而在新約是洗禮和聖餐。加爾文認為，舊約聖禮不單是「預示」基督，也是與新約聖禮「平等」的，即新舊約聖禮都是展示上帝所應許的救恩。加爾文把聖禮與新舊聖約緊密地串連起來，這是創新的。
- 聖禮也是上帝聖約應許(covenantal promise)的印證(seals)，是上帝話語可見的保證，確定其可信性和必然成就，就如割禮是上帝向亞伯拉罕保證，「稱義」是信靠上帝應許者的必然祝福。[19]
- 加爾文與其他宗教改革者一樣，堅拒羅馬天主教「聖禮儀節自動有效」的立場，但他進一步強調，聖禮的功效是基督和聖靈的工作，意思是：領受者須信靠基督——那聖禮的設立者和至終目標，而使領受者有效蒙福的，是那稱為「生命之主」的聖靈，而非其他因素(如：禮儀本身、人的虔誠或努力等)。
- 加爾文另一獨特貢獻，是清楚闡釋「聖禮的聯合」(sacramental

18 參 J.V. Fesko, *Word, Water and Spirit: A Reformed Perspective on Baptism* (Grand Rapids: Reformation Heritage Books, 2010), 79 ～ 85；George, *Theology of the Reformers*, 237～240。

19 參 Calvin, *Institutes of the Christian Religion*, Book 4, Chapter 14, Section 5。

union）的意思。[20] 簡言之，就是聖禮的記號（如：水禮）和實質（如：赦罪、救恩）二者不可分割。這「聯合」是對有信心者說的，但對沒有信心者，記號與實質卻是分開和不可混淆的。二者的聯合因此是一種「聖禮的聯合」，而基於這聯合，聖禮就可以說是基督為教會而設的「施恩途徑」（means of grace）之一，而不致落入兩個極端，就是羅馬天主教（把二者完全等同）和重洗派（把二者完全分割）的錯謬。

7 綜合評論

上述所簡介的，是基督教會自中世紀以來，直到今天，六個主要的聖禮觀。以下嘗試為歷代主要聖禮觀作一綜合評論：

A.「聖禮神學」的光譜

在這些聖禮觀中，無疑天主教是最重視禮儀和聖職本身的能力（即：聖禮主義〔sacramentalism〕）的，而重洗派剛好相反，是最不重視這些「外在禮儀」的。東正教接近天主教，卻較後者更看重聖靈的工作，和聖徒生命的建造。至於三位宗教改革者，路德在「基督真實同在」方面較接近天主教，慈運理較傾向重洗派，而加爾文則在中間，主張「聖禮聯合」（sacramental union）。六個神學觀點如同一個光譜，由左到右，可排列如下：

20 參 John Calvin, *Calvin's New Testament Commentaries, vol.8: Romans and Thessalonians* (Grand Rapids: Eerdmans, 1995), 123；John Calvin, *Calvin's New Testament Commentaries, vol.9: First Epistle of Paul to the Corinthians* (Grand Rapids: Eerdmans, 1996), 205。

天主教→東正教→路德→加爾文→慈運理→重洗派

從「神人配合」看這光譜，靠左的重視上帝藉教會的賜予，靠右的卻強調人的信心行動。宗教改革者則較兼顧上帝的賜予和人的回應，和二者之間的聖約關係（covenantal relationship）。

B. 加爾文的「聖禮神學」

在宗教改革者的聖禮觀中，筆者認為加爾文（和其後改革宗傳統）的觀點，是較為中肯和符合聖經啟示的，它兼顧了新舊約的聖禮教導，避免了左右的極端，也肯定了聖禮的重要功能：記號、印證、施恩途徑，並聖靈的工作。

改革宗神學的典型文獻，是英國改革宗教會於一六四七年發表的《韋斯敏斯德信條》（Westminster Confession of Faith），當中有關「聖禮」的信仰載於二十七章1、3節：

> 聖禮是恩典之約的聖潔記號和印證（羅四11；創十七7、10），是由上帝親自設立（太二十八19；林前十一23），代表基督及其恩惠，並證實我們與祂有分（林前十16，十一25～26；加三27）……聖禮所表達或賦予的恩典，並不是由聖禮本身的甚麼權能賦予的；聖禮的功效也不依賴施行者的虔誠或心意（羅二23、29；彼前三21），而是依賴聖靈的運行（太三11；林前十二13），和設立聖禮的話……。[21]

21 參湯清編譯：《歷代基督教信條》，頁364。

這信條所表達的聖禮觀，涵蓋了「記號」、「印證」、「上帝的話」、「受恩之途徑」和「聖靈工作」等重要元素，是過去數百年不少福音信仰(特別是改革宗)教會所認同的。

C.「聖禮神學」的近現代發展

當然，歐美教會自十八世紀以來，經歷了啟蒙運動、理性主義、浪漫主義、道德主義、實存主義，以及後現代主義的文化和哲學浪潮，對整體教會的聖禮神學，也間接地有所影響，但往往是較為短暫和地域性的。大致來說，上文所評介的六個聖禮神學，仍然是今天基督教教會的主流立場。[22]

三　聖禮之一：洗禮的神學與實踐

1 新約教會洗禮的源起

新約教會的洗禮，源於基督復活後，以天國君王的身分吩咐門徒出去，使萬民作主的門徒，其中包括「奉父、子、聖靈的名，為他們施洗」，和「教導他們遵守祂一切的命令」(太二十八18～19)。這洗禮的吩咐，其後在教會中實施遵行(徒二41，八12、36～38，十47～48，十六32～33)，直到今天。

基督吩咐教會要奉三一上帝的名為門徒施洗，表示受洗者與三一上帝聯合，這與初期教會「奉耶穌的名施洗」(徒十48，

22 參 Mark R. Francis, "Sacramental Theology," in *The Blackwell Encyclopedia of Modern Christian Thought*, ed. Alister E. McGrath (Oxford: Blackwell Publishers, 1993), 581～587；有關不同宗派的聖禮神學與實踐，可參閱Webber, ed., *The Complete Library of Christian Worship, vol.6: The Sacred Actions of Worship*。

十九 4～5）沒有矛盾，因為與聖子聯合，也就是與聖父及聖靈聯合契通（約十四 23，十七 20～21）。

這新約教會的洗禮與施洗約翰的洗禮，有甚麼關係呢？簡單來說，約翰的洗禮是悔改的洗，是預備性的，正如他的事奉，和傳講的信息：「天國近了，你們應當悔改」（太三 2），都是為預備耶穌的事奉和信息。耶穌的身分不同，祂是彌賽亞君王，祂的事奉（包括傳道、醫病、趕鬼），是天國開始實現的事奉，所以祂的信息除了「悔改」之外，還有「信福音」（可一 14～15），因為祂的工作是天國臨在的好消息（太十二 28）。其實，施洗約翰也明言，自己不是基督，只是基督的先鋒，他自己用水施洗，而基督卻是用聖靈與火施洗（太三 11～12；可一 7～8），兩者的「洗禮」有基本的分別。當然，約翰的事奉和洗禮雖然只是過渡性的，仍有一定的價值，因為是為君王基督開路，引導人相信基督，進入上帝的國度。

那末，在基督受死前，祂與門徒為人施行的洗禮（約三 22、26，四 1～2），又是甚麼回事呢？從約翰福音三章 22 至 36 節可見，這洗禮是表示人承認耶穌為彌賽亞，願意跟隨祂，不是跟隨約翰，這也是約翰所樂見的。這段時期的洗禮，與基督在「大使命」（太二十八 19）所吩咐的洗禮不一樣，但在時間和意義上，二者的關係非常密切，就如耶穌在地上「呼召門徒」，與祂在復活升天後，新約教會「使萬民作門徒」，二者的關係相類似。[23]

---

23 參 John Murray, *Christian Baptism* (Phillipsburg: P & R Publishing, 1980), 1～2。

2 洗禮的神學意義

A.「恩典之約」的記號（sign）與印證（seal）

有關「聖約神學」的概念與意義，在第二章第三部分「聖約神學精要」已有所闡釋，讀者可參閱。

按聖經所載，在人類犯罪之後，上帝與人所訂立的聖約，大體上可分「律法之約」（covenant of law），和「恩典之約」（covenant of grace）兩類。前者以「西奈之約」（出十九～二十四章）為主，而後者則以「亞伯拉罕之約」（創十五，十七章）、「大衛之約」（撒下七章），及「新約」（來八～十章）為主。「律法之約」突顯人類的罪性與無助，而「恩典之約」則彰顯上帝無條件的慈愛恩典，帶出奇妙的救恩應許。

恩典之約與聖禮有密切的關係，因聖禮指向並印證上帝藉恩約所應許的祝福，並確定這些應許必然實現。聖禮也是上帝施行救贖恩典的途徑。在某程度上，聖禮就是聖約（創十七 13～14；出四 24～26）。[24]

（i）上帝與亞伯蘭立約（創十五 1～21）

在 1 至 7 節，主耶和華主動起誓應許亞伯蘭作他的保護，並會大大的賞賜他，給他一個兒子，作他的後嗣，並將迦南美地賜予他和他的後裔（18～21 節）。這些應許是完全無條件的，亞伯蘭只需要憑信心接受，就可以得著，而他亦如此相信上帝的應許，得稱為義（6 節），成為歷代蒙恩聖徒的榜樣（羅四

---

24 參 Michael Horton, *Introducing Covenant Theology* (Grand Rapids: Baker, 2006), 137～171。

1～3、13～16）。

在8至17節，上帝在亞伯蘭面前，以火祭向他保證，祂對他的應許必然成就，以回應他的疑惑（8節）。17節記載的火從肉塊中經過，是象徵上帝自己成為祭物。人若不守約，就會像被劈開的祭牲一樣，被獻上燒掉。這預表基督在十架上親自為不守約的罪人，代受咒詛，顯出上帝恩典的代贖（參耶三十四18～20；來九22）。[25] 上帝藉此確立祂與亞伯蘭所立的約，因此「立一個約」（make a covenant），又可稱為「割一個約」（cut a covenant），正如羅拔遜（O.P. Robertson）定義「聖約」為：「上帝藉血設立的契約」（A bond in blood sovereignly administered）。[26]

（ii）恩約之確定（創十七，二十二章）

在十七章，上帝與亞伯蘭進一步確立恩典之約，應許他成為多國之父，得著迦南美地，並有上帝作他和他後裔的上帝（1～8節）。這是上帝主動和白白的恩典（參十五章），但人也必須藉信心的順服去回應，因此上帝吩咐他要活在上帝面前，作無愧的人（1節），就是按上帝的同在、應許和誡命過每一天。還有，就是要為他的後裔施行割禮，作為聖約的記號和印證（9～27節），就是亞伯拉罕得以因信稱義的記號和印證（羅四11）。凡不受割禮的就是背約，必從民中被剪除（14節）。可

25 參 Clowney, *The Unfolding Mystery*, 46～48。

26 參 O. Palmer Robertson, *The Christ of the Covenant* (Phillipsburg: P & R Publishing, 1980), 3～15。

見，割禮作為聖約的記號，也是人守約的證明，因為順服是信心的印證。因此，其後在出埃及期間，上帝曾表示要殺摩西，因為他沒有為兒子行割禮。後來妻子西坡拉為兒子行了割禮，摩西才逃過大難（出四 24～26）。可見，割禮與聖約不可分割，因為不行割禮就是不守約。但在另一方面，上帝又告訴我們，人若只有外體的割禮，沒有出自內心真正的敬虔，也是徒然（參申十 16，三十 6；耶四 4；羅二 25～28）。

以撒作為聖約的兒子，藉割禮領受約的記號和印證（創二十一 4），但他在摩利亞山上，要被父親獻上為燔祭（創二十二章），那是一個全人的獻祭，終極的審判。亞伯拉罕獻上以撒為祭，是真的獻上，但上帝為他預備了公羊，更清楚預表了基督十架的獻祭代贖（創二十二 9～14），這與十五章的異象是前後呼應的，兩者皆指向基督。

在新約時代，保羅稱十架為「基督的割禮」（西二 11），比喻基督在十架上，實現了創世記二十二章中的燔祭：一個身體全人的割掉，藉死亡進入黑暗，被咒詛，被棄絕，就如以賽亞先知所描繪的受苦僕人（賽五十三 6～12）。十架也是基督的「洗禮」（可十 38～39；路十二 50），也是比喻基督代受咒詛審判，捨命完成救贖。因此，洗禮是新約的記號，正如割禮是舊約的記號，洗禮是割禮的延續和實現。可見，恩典之約分兩個歷史階段完成，而基督的新約是亞伯拉罕之約的延續和實現。這恩典之約的連續性，支持新約教會為嬰孩施行洗禮（見下文）。

(iii)新約的洗禮

新約信徒藉信心和洗禮的印證，與基督聯合，與主同死同復活(羅六3～10；西二12～13)，得蒙拯救。與主同死，就是與祂同受割禮(西二11)，在上帝對罪的審判上有分，領受基督的代贖功勞；而與主同復活，就是與他同蒙稱義，一同復活(西二12；羅四25)。審判和稱義、死亡與復活，都是古代盟約中的「制約」(sanctions)的兩面——咒詛和祝福。

「割禮」作為舊約時代的聖禮，是「恩典之約」的記號和印證。它有除掉污穢、因信稱義、與上帝聯合、互相契通的救贖意義，與新約的聖禮——洗禮——的功能是相同的。[27] 其實，兩者有相同之處。這外顯的「聖禮」與內住聖靈賜予的「信心」配合，使人得救，與基督聯合(羅八9～10)，至終帶來身體復活，得以進入更新的天地(羅八11、19～23)。

洗禮有「咒詛」和「祝福」的雙重功效，在舊約時代已有例證。使徒彼得回顧挪亞與他的家庭藉方舟避過洪水，這洪水象徵新約的洗禮，給信的人帶來拯救之福，但對不信的人卻帶來審判之禍(彼前三20～21；彼後三5～7)。不單在今天，更是在末日，受洗卻不信的人將被棄絕，這就是聖約的「制約」，有正反的功效。這警戒今天的教會，不要為不信的人施洗，因為這對他不但無益，反而有害，甚至使他沉淪。

同樣，使徒保羅回顧以色列人在出埃及的事件中，在雲裏和海裏受洗歸了摩西，但其後因不信和背道，倒斃曠野。

---

27 參 Murray, *Christian Baptism*, 48。

這是可悲的，卻是真實的。這説明了受洗者若沒有堅忍的信心（persevering faith）是危險的（林前十 1 ～ 11；參來四 2，六 4 ～ 12）。其實在以色列人過紅海時，埃及的軍隊也進入紅海追殺他們，但卻至終被紅海淹滅，豈不也正是顯示出洗禮的審判功能嗎（參出十三 21 ～ 22，十四 19 ～ 20；賽四 2 ～ 5）？

B. 洗禮是上帝「施恩的途徑」（means of grace）

聖禮是主基督設立的、上帝向人施恩的途徑。人的信心、委身、認信，只是一種領受恩典的回應。上帝主動的計劃，差遣基督在歷史中完成救贖，並設立聖禮，作為祂施恩的途徑。而上帝藉洗禮所施予的恩典包括：

(i) 得潔淨、蒙赦罪

保羅論及基督與教會的關係，有這樣的話：

> 你們作丈夫的，要愛你們的妻子，正如基督愛教會，為教會捨己。要用水藉著道把教會洗淨，成為聖潔，可以獻給自己，作個榮耀的教會，毫無玷污、皺紋等類的病，乃是聖潔沒有瑕疵的。（弗五 25 ～ 27）

基督藉十架捨己拯救教會，目的乃是要潔淨教會，使她成為榮耀聖潔的新婦，可以獻予自己，而這潔淨的過程，是用水（即洗禮），也藉著道（即上帝的話語）。在這裏，我們看見主基督是拯救罪人，潔淨生命的主，而祂施恩的途徑，是藉聖禮的施行，和上帝的道（真理）的引領。可見，洗禮不單是救恩的記號和印證，也是上帝施行救恩的途徑。它與上帝的道互相配合（外在可見的聖禮，與內在信心的配合），使人得著救恩和生命的更新，包括重生（約三 3～5）和漸進成聖（羅十二 2；腓三 10）。而聖道和聖禮的有效運作，皆是聖靈的工作，正如保羅在哥林多前書六章 11 節如此說：

> 你們中間也有人從前是這樣；但如今你們奉主耶穌基督的名，並藉著我們上帝的靈，已經洗淨，成聖，稱義了。

他勸勉哥林多信徒遠離罪惡，因為他們在基督裏，藉聖靈，已蒙救贖，包括罪得潔淨、成聖、稱義。在這裏，「得洗淨」的重點不在洗禮，而在於赦罪和重生，但正如加倫（David E. Garland）所言，這裏也間接與洗禮有關，因為洗禮也是人「歸主」的時刻，這在新約中它也常與罪的赦免連接（徒二十二 16；弗五 26）。提多書三章 4 至 5 節論及洗禮時也用「重生的洗濯」（the bath of regeneration）來形容，而這「潔淨的洗濯」，就是基督帶來的末世救恩。[28]

使徒彼得在論及洗禮的救恩意義時，引用挪亞洪水和方舟作為基督救贖的預表，他有這樣的話：

---

28 參 David E. Garland, *I Corinthians*, Baker Exegetical Commentary on the New Testament (Grand Rapids: Baker, 2003), 215～216；Ridderbos, *Paul*, 376～378。

> 當時進入方舟，藉著水得救的不多，只有八個人。這水所表明的洗禮，現在藉著耶穌基督復活也拯救你們；這洗禮本不在乎除掉肉體的污穢，只求在上帝面前有無虧的良心。（彼前三 20 ～ 21）

他清楚指出，洗禮的救恩含義是信徒得潔淨，但強調不是要洗淨身體上的污穢，乃是要讓領受者在上帝面前有一個無虧的良心，就是內在的生命得潔淨。

(ii) 歸向基督、與祂聯合

洗禮是表達人悔改歸主的行動，這歸主的經歷，在新約聖經中，是常藉四方面來表達的：信心、悔改、受洗、領受聖靈；而提及上述任何一方面，皆假設了其他方面的存在（參徒十四 1，十五 11，十六 1；徒三 19，十七 30，二十六 20；徒二 38；徒十 45 ～ 48，十九 2 ～ 7）。因此，當使徒保羅在羅馬書六章 3 至 4 節和歌羅西書二章 12 節論及洗禮時，他其實也包括了信心、悔改，和聖靈。[29]「受洗」因此是人歸信基督的行動。

羅馬書六章 2 至 10 節說，信徒受洗歸入基督，是歸入祂的死和復活，是一個與主聯合，即與主「同死、同埋葬、同復活」的經歷。這經歷就是與主一同分享祂在十架上的死，和從墳墓中復活的生命，有祂死亡和復活生命的形象（5 節）。結果是信徒「向罪死」（2 節），就是向罪的權勢死，不必再作罪的奴僕（6

---

29 參 Douglas J. Moo, *Romans*, The NIV Application Commentary (Grand Rapids: Zondervan, 2000), 203 ～ 204。

節），也同時是「向上帝活」（8 節），能以活出基督復活形象的新生樣式（4、13 節）。這「受洗歸入基督」，也就是「披戴基督」了（加三 27）。

這與主的聯合，不是單單一個記號，或只是一個觀念，乃是一個救贖性的聯合，就是基督作為「末後亞當」，成為我們的代表和代替（representative and substitute），帶給我們整全的救恩，包括：稱義、重生、成聖、和好、嗣子、得榮等。[30]

這救恩也帶來知識、生命和行為上的轉變更新，這包括：改變我們對基督和人的評估（林後五 16～17）；從罪中得自由（羅六 14～18）；為主而活（林後五 14～15）；並結出聖靈的果子（加五 22～25）。因此，對信的人而言，洗禮是信心的表達，也是一生信靠主、順服主、跟隨主、在基督裏新生活的開始。歌羅西書三章 1 至 17 節帶出這與主聯合、同死同復活的人，當思念上面的事，不要思念地上的事（2 節），意思是要對付、治死屬地的罪，如：淫亂、污穢、邪情……等（5～8 節）；相反地，要培養天上的美德如：憐憫、謙虛、溫柔……等（12～17 節）。

這新生的樣式乃是根據信徒藉洗禮與主同死同復活的新生命和身分（西二 12～15，三 1）。可見洗禮與信心一樣，是人與基督聯合的媒介，只不過洗禮是外顯的聖禮，而信心則是內心的態度，二者互相配合，都是上帝施恩的途徑。[31]

---

30 參陳若愚：《基督、聖靈與救贖》，第四章。

31 參 Ridderbos, *Paul*, 206～214。

(iii) 領受聖靈的洗、進入基督教會

保羅在哥林多前書十二章論及教會的合一（一個身體）和多元（多個肢體）時，宣告說：

> 我們不拘是猶太人，是希臘人，是為奴的，是自主的，
> 都從一位聖靈受洗，成了一個身體，飲於一位聖靈。
> （林前十二 13）

「從一位聖靈受洗」可以解為「在聖靈裏受水禮」（water baptism by the Spirit），或「受聖靈的洗」（Holy Spirit baptism），兩個解釋都有可能，但二者並不互相排斥。重要的是每一位信徒皆成為基督身體的一部分，並且都沉浸在聖靈中。而「飲於一位聖靈」更加強調教會信眾，作為基督的一個身體，有聖靈豐富的生命與能力。[32] 若這裏是指水禮，則明顯地保羅是將洗禮和聖靈緊密相連。當然，這與新約其他經文的教導也是一致的（參徒二 38；可一 8；約三 5；多三 5 等）。

保羅在提多書三章 5 節論到救恩，是因著上帝的憐憫，「藉著重生的洗和聖靈的更新」，很清楚指出洗禮所表達的，是重生的生命，而這重生，也是聖靈更新的工作。這與約翰福音三章 3 至 5 節主耶穌的教導吻合，「水」和「聖靈」是人領受重生的兩方面：有形外在的洗禮，和內在聖靈的更新。對尼哥德慕來說，作為當時的法利賽人，也許可以體會水是代表舊約潔淨之

32 參 Garland, *I Corinthians*, 590 ~ 594。

禮，或約翰的悔改洗禮，或耶穌和門徒的施洗。無論如何，主將這些水禮（新約教會洗禮的前奏），與聖靈的重生連起來，並勸勉尼哥德慕要藉信靠基督而得永生（約三 11 ～ 16），帶出清楚的福音信息。

從救恩歷史的角度看，聖靈是「末世已臨」最大的特徵（徒二 17 ～ 21；羅 8 章；多三 6 ～ 7）。自五旬節到主再來，信徒和教會的生活與事奉，離不開聖靈的生命、智慧、能力。不但如此，聖靈也是一個「印記」（seal），印證信徒是屬主的，祂也是一個「憑據」（deposit），保證信徒至終會得基業，因為上帝的應許必然實現。

假如聖靈是信徒內在的印證，洗禮就是外在的印證，標誌聖靈的內住，確定上帝的應許。這內外兩方面的印證，使活在患難中的信徒相信，其天國的盼望必不落空（羅五 3 ～ 5）。

信眾不單是在一位聖靈裏受洗，他們也是藉這聖禮成為基督身體的一分子，因為「主就是那靈」（林後三 17），而這身體是合一而多元的（林前十二章），當中有不同的恩賜、民族、階級、性別，但在主裏都是合一的（加三 27；林前十二 12 ～ 13）。洗禮作為加入教會的聖禮，開始了門徒一生的生活和事奉，其中包括：

- 獻上身心事奉主，藉恩賜配搭建立基督身體；
- 以愛心彼此服事，彼此團契，活出基督；
- 推動教會在主裏和在聖靈裏的合一，作和平之子。

C.「洗禮」與「信心」有何關係？

福音信仰的教會，在討論洗禮的信仰意義時，常會碰到兩個問題：

問題一： 信心與洗禮，那一樣較重要？一般的看法是，洗禮只是一個儀式，一個記號，指向那真正內心的信靠，而這信心才是那使人得稱為義，得永生的媒介。這看法對嗎？

問題二： 馬可福音十六章 16 節說：「信而受洗的，必然得救」，這似乎把信心放在洗禮之前。但假若一個人在受洗之後才清楚信主，他的洗禮是否有效？他是否必須「重洗」？還有，這是否表示，教會不應為嬰孩施洗，因為嬰孩沒有能力了解福音和信靠耶穌。這是反對嬰孩洗禮的人所持的論點，但究竟這論點是否合理？

要好好回答這兩個問題，我們必須從聖經，進一步地探討信心與洗禮二者的關係。對這個問題，改革宗學者謝潑德（Norman Shepherd）的文章，提供了適切的回應。[33] 以下四點撮要了謝氏的基本立論，筆者並將之應用在「嬰孩洗禮」這課題上。

(i) 信心與洗禮有密切的關係

使徒行傳記載不少個案，是人相信耶穌，也接受了洗禮，

---

33 參 Norman Shepherd, "The Correlation of Faith and Baptism," unpublished paper, Westminster Theological Seminary, 1975。

顯示二者的關係密切。馬可福音十六章16節提出信而受洗的原則，似乎支持信心應在洗禮以先，因此嬰孩不應受洗，因為他們不能運用信心。這是一般重洗派和浸信會教會所持守的立場，但這立場帶出了兩個問題：

1. 「不能」是甚麼「不能」？聖經中論及人的不能和無能，往往是指人「在道德上的無能」（moral inability），如：不能得上帝的喜悅（羅八8）；不能喝主的杯，又喝鬼的杯（林前十21），都是指人在道德上的不能，引致主的責備和懲戒。而嬰孩的不能卻是生理和心理上的，而非道德性的，在聖經中並沒有類似情況和案例，因此不能作為反對嬰孩洗禮的有效理據。
2. 若嬰孩「不應」受洗，因為他們「不能信」，我們會否進一步說，因為他們不能信，因此不能得救？嬰孩也是亞當的後代，因此生下來就是罪人，若他們不能信，不單不能受洗，按浸信會的立場，他們也全部不能得救，全部都被定罪了，這豈不是很可怕嗎？部分浸信會的人真的認為所有夭折的嬰孩皆滅亡了，但有些則會聲稱不知答案，另一些則認為嬰孩不需要救恩。總的來說，浸信宗教會沒有一套根據聖經的「兒童神學」。在這方面，宗教改革者，特別是加爾文和改革宗的聖約神學，顯然較為優勝。[34]

---

34 參 David Kingdon, *Children of Abraham* (Haywards Health: Carey Press, 1973)。

(ii) 信心與洗禮的密切關係，不在於時間上的先後

信心與洗禮的關係其實是「同時並進」(simultaneous) 的！

一般浸信宗的洗禮神學，看信心必然先於洗禮，原因有三：

1. 從成人洗禮的角度看，成年人往往先決志信主，然後才領洗。這時間上有先後，大家都會同意。
2. 浸信宗跟隨慈運理和重洗派神學，以洗禮為人「認信的標誌」(an emblem of man's profession of faith)，是人信心的有形記號。洗禮只是記號，沒有實質，也不是上帝施恩的途徑，因此他們認為：「信心在先，洗禮在後」才是合理的。
3. 浸信宗看人得救是藉著信心，與洗禮無關，洗禮只是外加的記號。改革宗的聖約神學則看信心和洗禮皆是上帝主權恩典 (sovereign grace) 的賜予，人只要謙卑感恩的領受，二者並沒有輕重或先後之分。

新約聖經展示信心與洗禮的相連關係並沒有先後次序，乃是「同時並進」的，有四點的支持：

1. 信心與洗禮都使我們與基督聯合 (比較弗三 17 及羅六 3 ～ 4；加三 27；西二 7)；
2. 相信者與受洗者皆領受基督的義 (比較加三 6、11 及西二 12 ～ 15)；
3. 相信者與受洗者皆領受聖靈 (比較加三 14 及徒二 38)；
4. 信心與洗禮皆帶來上帝的拯救 (徒十六 7；彼前三 21)。

上述經文皆可證明，信心與洗禮二者有相互的關係，並不是信心帶來拯救，而洗禮只是信心的象徵；乃是洗禮與信心都帶來拯救（彼前三 21）。二者的分別也不是信心是實質，而洗禮只是這實質的象徵；乃是二者都是同一個救恩實質的媒介，只是有裏外的分別！不錯，在時間次序上，信心往往在洗禮之先，但在信仰和神學意義上，二者是並進的，是密不可分的。其實，在一些情況下，洗禮也可能先於信心，比方說人在作嬰孩時受洗，這洗禮要到他長大後，才能有「認信」的配合。又比方一些成年人接受洗禮，可能並未真正了解救恩，和歸主的意義，這些人也是在洗禮後，才有知識和信心的配合，但這並不等於說，他所受的洗禮無效！

（iii）信心與洗禮皆指向上帝的主權恩典，引導人歸入聖約羣體

聖經看信心，並非人的努力或成就去換取進天國的資格，乃是人承認自己的不配與無能，需要上帝主權的恩典，而洗禮也不單是信心的記號，乃是與信心配合，謙卑地領受上帝豐盛救恩的受恩途徑。這恩典包括「重生、稱義、成聖、嗣子、復和、得榮」。總的來說，是：「在基督裏與主聯合」，即是信心與洗禮一同宣告，上帝豐盛主權的恩典臨到我們這些不配的罪人，並非由於我們有甚麼條件或好處；連信心也是恩典，因為信心是上帝的禮物（腓一 29；提後二 25），並且信心只是人宣告自己一無所有，需要上帝的憐憫。

洗禮與信心配合，標誌人進入聖約羣體——教會，而進入的人包括成人與孩童。進入教會是基於上帝的恩，非個人的條件、家庭背景，或是社會地位，乃是上帝的主權恩典，透過基督與人立約，為人帶來聖靈的重生和復活的盼望！

(iv) 孩童洗禮合宜嗎？

洗禮既是上帝主動施恩的途徑，是聖約的記號，因此教會為信徒的孩童施洗，應該是合宜的。孩童作為聖約的兒女，有權利領受約的記號，因為他也是亞伯拉罕的後裔（創二十二18，十七 9～14；徒二 38～39）。[35] 此外，洗禮作為受恩之途，也是孩童所需要的，因為他也是亞當的後代，也是罪人，雖然在生理和心理上，暫未有能力運用信心，但在父母的教導培育下（弗六 1、4），他長大後的信心，可以配合以前的聖禮，使他得以在聖約的恩典中長進，與領受成人水禮的信徒一樣。

我們承認，在認信的時間上，成人一般在洗禮之前，而孩童則往往在洗禮之後。但假若我們同意，信心與洗禮二者不可分割，是合而為一的，這時間的先後應不成問題。

D. 嬰孩洗禮：神學與實踐

宗教改革家路德、慈運理、加爾文等，皆支持為信徒家庭的孩童施行洗禮，以表達和印證他們是聖約的兒女，在上帝與祂子民所立的聖約恩典上有分。他們強調新舊約的連續性，因為新約是上帝與亞伯拉罕所立之約的實現，而聖禮在舊約和新約時代中形式雖有異（即割禮和洗禮），但意義卻是一致的。

35 參 Murray, *Collected Writings of John Murray: Vol.2, Selected Lectures in Systematic Theology*, 374～375。

(i)聖經神學基礎

a)亞伯拉罕之約——嬰孩也有分

耶和華上帝呼召亞伯拉罕，與他和他的後裔立恩典之約，並設立割禮為記號及印證，是所有男子及男嬰皆須領受的(創十七1～14)，否則就是背約。這割禮的意義，主要不是表達他的家庭、國家、民族的身分與權利，乃是印證他屬上帝，並得以享受從上帝而來的祝福，包括：一個子民(5～7節)、一片土地(8節上)、上帝自己(即「與上帝聯合契通」，8節下)；能與上帝契通，是人得享的至高祝福。割禮的意義也包括：生命得潔淨(申十16；耶四4，六10)和印證人「因信稱義」(羅四11)。這些都不是外表的祝福，乃是上帝救贖的恩典。

b)新約——恩典之約的實現

加拉太書三章7至14節清楚啟示，上帝向亞伯拉罕所應許的祝福，臨到信靠基督的人，而使徒行傳二章39節也將信徒的兒女包括在內。這顯示上帝與人在舊約時代所立的恩典之約，在新約時代中實現和持續有效，並沒有取消或改變，其中也包括聖禮施行的原則，特別是聖徒兒女的參與(包括嬰孩洗禮)。因為新約的洗禮，不單與舊約的割禮有同等意義和功能，二者也同是聖約的記號和印證，而嬰孩洗禮的施行，確定了恩典之約在舊、新約時代的統一性和連續性，和家庭結構在聖約中的地位。[36]

---

36 參 Murray, *Christian Baptism*, 45～58。

（ii）新約聖經的支持

新約聖經沒有明言支持嬰孩洗禮，但也沒有明言反對，因此只能從新約的記載和教導作出推論。以下的記載和教導支持嬰孩洗禮：

a）耶穌祝福嬰孩

耶穌祝福孩童（太十八 1 ～ 6，十九 13 ～ 14；可九 36 ～ 37，十 14 ～ 16；路十八 15 ～ 17），其中包括嬰孩。這些經文告訴我們，耶穌認為天國中有嬰孩，因為祂當時所祝福的嬰孩，就是天國的人，是聖約羣體的一分子。若是這樣，我們理應給予他們約的記號。要注意，耶穌在這些記載中，並非要門徒學習嬰孩的謙卑、信心等美德，乃是要宣告他們是天國的人，門徒不應禁止他們親近耶穌！

b）信徒的兒女也蒙應許

在使徒行傳二章 38 至 39 節，使徒彼得在五旬節日宣告，上帝向亞伯拉罕的應許，是給當時聽道的人和他們的兒女，因為他們都蒙上帝的有效呼召，進入上帝的國度，其中當然包括一些幼童。這些人都應領受洗禮，因為他們都在天國中都有分，不為他們施洗是不合宜的！

c）全家歸主受洗

聖經中有全家歸主受洗的記載（徒十六 16、33、34；林前 16 ～ 17；比較徒十 47 ～ 48，十一 14）。這些受洗的家庭當中可能包括孩童，但更重要的是，這些例子說明了新約與亞伯拉罕之約的連繫（徒二 38、39），也肯定了家庭結構在聖約和聖禮施行上的重要性，就如保羅在以弗所書六章 1 至 4 節，以及歌羅西書三章 20 至 21 節所展示的，就是兒女在聖徒家中應受教導和管教，為甚麼？極有可能是由於他們是「屬上帝的兒女」，而不是一些「非信徒」。既是這樣，教會也應為他們施洗，藉聖禮印證他們的身分和權利。哥林多前書七章 14 節也指出，兒女若有信主的父親或母親，他們便是「聖潔」的了，大概是指在上帝的聖約上有分。若是這樣，他們理應有權利領受洗禮。

d）舊約的「洗禮」支持嬰孩洗禮

哥林多前書十章 1 至 2 節論及出埃及的所有以色列人，都在雲裏、海裏受洗歸了摩西，這些領洗者當然包括孩童和嬰兒！這班在舊約中接受洗禮的子民預表新約的教會，保羅藉此勸戒我們不要背道（林前十 6 ～ 11），要持守信仰，有堅忍的信心。這些話的對象當然包括成年人和幼童！彼得前書三章 20 至 21 節記載挪亞一家經歷洪水的洗禮，蒙上帝拯救，也是顯出家庭結構與聖禮之關係。

e）背道的危險？

有些人認為，為嬰孩洗禮是有危機的，因為自小受洗，長大後不信怎辦？其實，領受成人洗禮者，與領受嬰孩洗禮者，也會有可能面對同樣的危機，我們稱之為背道（apostasy；例：來六 4 ～ 8），這是一個真正的危險，但如何可以防止呢？有人認為，教會應該確定一個人一定不會背道，才為他施洗；但從人的角度，這是不可能的，因為我們不是上帝，不知道上帝奧祕的旨意（申二十九 29）。教會為人施洗的條件是清楚及可信的認信（credible confession），並且在他領洗後幫助他成長，給予他有「生命的培育、教會的生活、勸戒與教導、紀律與懲戒」等（參來十 19～39，十二 1～13）。但教會不能「保證」他不會背道，而一定堅忍到底，因為「聖徒的堅忍」（perseverance of the saints），固然他自己有責任，但最終卻是上帝的工作（腓二 12～13；彼前一 3～9）。一個背棄真道的人（an apostate），並不是一個純粹的「非信徒」（unbeliever），而是一個「曾相信而背道的人」，因為他曾是蒙上帝恩典的人，也曾領受洗禮和聖餐，但卻不能堅信到底（林前十 1～11；來三 12～14，六 1～8，十 36～39，十二 15～17）。這「背道」的危險不單是領受嬰孩洗禮者，也是領受成人洗禮者，都有可能要面對的！[37]

四　聖禮之二：聖餐的神學與實踐

1 新約教會聖餐之源起

新約聖經中有關聖餐的經文不少（如：林前十 1～22，十一 20～22；路二十四 30；徒 27～35；可六 41，八 6；約六 25～59，十九 34；徒二 42、46，二十 7、11 等）。這些經文告訴我們，聖餐在初期教會，是信徒聚會的重要環節，而且是經常進

---

37 參 Murray, *Christian Baptism*, 58 ～ 68；Shepherd, "The Correlation of Faith and Baptism," 5～6。

行，有每週一次或天天舉行的。

「聖餐」經文最重要的，是符類福音的三段敘述（太二十六26～29；可十四22～25；路二十二15～20），和保羅的哥林多前書（十一23～29）。這四段經文中，哥林多前書的經文也許是最早寫的（約主後50年代），[38] 而符類福音書的成書日期則約是主後六十至七十五年。[39] 保羅的論述清楚反映聖餐禮的源起。他說：

> 我當日傳給你們的，原是從主領受的，就是主耶穌被賣的那一夜，拿起餅來，祝謝了，就擘開，說：「這是我的身體，為你們捨的，你們應當如此行，為的是記念我。」飯後，也照樣拿起杯來，說：「這杯是用我的血所立的新約，你們每逢喝的時候，要如此行，為的是記念我。」你們每逢吃這餅，喝這杯，是表明主的死，直等到他來。（林前十一23～26）

使徒在此指出，聖餐禮源於主耶穌基督自己，是祂在被出賣的那一夜所親自設立的。這是一個歷史的時刻，就正如福音書中所記載，主在最後晚餐時預告自己將被出賣，其後在客西馬尼園被出賣、被拘捕（太二十六21～25、45～54；路二十二

38 參 D.A. Carson and Douglas J. Moo, *An Introduction to the New Testament* (Grand Rapids: Zondervan, 2005), 282～283。

39 參 Carson and Moo, *An Introduction to the New Testament*, 76～79, 98～99, 116～117。

21～23、45～53）。

但這個主所設立的聖禮，其實是如何流傳到新約教會信徒當中？答案是：藉使徒們先從主「領受」，然後「傳遞」予教會，而這「領受—傳遞」的過程，是藉著一個「口述傳統」（oral tradition）。[40] 我們因此可以推論：聖餐源於主耶穌在被賣前傳予使徒們，其後藉口述傳統在早期教會中流傳，再經福音書作者以文字載於新約經卷，成為過去二千多年教會的聖道。

這四段經文的表達雖有不同，卻是大同小異，其中包括主耶穌設立聖餐的四個宣告，這些宣告為新約信徒帶來安慰、鼓勵、餵養、教導與盼望，而在教會歷史中，也引起不少神學討論。這四個主的宣告是：

A.「這是我的身體」

究竟聖餐的餅，怎麼算是耶穌基督的身體？歷代教會有不同的詮釋：從耶穌有形的身體，到純象徵性的理解，或是一些較中間的解釋，我們應該如何選擇？而這選擇又會如何影響我們的信仰、敬拜和生活？這些重要的問題，我們在下文都會一一探討。

B.「你們當如此行，為的是記念我」

顯然，聖餐是記念主基督為我們捨命流血，完成救贖的行動。但如何記念？是否只是在思想中的記念？這與我們記念離

40 參 Joel B. Green, Scot McKnight and I. Howard Marshall, eds., *Dictionary of Jesus and the Gospels* (Downers Grove: IVP, 1992), 444～450。

世的親人有何分別？還有，「記念」這動詞乃現在進行式命令詞態（present imperative active），表達信眾須繼續重複地領受，就如以色列人須重複地守逾越節，以記念上帝的救贖一樣（出十二1～20）。這些資料都會幫助我們如何了解這「記念」!

C.「這杯是用我的血所立的新約」

這立約的血曾在出埃及記二十四章8節出現，而在馬太福音二十六章28節加上「為多人流出，使罪得赦」，帶出「贖罪」的意思（賽五十三12）。至於基督藉這血設立「新約」，也帶出了「恩典之約」的神學，我們會進一步討論。

D.「直等到祂來」

基督的再來，是末日彌賽亞筵席的開展（賽二十五6～9），這是上帝國度的最終實現（太二十六29），也是門徒榮耀的盼望，而聖餐就是榮耀國度筵席的先嘗。因此，它不單是對過去的回顧，在今天的領受，更是對未來的盼望，是對領受者極大的祝福！

2 聖餐：聖約的記號與印證

A. 舊約子民的「聖約筵席」（covenant meal）

（i）逾越節晚餐（出十二43～十三16）

舊約的逾越節晚餐，是一個聖約的筵席，而其中的記念禮儀，是以後每一代的以色列民在吃這筵席時，都要與第一代出埃及的子民認同。正如耶和華藉摩西吩咐他們說：

日後，你的兒子問你說：「這是甚麼意思？」你就說：「耶和華用大能的手將我們從埃及為奴之家領出來。那時法老幾乎不容我們去，耶和華就把埃及地所有頭生的，無論是人是牲畜，都殺了。因此，我把一切頭生的公牲畜獻給耶和華為祭，但將頭生的兒子都贖出來。這要在你手上作記號，在你額上作經文，因為耶和華用大能的手將我們從埃及領出來。」（出十三 14～16）

這禮儀與古代近東宗主盟約一些特徵相似，比方：

- 「耶和華的名」被子民呼喚，因為祂是與子民立約的宗主，祂應許拯救子民脫離埃及的綑綁；
- 子民在逾越節舉杯，乃是舉起救恩的杯，為這救贖稱揚耶和華的名（詩一一六 13），因為這出埃及的救贖事件，是上帝與亞伯拉罕所立「恩典之約」的初步實現；
- 逾越節的晚餐是被殺的羔羊，它是舊約的聖餐，就如割禮是舊約的洗禮一樣，都是約的記號和印證，藉聖禮印證上帝拯救的應許，而這聖禮也會帶來祝福或咒詛。

(ii) 曠野的天糧（林前十 1～4）

以色列人在出埃及時，在雲裏、海裏受洗歸了摩西，領受了舊約的洗禮（1～2 節）。跟著他們也在曠野中，領受了舊約的聖餐，就是屬天的靈食和靈水，而所喝的乃是出於那屬天的磐石，就是基督（3～4 節）。那磐石象徵和印證基督，卻不等同於基督，它有聖禮的功能，除了象徵和印證上帝的應許外，同時也是上帝施恩的途徑。

(iii) 聖山上的筵席(出二十四 3～12)

摩西、亞倫，和長老們在西奈山頂與耶和華上帝一同坐席，同享聖約的筵席，面對面的與上帝有交通而不被擊殺(10～11 節)，因為他們剛藉立約的血與上帝確立聖約，已經被分別為聖(4～8 節)。

B. 新約子民的「聖約筵席」

(i) 同領杯和餅(林前十 16～17)

保羅提醒哥林多人和新約信徒，他們領受聖餐的杯和餅，是同領基督的血和身體，這是一種團契同享的行動(*koinonia*)，而這行動也帶出教會在主裏的合一，因為眾人所領受的是一個杯、一個餅，這合一是在基督裏的合一，因為祂是上帝與人之間惟一的中保。

聖餐乃聖約的筵席，它是聖約的記號與印證，卻也是真實的領受，因為「記號與實體相連，卻非等同」。天主教會把記號與實體等同，而一般福音派教會卻把二者分割；二者都是「過猶不及」!

(ii) 祝福與審判(林前十一 27～34)

保羅勸勉哥林多人要自省，免得吃喝自己的罪。在哥林多前書十章 19 至 21 節，保羅警戒他們不能又吃主的筵席，又吃鬼的筵席，以免得罪上帝。在十一章他指出他們在愛筵中，彼此分黨派、缺乏愛心、毫不分享的可憐光景(17～22節)，引來上帝的管教和審判，甚至有患病、死亡的情況(29～30節)。其實上帝設立聖餐的原意，就是教會在基督裏的合一、分享、愛顧(林前十 17、24；加三 26～28)。

聖餐不單是上帝向人印證祂的救贖應許，將祂豐盛的恩典賜予我們。聖餐也要求我們對上帝、對肢體承諾在教會中，活出在聖靈裏的合一(弗四 2～3)，這就是聖約的「相向性」(synergism)，不單有上帝的恩典，也有人應作的回應。

今天假若在教會羣體中，有不合一的表現，如：小圈子、權力鬥爭、階級觀念、種族歧視、政治對立等，各人都應當在領受聖餐前認罪悔改，因為這些都有違主所設立聖餐的目的。這些表現，是教會必須正視和處理的。若不處理，終有一天，教會會受到很大的虧損，而當事人也可能會面對主的管教和審判，就像哥林多教會所經歷的！[41]

3 聖餐：上帝施恩的途徑

當今不少福音信仰的信徒，對聖餐作為上帝施恩的途徑，並不存太大的期盼。這一方面是對天主教會過分倚重聖餐禮的反動，另一方面是受了慈運理、重洗派、自由教會等的影響，看聖餐只是「心靈的記念」。以下是對四個聖餐觀點的評述：

41 參 Horton, *Introducing Covenant Theology*, 155～163。

A. 天主教的變質說（transubstantiation）

天主教看聖餐為一個基督十架犧牲的記念（memorial），一個十架獻祭的重演（re-presenting），一個信徒相通的禮儀，以及一個對上帝感恩的行動（Eucharist）。[42]

但作為上帝施恩的途徑，「變質說」是關鍵，因為它為天主教信眾，解說了基督同在的形式和意義。對他們來說，變質說就是當神甫在聖餐禮中，為餅和杯祝謝時，這餅和杯就變成基督的身體和血。他們認為這立論，有聖經的支持，如主立聖餐時說：這是（this is）我的身體（太二十六 26）；又如主吩咐門徒要「吃人子的肉，喝人子的血」，才能得永生，有復活的盼望（約六 53 ～ 56）等。若有人問：這轉變是真的嗎？若是真的，為何我們領受酒和餅時，這些元素都沒有改變，仍然是酒和餅嗎？答案是：次要的「外質」（accidents）沒有變，但基本的「內質」（substance）卻是變了，成為基督的身體和血了。這解釋是根據希臘哲人亞里士多德（Aristotle）的形上學，將物質分為可變的「內質」和不可變的「外質」，這觀點其後被中世紀神學家亞奎那（Thomas Aquinas）採納了，並藉他影響了以後羅馬天主教的神學。東正教（Eastern Orthodoxy）也同意，在聖餐中有這種改變，但卻視之為一個「奧祕」，不企圖去解釋之。

再問：天主教會認為聖餐變質後成為基督的身體和血，對領受者有何實際的祝福？答案是：

42 參 *Catechism of the Catholic Church*, 1322 ～ 1332。

- 由於祝謝後的餅和酒變成基督的身體和血，因此祝謝後的聖體，是敬拜的對象。
- 聖餐促進信徒與主的聯合，使他在洗禮時所領受的屬天生命得以保存、增長、更新。
- 藉注入的恩典，保護信徒免陷罪惡。
- 幫助信徒作出愛心的行動。
- 為離世的主內親友獻祭，使他們早日得進光明和平的天家。
- 印證領餐者將來必得進入榮耀。[43]

我們可以理解，「變質說」使天主教的聖餐禮顯得似乎更具體真實、更有功效，因為藉此，基督的身體和血真實地被領餐者吃了、喝了！然而，我們並不認為這論點是正確的，因為：

「變質說」帶出一個問題：這種「耶穌變形」的理論，根本沒有任何聖經基礎，只是將亞里士多德的思想拿來套用。其實，約翰福音六章 51 至 58 節中，耶穌吩咐門徒要「吃他的肉，喝他的血」，絕對不能用以支持「變質說」。這只是喻意的表達，人要藉信心領受耶穌「受死復活的救贖恩典，以致得到赦罪和聖靈裏的新生命」(參約六 60 ～ 63，三 3 ～ 8)。我們同意加爾文所說：約翰福音六章並沒有直接論及聖餐，而是論及耶穌的救贖恩典，藉信心臨到信的人；就算說耶穌是「生命之糧」，也只是表示人可以藉著信靠基督得到生命的飽足。因此，加爾文認為，約翰福音六章也許有暗指「聖餐」，卻沒有明言。他的觀

43 參 *Catechism of the Catholic Church*, 1371, 1377 ～ 1378, 1391 ～ 1401, 1405。

點是合理的！其實，耶穌有許多自稱，如：葡萄樹、牧羊人、羔羊、羊的門、天降的嗎哪、世上的光等，若都是直接解讀的話，豈不帶來很多的笑話！[44]

B. 信義宗的同質説（consubstantiation）

馬丁路德反對天主教看聖餐為基督十架獻祭的重述，也堅拒變質説的論點，[45] 但他持守信徒在聖餐中所領受的，是基督屬物質、真實的身體和血，而聖餐是上帝施恩的途徑。路德認為，基督藉聖餐與人同在，這同在是真實的，卻不是藉餅和酒變質去達成，而是藉基督的無所不在的屬性去實現。不錯，基督的身體是祂人性的一部分，但基於「屬性相通」的原理（communion of attributes），人性的身體也可以彰顯無所不在的上帝的屬性，實現基督與人同在的應許。[46]

因此，當人領受聖餐的時候，他是領受餅和酒，也同時領受基督的身體和血，因為後者是在前者的「裏面、旁邊、和底下的」（“in, with and under the bread and wine”），就像果仁在曲奇餅裏一樣，[47] 兩者是並存的。信徒領聖餐，也就是他真正領受基督的身體和血的時刻。[48]

---

44 參 Bird, *Evangelical Theology*, 780 ~ 782, 788。

45 參 Luther, “The Babylonian Captivity of the Church,” part 1, 210 ~ 238。

46 參 Philip Schaff, ed., *The Creeds of Christendom*, vol.3, 6th edition (Grand Rapids: Baker, 1993), 137 ~ 140。

47 參 John H. Armstrong, ed., *Understanding Four Views on the Lord's Supper* (Grand Rapids: Zondervan, 2007), 87 ~ 88。

48 參 Bird, *Evangelical Theology*, 782 ~ 783。

同質說在過去五百多年來，受到不少人，尤其是福音派學者的批判。美國學者馬提斯（Keith Mathison），就提出以下的疑點：

- 「基督人性的身體無所不在」的主張，違反了正統基督教《迦克敦信經》（Chalcedon Creed，451 年）中，「基督神人二性不得混亂」（no confusion）的原理。
- 它也違反了新約聖經所載，基督身體在不同的時間，乃處於不同地點，如加利利、猶太、耶路撒冷、天上、再臨地上等，而非同時在所有的地點。
- 耶穌說：「這是我的身體」，不一定指祂自己那物質的身體，乃是喻意表達祂藉十架所成就的救贖。
- 路德所指的，在聖餐中的基督身體，是人的眼睛看不見的，如此構思一個「看不見的身體」，是荒謬和自相矛盾的！

馬氏對「同質說」的批評，是合理的。[49]

C. 慈運理的「象徵記念說」（symbolic memorialism）

慈氏認為，聖餐只是信眾對基督救贖工作的象徵性記念，好像以色列人藉逾越節晚餐，記念上帝救他們離開埃及為奴之地的歷史事件，重述這事件，並慶祝他們進迦南的盼望，就如主對門徒說：「你們當如此行，為的是記念我」（路二十二 19；

49 參 Keith A. Mathison, *Given for You: Reclaiming Calvin's Doctrine of the Lord's Supper* (Phillipsburg: P & R Publishing, 2002), 256 ~ 260。

林前十一 24～25）。慈氏的論點也是今天浸信會、自由教會、門諾會，和大部分福音派教會的論點。

這立場基本上不看重，甚至否定聖餐乃上帝施恩的途徑，而看聖餐禮只是一個心靈的記念，因為對他們而言，基督的同在只是象徵性、卻不是真實的。[50]

「記念說」的聖餐觀，在過去數百年，也面對著不少批判，其中最重要的兩點是：

- 聖經記載主設立聖餐時，將餅和酒與自己的身體和血相連，即使兩者本質並不等同，但記念說卻把二者完全分割。其實，按約翰福音六章 41 至 58 節的記載，主將祂的身體和血，與門徒和上帝之間的契通相連。同樣，使徒保羅在哥林多前書十章 16 至 17 節把聖餐看為信徒與主、與肢體相交之途。可見，主和使徒都看到，聖餐中象徵與實體之密切關係，而加爾文稱這種關係為「聖禮的聯合」（a sacramental union）。[51]
- 「記念說」有將聖餐「主觀化」和「人本化」的傾向。持「記念說」這論點的人，一般認為，聖餐主要不是上帝對人的施予，而是人對上帝的表達：一個記念、一個回憶、一個默想主恩的時刻，是人對主的信心獻上。這論點好像被忽略了聖餐作為上帝主動施恩、客觀賜予的禮物。所謂「基督的同在」，再

50 參 Leith, *Creeds of the Churches*, 342 ～ 343, 348；Erickson, *Christian Theology*, 1121～1124。

51 參 Calvin, *Institutes of the Christian Religion*, Book 4, Chapter 27, Section 2 and Chapter 28, Section 6。

也沒有客觀的意義了！基督既已升天，在聖餐禮中，祂就是那位缺席的主（the absentee Lord）！[52]

筆者認為，要更中肯全面掌握「記念主」的意思，惟有回到加爾文的聖餐觀。

D. 加爾文的聖餐觀：聖靈的同在與祝福

加爾文的聖禮觀，有五個特徵：

1. 肯定聖禮乃「聖約」與「基督救贖」的記號與印證。
2. 確立了神人恩典之約，在舊約及新約時代中的連貫性和統一性。
3. 強調了聖靈工作的重要，因為基督的同在就是聖靈的同在。
4. 肯定領受聖禮者的信心，是受恩的媒介，批判了天主教禮儀「行動自動生效」（*ex opere operato*）的聖禮觀。
5. 信徒與基督的聯合，是一種聖禮的聯合，它既不會如天主教般將記號（sign）與實體（reality）等同，卻也避免了如記念說一樣把二者完全分割。

加爾文視聖餐為上帝向其子民施恩的途徑，信徒藉著聖靈、透過信心，領受基督豐盛的救贖恩典，[53] 其中較明顯的有以

52 參 Mathison, *Given for You*, 260～265；Bird, *Evangelical Theology*, 783～784。

53 參 Calvin, *Institutes of the Christian Religion*, Book 4, Chapter 17, Sections 1～10, 33～42；Ridderbos, *Paul*, 414～428；Mathison, *Given for You*, 272～289。

下幾方面：

(i) 聖餐是「記念」基督的行動（an action in remembrance of Christ）

這聖禮是記念基督十架的救贖大功。然而，這記念並不是如中國人傳統中，藉死忌記念離世的先人，而是更像以色列人藉逾越節晚餐，經常記念耶和華帶領子民離開埃及進入迦南的救贖事迹，這記念的特徵是：

- 記念的對象——基督——不單是一位死去的救主，更是一位復活、升天、將會再來的得勝主，因此，記念者的心態不應是傷心絕望，更應是滿有喜樂的。
- 記念不單是回顧基督過去所作的，更是享受今天在主裏的救贖果效和祝福。十架復活是上帝的大能，拯救一切相信的人，也是「新創造」的開始，叫一切憑信領受的人，有新生命、新動力、新盼望，因為復活的主今天活著，也必再來。
- 記念也不單「心中」記念，它是一個「行動」，當中有吃喝、有慶祝感恩、有回顧盼望、有與其他信徒契通同享。可見，我們不應把聖餐約化為一個「默想會」，而應當是一個「全人」的參與！

(ii) 聖餐是「領受」基督那「獻祭的筵席」（a sacrificial feast）

在論及吃祭偶像之物時，保羅勸勉哥林多人要逃避偶像，不要參與外邦人藉獻祭予鬼的行動，這包括在外邦人的廟中吃祭物，因為如此行，就在祭鬼的行動上有分（林前十 14 ～ 22）。相反地，在聖餐中的參與，卻是在獻祭予真神的行動上有分，吃主的筵席，喝主的杯。

原來主藉聖餐餵養我們，正如祂藉嗎哪和活水餵養在曠野中的選民一樣（林前十 3 ～ 4；約六 30 ～ 34、48 ～ 58），我們因信藉聖靈重生，有了新生命（約三 3 ～ 16），這生命需要得到餵養，而其中一個重要的途徑是領聖餐（林前十 16 ～ 17；約六 50 ～ 58；徒二 42）。這獻祭的筵席在摩西之約訂立時，以色列的領袖們已經在山上飽嘗（出二十四 8 ～ 11）。而在新約時代，普世信徒在基督裏得以親嘗，因為我們有分於基督獻上的新約之血（來十二 22 ～ 24；林前十 16 ～ 21）。

（iii）聖餐是與上帝與人「相交」（a communion）

藉著聖餐，我們得與三一真神相交，也與主內弟兄姊妹相交。主耶穌不單是獻上的祭牲，更藉復活、透過聖靈，賜予我們新生命，並不斷的餵養我們，直到我們長成基督的身量、滿結聖靈的果子。祂也是筵席上的主人，引領坐席的聖徒，與上帝、與人相交。

當主說：「這是我的身體 …… 我立約的血」時，祂所指的是「十架復活所成就的救贖」的喻意表達（a metaphorical expression），而並非指祂那人性的身體和血，但這並不表示，這領受（吃和喝）是不真實的，因為藉著聖靈，基督的同在是真實的（林後三 17；林前十五 45；太二十八 20），而信徒的領受也是真實的，並不虛假。聖徒藉聖餐可享基督救贖之恩，包括罪的赦免、與上帝和好、生命更新、重新得力、多結果子、滿有盼望（有關聖餐作為聖徒相通和教會合一的途徑，請參閱本書第三、四章）。

（iv）聖餐是救恩的「宣講」（a Gospel proclamation）

保羅説：「你們每逢吃這餅，喝這杯，是表明（或譯作「宣講」〔*katanggello*〕）主的死，直等到他來。」（林前十一26）這聖餐的救恩宣講，可以藉主禮在聖餐當中，説明聖餐意義，或藉聖餐中的吃喝行動表達之，也可以是二者配合。至於宣講的對象是誰，可以是信徒或非信徒，或是包括二者。無論如何，聖餐作為見證宣講福音的途徑，是使徒的教導，幫助我們明白聖餐之功能。如果我們曾邀請未信親友來參加崇拜，碰巧有聖餐禮，就覺得為難，若能了解聖餐的宣講福音功能，應有助於解決這些疑惑。

（v）聖餐指向主的再來

領受聖餐，是慶祝基督的救贖，在聖靈的臨在中，享受在基督裏豐盛的生命。這是恩典之約在新約中的實現，即天國進程的第二階段。（天國的第一階段是基督在地上藉宣講、醫治、趕鬼，彰顯天國能力；第二階段是基督在天上統管萬有，教會在地上遍傳福音；而第三階段是神人同住的榮耀新天地）。聖餐是教會在末世中，慶祝基督藉十架完成彌賽亞君王的使命；但聖餐不是終極的現實，羔羊婚筵才是。主在設立聖餐時説：

> 但我告訴你們，從今以後，我不再喝這葡萄汁，直到我在我父的國裏同你們喝新的那日子。（太二十六 29）

而使徒約翰在啟示錄的異象中，聽見天上的聲音，說：

> 哈利路亞！因為主——我們的上帝、全能者作王了。我們要歡喜快樂，將榮耀歸給他。因為，羔羊婚娶的時候到了；新婦也自己預備好了，就蒙恩得穿光明潔白的細麻衣。（這細麻衣就是聖徒所行的義。）（啟十九 6～8）

今天，領受聖餐者當心存感恩，享受基督獻祭的筵席，同時也充滿盼望，等候祂榮耀的再來，得享羔羊的婚筵。聖餐就是這終極國度筵席的先嘗！

4 聖餐的實踐

A. 誰可參加？

一般來說，基督教（包括天主教及東正教）教會都接受曾受過洗禮的信徒參與聖餐禮。這是合理的，因為洗禮是入門的聖禮，而聖餐是聖約子民歸主後的受恩途徑。澳洲神學家貝特（Michael Bird）主張聖餐開放予未信者，作為對未信來賓的接納，並引用使徒行傳二十七章 33 至 37 節作為實例。[54] 其實，

54 參 Bird, *Evangelical Theology*, 795 ～ 799。

使徒行傳二十七章的例子，只是保羅與同船的人分享食物，不一定是一個聖餐禮。至於對未信者的接納，教會可以在崇拜中以愛心歡迎未信主的來賓，但只是邀請信徒參與聖餐。牧者可以對未信者說明聖禮的意義，同時鼓勵他們歸信主，加入聖約的羣體，這是極佳的傳福音機會（參上文「聖餐是救恩的『宣講』」）。加爾文指出，未信者不在基督裏，不應該領聖餐，這是對的。[55] 再加一點，未曾受洗者就是未領受聖約的入門聖禮，是不應領聖餐的，因為後者是聖約的筵席。

至於受過洗禮的孩童，應否讓他們領聖餐的問題，一般改革宗和信義宗的教會皆不贊成，原因是他們未有能力作內省功夫，應待他們長大後，領受堅信禮（Confirmation）後才讓他們領聖餐。貝特與部分改革宗領袖卻認為，受洗的孩童也是聖約的子民，不應排斥他們，禁止他們領聖餐，正如以色列的孩童可參加逾越節晚餐一樣（出十二 26～27，十三 8、14）。[56] 只要孩童到達某一年齡，可從父母明白聖餐的意義，他們就可以領餐，不必待領堅信禮（本身不是聖禮）之後，才准他們領餐。

總的來說，聖餐是普世教會的聖禮，若不是正在接受教會紀律的人，所有信徒皆應有權利領受，得以藉聖靈同享基督裏豐盛的恩典，而任何基於社會階層、種族、性別、教育、宗派等理由，去拒絕某些信徒領受聖餐的規條，都有違聖經原則和上帝的美意，都肯定是錯誤的！

---

55 參 Calvin, *Institutes of the Christian Religion*, Book 4, Chapter 17, Section 34。

56 參 Bird, *Evangelical Theology*, 800～801。

B. 誰有資格施餐？

羅馬天主教會認為，聖餐禮是基督設立、神聖的禮儀，因此惟有教廷所按立的主教或神甫（祭司）方有資格施餐，因為只有他們能代表基督，我們的大祭司。更正教方面，信義宗、改革宗、聖公會等，皆認為只有被按立的牧師才可以施聖餐，因為他們才是蒙召、被委派講道及施行聖禮的人。至於浸信會、重洗派、自由教會及獨立教會等，則強調信徒皆祭司，認為長老、執事，或有好名聲的會友，都有資格施餐。

筆者同意信徒在基督裏都是祭司，故認為傳統教會在施餐資格的規定上，也許過分嚴格。然而，我也不同意一些教會過分寬鬆的做法。我們在第六章曾探討「先知、君王、祭司」的三重職分，指出教會群體可分三個層面：基督、領袖、信徒。筆者認為教會的宣講和聖禮，皆應由教會認可的領袖去主領，這些領袖可包括：牧師、長老、執事、團契或小組負責人等，在不同場合可以由不同的領袖去主持。這是可接受的，也避免牧者疲於奔命，沒有充足時間照顧其他教會聖工。

C. 聖餐應多頻密？

初期教會的信徒，每天在家中聚會擘餅（徒二 46），而使徒保羅每週主日也與信徒聚會擘餅（徒二十 7）；這些都是經常性、很頻密守聖餐的榜樣。許多改革宗教會的事工手冊，都跟隨加爾文的教導，[57] 指明應「經常地」守主餐，為主的捨身救贖感恩和

57 參 Calvin, *Institutes of the Christian Religion*, Book 4, Chapter 17, Section 44。

宣告，培養肢體相愛與合一。貝特的建議也很好：每週在家庭聚會中有愛筵及小型聖餐，而每月在崇拜中有全教會的聖餐。[58] 筆者在第七章論及教會崇拜時，也曾建議每主日的崇拜都有聖餐或洗禮，使教會的敬拜「有聖道也有聖禮」，這應該是不難安排的。

D. 聖餐與基督徒的見證

經常領受聖餐的教會與個別信徒，應活出與聖餐相稱的生活和見證，當中應包括：在教會中有合一愛心的生活和事奉，在社會中關懷軟弱有需要的羣體，為不公義的事發聲主持公道，在個人操守上過聖潔清廉的生活，並有美好的家庭見證。

其實，聖餐與教會的三重職事——敬拜、培育、見證——都有密切關係。敬拜方面，它是一個慶祝、感恩、頌讚的聖禮，是對上帝創造、救贖、呼召的全人回應。培育方面，它是信徒得赦免、餵養、更新、重建的時刻。見證方面，它向世界和未信者宣告人得救的惟一途徑，和復活及更新天地的盼望。教會若能使聖餐融入這三重職事中，又能藉它加強這三方面的職事，那聖餐就能超越「個人內心記念默想」的狹窄範圍，在教會和社會中發揮它應有的功效！

---

58 參 Bird, *Evangelical Theology*, 802 ～ 803。

討論問題

1. 天主教的七個聖禮是甚麼？每個聖禮有何功能？更正教卻只有兩個聖禮，原因何在？你是否認為前者比後者更豐富優勝？理由何在？
2. 試比較天主教和東正教的聖禮觀，並作一簡單的評論。
3. 路德、加爾文、慈運理的聖禮觀有甚麼異同？你認為誰的觀點最好？為甚麼？
4. 新約教會的洗禮有甚麼神學意義？它與施洗約翰的洗禮有何分別和關係？與舊約的割禮又有何相干？
5. 天主教、宗教改革，與重洗派對嬰孩洗禮都有不同看法。請說明及比較之。
6. 請解說「信心」與「洗禮」二者之關係，並分析這關係如何可用作支持「以聖約為基礎的嬰孩洗禮」。
7. 聖餐如何成為聖約的記號和印證？這如何影響信徒的信仰和生活？
8. 聖禮作為上帝施恩的途徑，神學家有四種不同的立場（天主教、路德、加爾文、慈運理），試比較及評論之。
9. 簡述保羅對聖餐的神學意義的觀點，並分享這些意義可如何在教會中表達。

參考書目

Alexander, T. Desmond. *From Eden to the New Jerusalem: An Introduction to Biblical Theology*. Grand Rapids: Kregel Inc., 2009.

Alexander, T. Desmond and David W. Baker, eds. *Dictionary of the Old Testament: Pentateuch: A Compendium of Contemporary Biblical Scholarship*. Downers Grove: IVP, 2003.

Althaus, Paul. *The Theology of Martin Luther*. Translated by Robert C. Schultz. Philadelphia: Fortress Press, 1966.

Armstrong, John H., ed. *Understanding Four Views on Baptism*. Grand Rapids: Zondervan, 2007.

Armstrong, John H., ed. *Understanding Four Views on the Lord's Supper*. Grand Rapids: Zondervan, 2007.

Banks, Robert. *Paul's Idea of Community: The Early House Churches in their Historical Setting*. Exeter: Paternoster, 1980.

Bannerman, James. *The Church of Christ: A Treatise on the Nature, Powers, Ordinances, Discipline, and Government of the Christian Church*. 2 vols. Birmingham: Solid Ground Christian Books, 2009.

Barth, Karl. *Church Dogmatics*. vol.IV.1: *The Doctrine of Reconciliation, Part 1*. Translated by G.W. Bromiley. Edinburgh: T & T Clark, 1956.

Bauer, W., F. W. Danker, W.F. Arndt and F.W. Gingrich. *A Greek-English Lexicon of the New Testament and Other Early Christian Literature*. 3rd edition. Chicago: University of Chicago Press , 2000.

Bavinck, Herman. *Reformed Dogmatics. vol.4: Holy Spirit, Church and New Creation*. Translated by John Vriend. Grand Rapids: Baker, 2008.

Beale, G.K. " The Eschatological Conception of New Testament Theology. " *"The Reader Must Understand": Eschatology in Bible and Theology.* Edited by Kent E. Brower and Mark W. Elliott. Leicester: Apollos, 1997.

Beale, G.K. *A New Testament Biblical Theology: The Unfolding of the Old Testament in the New.* Grand Rapids: Baker, 2011.

Beale, G.K. and D.A. Carson, eds. *Commentary on the New Testament Use of the Old Testament.* Grand Rapids: Baker, 2007.（中譯本：畢爾、卡森編：《新約引用舊約》，上下冊。金繼宇、于卉譯。South Pasadena：麥種傳道會，2012。）

Beale, G.K. *The Book of Revelation*. NIGTC. Grand Rapids: Eerdmans, 1999.

Beale, G.K. *The Temple and the Church's Mission: A Biblical Theology of the Dwelling Place of God.* Downers Grove: IVP, 2004.

Bebbington, David W. *Evangelicalism in Modern Britain: A History from the 1730s to the 1980s*. Grand Rapids: Baker, 1992.

Berkhof, Hendrikus. *Christian Faith: An Introduction to the Study of the Faith*. Translated by Sierd Woudstra. Revised edition. Grand Rapids: Eerdmans, 1979.

Berkhof, Louis. *Systematic Theology*. London: Banner of Truth, 1966.

Berkouwer, G.C. *The Church*. Grand Rapids: Eerdmans, 1976.

Bird, Michael F. *Evangelical Theology: A Biblical and Systematic Introduction.* Grand Rapids: Zondervan, 2013.

Bonhoeffer, Dietrich. *Life Together*. Translated by John W. Doberstein. New York: HarperCollins Publishers, 1954.

Boyd, Gregory A. and Paul R. Eddy. *Across the Spectrum: Understanding Issues in Evangelical Theology.* 2nd edition. Grand Rapids: Baker, 2009.

Bromiley, G.W. *Sacramental Teaching and Practice in the Reformation Churches*. Grand Rapids: Eerdmans, 1957.

Brown, Raymond E. *The Gospel According to John.* 2 vols. the Anchor Bible. New York: Doubleday & Co., 1966, 1970.

Bruce, F.F. *1 and 2 Thessalonians*. WBC. Waco: Word Books, 1982.

Bruce, F.F. *Commentary on the Book of the Acts.* NICNT. Grand Rapids: Eerdmans, 1971.

Bruce, F.F. *The Book of Acts*. NICNT. Grand Rapids: Eerdmans , 1954.

Bruce, F.F. *The Epistle to the Hebrews*. NICNT. Revised edition. Grand Rapids: Eerdmans, 1990.

Bruce, F.F. *The Epistle to the Hebrews.* NICNT. Grand Rapids: Eerdmans, 1972.

Cabasilas, Nicholas. *The Life in Christ*. Translated by Carmino J. Decatanzaro. New York: St. Vladimir's Seminary Press, 1974.

Calvin, John. *Institutes of the Christian Religion*. 2 vols. ed. John T. McNeill, Translated by Ford Lewis Battles, Philadelphia: Westminster, 1960.

Carson, D.A., ed. *Worship by the Book*. Grand Rapids: Zondervan, 2002.

Carson, D.A. *Becoming Conversant with the Emerging Church: Understanding a Movement and its Implication.* Grand Rapids: Zondervan, 2005.

Carson, D.A. *The Gospel According to John*. PNTC. Grand Rapids: Eerdmans, 1991.

Catechism of the Catholic Church. United States Catholic Conference.

1994.

Clowney, Edmund P. "The Final Temple." *Westminster Theological Journal* 35 (1972), 156～189.

Clowney, Edmund P. *Preaching Christ in All of Scripture.* Wheaton: Crossway, 2003.

Clowney, Edmund P. *Called to the Ministry*. Phillipsburg: P & R Publishing, 1976.

Clowney, Edmund P. *The Church*. Downers Grove: IVP, 1995.

Clowney, Emund P. *The Doctrine of the Church*. Nutley: Presbyterian and Reformed Pub. Co., 1969.

Clowney, Edmund P. *The Unfolding Mystery: Discovering Christ in the Old Testament.* Phillipsburg: P & R Publishing, 1991.（中譯本：克羅尼：《揭開奧秘——發現舊約中的基督》。王之瑋譯。台北：改革宗出版社，2011。）

Cochrane, Arthur C., ed. *Reformed Confessions of the Sixteenth Century*. Philadelphia: Westminster Press, 1966.

Collins, Raymond F. *The Many Faces of the Church: A Study in New Testament Ecclesiology.* New York: Crossroad Publishing Co., 2003.

Cross, Frank L. and Elizabeth A. Livingstone, eds. *The Oxford Dictionary of the Christian Church.* 3rd edition. New York: Oxford University Press, 1997.

Dever, Mark. *Nine Marks of a Healthy Church*. Wheaton: Crossway, 2004.

DeYoung, Kevin and Greg Gilbert. *What is the Mission of the Church?: Making Sense of Social Justice, Shalom, and the Great Commission.* Wheaton: Crossway, 2011.

Douglas, J.D., ed. *The New International Dictionary of the Christian Church*. Grand Rapids: Zondervan, 1974.

Dumbrell, William J. *The End of the Beginning: Revelation 21～22 and the Old Testament.* Homebush West: Lancer Books, 1985.

Elwell, Walter A., ed. *Evangelical Dictionary of Theology*. Grand Rapids: Baker, 1989.

Erickson, Millard. J. *Christian Theology.* Grand Rapids: Baker, 1983.（中譯本：艾利克森：《基督教神學》。共 3 冊。蔡萬生譯。台北：中華神學院，2002。）

Fee, Gordon D. *The First Epistle to the Corinthians*. NICNT. Grand Rapids: Eerdmans, 1987.

Ferguson, Sinclair B., David F. Wright and James I. Packer, eds. *New Dictionary of Theology*. Downers Grove: IVP, 1988.（中譯本：楊牧谷主編：《當代神學辭典》。共兩冊。台北：校園書房，1997。）

Ferguson, Sinclair B. *The Holy Spirit*. Downers Grove: IVP, 1996.

Fesko, J.V. *Word, Water and Spirit: A Reformed Perspective on Baptism*. Grand Rapids: Reformation Heritage Books, 2010.

Frame, John M. *Systematic Theology: An Introduction to Christian Belief.* Phillipsburg: P & R Publishing, 2013.

Frame, John M. *Worship in Spirit and Truth*. Phillipsburg: P & R Publishing, 1996.

France, R.T. *Jesus and the Old Testament: His Application of Old Testament Passages to Himself and His Mission.* Reprinted edition. Grand Rapids: Baker, 1982.

Friedmann, Robert. *The Theology of Anabaptism: An Interpretation.* Scottdale: Herald Press, 1973.

Gaffin, Richard B. Jr., ed. *Redemptive History and Biblical Interpretation: the Shorter Writings of Geerhardus Vos*. Phillipsburg: P & R Publishing, 1980.

Garland, David E. *I Corinthians*. Baker Exegetical Commentary on the New Testament. Grand Rapids: Baker, 2003.

George, Timothy. *Theology of the Reformers*. Nashville: Broadman & Holman, 1988.

Green, Joel B., Scot McKnight and I. Howard Marshall, eds. *Dictionary of Jesus and the Gospels: A Compendium of Contemporary Biblical Scholarship*. Downers Grove: IVP, 1992.

Grenz, Stanley J. *Renewing the Center: Evangelical Theology in a Post-Theological Era.* Grand Rapids: Baker, 2000.

Grenz, Stanley J. *Theology for the Community of God*. Nashville: Broadman & Holman, 1994.

Grudem, Wayne A. *The Gift of Prophecy in I Corinthians*. Washington, DC: University Press of America, 1982.

Grudem, Wayne, ed. *Are Miraculous Gifts for Today?: 4 views*. Grand Rapids: Zondervan, 1996.

Grudem, Wayne. *I Peter.* Tyndale New Testament Commentaries. Grand Rapids: Eerdmans, 1988.

Grudem, Wayne. *Systematic Theology: An Introduction to Biblical Doctrine.* Grand Rapids: Zondervan, 1994.（中譯本：古德恩：《系統神學》。張麟至譯。Milltown：更新傳道會，2014。）

Haight, Roger S.J. *Christian Community in History, vol.2: Comparative Ecclesiology*. New York: Continuum, 2005.

Hall, David W. and Peter A. Lillback, eds. *Theological Guide to Calvin's Institutes: Essays and Analysis.* Phillipsburg: P & R Publishing, 2008.

Hart, D.G. "The Church in Evangelical Theologies, Past and Future." *The Community of the Word: Toward an Evangelical Ecclesiology*. Edited by Mark Husbands and Daniel J. Treier. Downers Grove: IVP, 2005.

Hawthorne, Gerald F., Ralph P. Martin and Daniel G. Reid, eds. *Dictionary of Paul and His Letters: A Compendium of Contemporary Biblical Scholarship.* Downers Grove: IVP, 1993.

Hindmarsh, D. Bruce. "Is Evangelical Ecclesiology an Oxymoron?: A Historical Perspective." In *Evangelical Ecclesiology: Reality or*

Illusion?. Edited by John G. Stackhouse, Jr. Grand Rapids: Baker, 2003.

Horton, Michael S. *People and Place: A Covenant Ecclesiology.* London: Westminster John Knox Press, 2008.

Horton, Michael S. *Introducing Covenant Theology*. Grand Rapids: Baker, 2006.

Horton, Michael S. *The Christian Faith: A Systematic Theology for Pilgrims on the Way*. Grand Rapids: Zondervan, 2011.

Hughes, Philip E. *A Commentary on the Epistle to the Hebrews.* Grand Rapids: Eerdmans, 1979.

Hughes, Philip E. *The Book of the Revelation: A Commentary.* Grand Rapids: Eerdmans, 1990.

Husbands, Mark and Daniel J. Treier, eds. *The Community of the Word: Toward an Evangelical Eccclesiology*. Downers Grove: IVP, 2005.

Jay, Eric G. *The Church: Its Changing Image through Twenty Centuries*. Atlanta: John Knox Press, 1978.

Jewett, Paul K. *Infant Baptism and the Covenant of Grace.* Grand Rapids: Eerdmans, 1978.

Jewett, Paul K. *The Book of Common Prayer*, USA: Pacific Publishing Studio, 2010.

Kärkkäinen, Veli-Matti. *An Introduction to Ecclesiology: Ecumenical, Historical & Global Perspectives.* Downers Grove: IVP, 2002.

Keller, Timothy J. *Ministries of Mercy: The Call of the Jericho Road.* Phillipsburg: P & R Publishing, 1997.

Kelly, J.N.D. *Early Christian Doctrines*. NewYork: Harper & Row, 1959.

Kelly, J.N.D. *A Commentary on the Pastoral Epistles.* Grand Rapids: Baker, 1978.

Kidner, Derek. *Genesis: An Introduction and Commentary.* Tyndale Old Testament Commentaries. Downers Grove: IVP, 1967.

Kidner, Derek. *Psalm 1-72: An Introduction and Commentary.* Tyndale Old Testament Commentaries. Downers Grove: IVP, 1973.

Kidner, Derek. *Psalm 73 ～ 150: An Introduction and Commentary.* Tyndale Old Testament Commentaries. Downers Grove: IVP, 1975.

Kimball, Dan. *The Emerging Church: Vintage Christianity for New Generations.* Grand Rapids: Zondervan, 2003.

Kline, Meredith G. *By Oath Consigned: A Reinterpretation of the Covenant Signs of Circumcision and Baptism.* Grand Rapids: Eerdmans, 1968.

Kline, Meredith G. *The Structure of Biblical Authority.* 2nd edition. Eugene: Wipf and Stock Publishers, 1997.

Kline, Meredith G. *Glory in Our Midst: A Biblical-Theological Reading of Zechariah's Night Visions.* Overland Park: Two Age Press, 2001.

Kline, Meredith G. *Treaty of the Great King: The Covenant Structure of Deuteronomy: Studies and Commentary.* Eugene: Wipf & Stock Publishers, 2012.

Knight, George W., III. *The Pastoral Epistles.* NIGTC. Grand Rapids: Eerdmans, 1992.

Kuiper, R.B. *The Glorious Body of Christ: A Scriptural Appreciation of the One Holy Church.* Grand Rapids: Eerdmans, 1996.

Kuyper, Abraham. *Lectures on Calvinism: Six Lectures from the Stone Foundation Lectures Delivered at Princeton University.* Grand Rapids: Eerdmans, 1978.

Küng, Hans. *The Church.* Translated by Ray and Rosaleen Ockenden. London: Search Press, 1978.

La Due, William J. *The Trinity Guide to the Christian Church.* New York: Continuum, 2006.

Larsen, Timothy, and Daniel J. Treier, eds. *The Cambridge Companion to Evangelical Theology.* New York: Cambridge University Press,

2007.

Leith, John H., ed. *Creeds of the Churches: A Reader in Christian Doctrine from the Bible to the Present*. Louisville: Westminster John Knox Press, 1982.

Letham, Robert. *The Work of Christ*. Downers Grove: IVP, 1993.

Littell, Franklin H. *The Anabaptist View of the Church: A Study in the Origins of Sectarian Protestantism*. Boston: Starr King Press Hill, 1958.

Longman, Tremper, III. *Immanuel in Our Place: Seeing Christ in Israel's Worship*. Phillipsburg: P & R Publishing , 2001.

Lucas, S.M. *For a Continuing Church: The Roots of the Presbyterian Church in America*. Phillipsburg: P & R Publishing, 2015.

Lull, Timothy F., ed. *Martin Luther's Basic Theological Writings*. 2nd edition. Minneapolis: Fortress Press, 2005.

Marcel, Pierre Ch. *Baptism: A Sacrament of the Covenant of Grace*. Translated by Philip Edgcumbe Hughes. Cherry Hill: Mack Publishing Co., 1973.

Marsden, George. *Understanding Fundamentalism and Evangelicalism*. Grand Rapids: Eerdmans, 1991.

Mathison, Keith A. *Given for You: Reclaiming Calvin's Doctrine of the Lord's Supper*. Phillipsburg: P & R Publishing, 2002.

McCarthy, Dennis J. *Treaty and Covenant: a Study in Form in the Ancient Oriental Documents and in the Old Testament*. Rome: Pontifical Biblical Institute, 1963.

McKnight, Scott. *The Jesus Creed: Loving God, Loving Others*. Brewster: Paraclete Press, 2005.

McGrath, Alister E., ed. *The Blackwell Encyclopedia of Modern Christian Thought*. Oxford: Blackwell Publishers, 1993.

Meyendorff, John. *Byzantine Theology: Historical Trends and Doctrinal*

Themes. 2nd edition. New York: Fordham University Press, 1979.

Minear, Paul S. *Images of the Church in the New Testament*. Louisville: Westminster John Knox Press, 2004.

Moltmann, Jurgen. *The Church in the Power of the Spirit: A Contribution to Messianic Ecclesiology*. Translated by Margaret Kohl. New York: Harper & Row. 1977.

Moo, Douglas J. *The Epistle to the Romans*. NICNT. Grand Rapids: Eerdmans, 1996.

Mott, Stephen C. *A Christian Perspective on Political Thought*. New York: Oxford University Press, 1993.

Mott, Stephen C. *Biblical Ethics and Social Change*. New York: Oxford University Press, 1982.

Muller, Richard A. *Dictionary of Latin & Greek Theological Terms: Drawn Principally from Protestant Scholastic Theology*. Grand Rapids: Baker, 1985.

Murray, John. *Christian Baptism*. Phillipsburg: P & R Publishing, 1980.

Murray, John. *Collected Writings of John Murray: Vol.2, Selected Lectures in Systematic Theology*. Edinburgh: Banner of Truth, 1977.

O'Brien, Peter T. *The Letter to the Ephesians*. PNTC. Grand Rapids: Eerdmans, 1999.

O'Brien, Peter T. "The Church as a Heavenly and Eschatological Entity." in *The Church in the Bible and the World: An International Study*. Edited by D.A. Carson. Exeter: Paternoster, 1987.

O'Brien, Peter T. *Gospel and Mission in the Writings of Paul: An Exegetical and Theological Analysis*. Carlisle: Paternoster, 1993.

Oden, Thomas C. and Angelo Di Berardino, eds. *Ancient Christian Doctrine, vol.5: We Believe in One Holy Catholic and Apostolic Church.* Downers Grove: IVP, 2010.

Pannenberg, Wolfhart. *Systematic Theology*. vol.3. Grand Rapids:

Eerdmans, 1998.

Pao, David W. *Colossians & Philemon*. Zondervan Exegetical Commentary on the New Testament. Grand Rapids: Zondervan, 2012.

Peterson, David G. *Engaging with God: A Biblical Theology of Worship*. Downers Grove: IVP, 1992.

Poythress, Vern S. *The Shadow of Christ in the Law of Moses*. Brentwood: Wolgemuth & Hyatt Publishers, 1991.

Ridderbos, Herman N. *Paul: An Outline of His Theology*. Grand Rapids: Eerdmans, 1975.

Ridderbos, Herman N. *The Coming of the Kingdom*. St. Catharines: Paideia Press, 1978.

Ridderbos, Herman N. *The Gospel of John: A Theological Commentary*. Grand Rapids: Eerdmans, 1997.

Robertson, O. Palmer. *The Christ of the Covenant*. Phillipsburg: P & R Publishing, 1980.

Robinson, John. A.T. *The Body: A Study in Pauline Theology*. London: SCM, 1952.

Rogers, C.L. Jr. and C.L. Rogers III. *The New Linguistic and Exegetical Key to the Greek New Testament*. Grand Rapids: Zondervan, 1998.

Schaff, Philip, ed. *The Creeds of Christendom*. 3 vols. 6th edition. Grand Rapids: Baker, 1993.

Snyder, Howard A. "The Marks of Evangelical Ecclesiology," in Stackhouse (ed.), *Evangelical Ecclesiology*.

Snyder, Howard A. *Liberating the Church: The Ecology of Church and Kingdom*. Downers Grove: IVP, 1983.

Stackhouse, John G. Jr., ed. *Evangelical Ecclesiology: Reality or Illusion?* Grand Rapids: Baker, 2003.

Stevens, R. Paul. *Work Matters: Lessons from Scripture*. Grand Rapids:

Eerdmans , 2012.

Stott, John R.W. *Christian Mission in the Modern World.* Downers Grove: IVP, 2008.

Strauch, Alexander. *Biblical Eldership: An Urgent Call to Restore Biblical Church Leadership*. Revised and expanded edition. Littleton: Lewis & Roth, 1995.

Van Genderen, J. and W.H. Velema. *Concise Reformed Dogmatics*. Translated by Gerrit Bilkes and Ed M. van der Maas. Phillipsburg: P & R Publishing, 1992.

Volf, Miroslav. *After Our Likeness: The Church as the Image of the Trinity*. Grand Rapids: Eerdmans, 1998.

Vos, Geerhardus. *Biblical Theology: Old and New Testament*. London: Banner of Truth, 1975.

Waltke, Bruce K. *An Old Testament Theology: An Exegetical, Canonical, and Thematic Approach*. Grand Rapids: Zondervan, 2007.

Waltke, Bruce K. and Cathi Fredricks. *Genesis: A Commentary*. Grand Rapids: Zondervan, 2001.

Webber, Robert E., ed. *The Complete Library of Christian Worship, vol.1: The Biblical Foundations of Christian Worship.* Nashville: Star Song Publishing Group, 1993.

Webber, Robert E., ed. *The Complete Library of Christian Worship, vol.2: Twenty Centuries of Christian Worship.* Nashville: Star Song Publishing Group, 1994.

Webber, Robert E., ed. *The Complete Library of Christian Worship, vol.3: The Renewal of Sunday Worship.* Nashville: Star Song Publishing Group, 1993.

Webber, Robert E., ed. *The Complete Library of Christian Worship, vol.4: Music & the Arts in Worship (Book A and B).* Nashville: Star Song Publishing Group, 1994.

Webber, Robert E., ed. *The Complete Library of Christian Worship, vol.5: The Services of the Christian Year.* Nashville: Star Song Publishing Group, 1994.

Webber, Robert E., ed. *The Complete Library of Christian Worship, vol.6: The Sacred Actions of Worship.* Nashville: Star Song Publishing Group, 1994.

Webber, Robert E., ed. *The Complete Library of Christian Worship, vol.7: The Ministries of Christian Worship.* Nashville: Star Song Publishing Group, 1994

Webber, Robert E. *Worship Old & New: A Biblical, Historical, and Practical Introduction.* Grand Rapids: Zondervan, 1994.

Webber, Robert. *Planned Blended Worship: The Creative Mixture of Old and New.* Nashville: Abingdon Press, 1998.

Webster, John. " The Church and the Perfection of God, " in Husbands and Treier (eds), *The Community of the Word.*

Wells, David F. *No Place for Truth : or Whatever Happened to Evangelical Theology?.* Grand Rapids: Eerdmans, 1993.

Wenham, G.J. *Genesis 1-15.* WBC. Waco: Word Books, 1987.

White, James F. *Introduction to Christian Worship.* Revised edition. Nashville: Abingdon Press, 2000.

White, James F. *Protestant Worship: Traditions in Transition.* Louisville: Westminster John Knox Press, 1989.

Wright, Christopher J.H. *The Mission of God's People: A Biblical Theology of the Church's Mission.* Grand Rapids: Zondervan, 2010.

Wright, Christopher, J.H. *The Mission of God: Unlocking the Bible's Grand Narrative.* Downers Grove: IVP, 2006.（中譯本：萊特：《宣教中的上帝》。李望遠譯。台北：校園書房，2011。）

Wright, David F., ed. *Baptism: Three Views.* Downers Grove: IVP, 2009.

Wright, David F. *Infant Baptism in Historical Perspective: Collected*

Studies. Milton Keynes: Paternoster Press, 2007.

Zizioulas, John D. *Being as Communion: Studies in Personhood and the Church*. Crestwood: St. Vladimir's Seminary Press, 1985.

余達心、馮蔭坤編：《事奉的人生：中國神學研究院講師誌賀滕近輝院長六十壽辰論文集》。香港：宣道出版社，1982。

林榮洪：《中華神學五十年：1900-1949》。香港：中國神學研究院，1998。

林榮洪：《基督教神學發展史（三）：改教運動前後》。香港：宣道出版社，2009。

林榮洪：《屬靈神學：倪柝聲思想的研究》。再版。香港：中國神學研究院，1989。

陳若愚：《信而受洗》（課本及習作本）。香港：中華基督教會灣仔堂，1999。

陳若愚：《基督、聖靈與救贖：基督教要義導覽》。香港：基道出版社，2010。

湯清編譯：《歷代基督教信條》。香港：基督教文藝出版社，2008。

道聲字典編輯委員會：《英漢宗教字典》。香港：道聲出版社，1973。

人名中英對照

三劃
士萊馬赫　Friedrich D.E. Schleiermacher
山福　L. Cerfaux

四劃
孔漢思　Hans Küng
孔格　Yves Congar
巴文克　Herman Bavinck
巴炳頓　D.W. Babbington
巴特　Karl Barth
畢爾　G.K. Beale

五劃
加倫　David E. Garland
加爾文　John Calvin
卡森　D.A. Carson
史耐德　Howard Snyder
史密夫　John Smyth
尼祿　Nero
布特曼　R. Bultmann
布塞爾　Martin Bucer

六劃
多納徒　Donatus

七劃
伯克富　Hendrikus Berkhof
伯諾阿　P. Benoit
克羅尼　Edmund P. Clowney
君士坦丁〔大帝〕　Constantine the Great
希坡律陀　Hippolytus
庇護九世　Pius IX
狄馬可　Mark Dever
貝特　Michael Bird
辛尼加　Seneca
里涵　Robert Letham

八劃
亞里士多德　Aristotle
亞奎那　Thomas Aquinas
佩瑞斯　V.S. Poythress
法蘭斯　R.T. France
芬尼　Charles Finney
金博爾　Dan Kimball

九劃
俄皮達徒　Optatus
哈納克　A. von Harnack
威爾遜　Ryan Wilson
柏寇偉　G.C. Berkouwer

聖經通識叢書

兼顧學術研究的精確和執著，
並教會信徒生活上的實踐。

聖經鳥瞰

為您精簡而全面地展現聖經的本體與其來龍去脈

基礎篇 黃錫木 著／HK$93

進深篇 黃錫木 著／HK$68

聖經書卷要領

助您宏觀同類的聖經書卷

耶穌生平與福音書要領 孫寶玲、黃錫木 著／HK$98

使徒行傳與保羅書信要領 張達民、黃錫木 著／HK$88

希伯來書、大公書信與啟示錄要領 張略、黃錫木 著／HK$78

舊約先知書要領 黃嘉樑、梁國權、雷建華 著／HK$98

聖經書卷析讀

助您進深分析個別聖經書卷的內容和信息

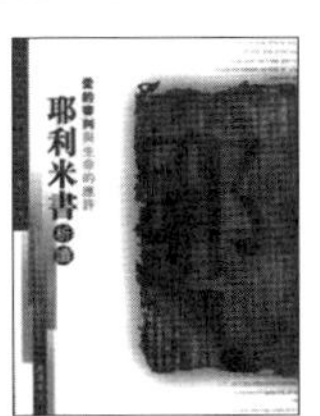

在曠野中與上帝同行——民數記析讀 黃嘉樑 著／HK$158

剛強壯膽回應上帝的應許——約書亞記析讀 黃嘉樑 著／HK$163

背約沉淪的循環軌迹——士師記析讀 吳獻章 著／HK$128

愛的審判與生命的應許——耶利米書析讀 熊潤榮 著／HK$148

與人同在的彌賽亞君王——馬太福音析讀（上） 黃漢輝 著／HK$128

與人同在的彌賽亞君王——馬太福音析讀（下） 黃漢輝 著／HK$128

奔走風塵的僕人——馬可福音析讀 張略、黃錫木 著／HK$118

逆轉人生的上帝之子——路加福音析讀 孫寶玲 著／HK$118

道成為人的耶穌——約翰福音析讀 吳道宗 著／HK$118

風起雲湧的初代教會——使徒行傳析讀 張達民、黃錫木 著／HK$83

情理之間持信道——加拉太書、帖撒羅尼迦前後書析讀 張達民、郭漢成、黃錫木 著／HK$98

同歸於一得基業——以弗所書析讀 郭漢成、劉聰賜 著／HK$128

連於基督走窄路——歌羅西書析讀 曾思瀚 著／蘇慧中 等譯／HK$108

僕人領袖的教導與領導——提多書、提摩太前書析讀 曾思瀚 著／曾景恒 譯／HK$138

擁抱危機的事奉傳承——提摩太後書析讀 曾思瀚 著／曾景恒 譯／HK$98

聖經研究叢書

探索與鑽研神的話語，傳承真理。

壞鬼釋經——糾正新約金句的常見詮釋
Commonly Misinterpreted Texts: Exegetical Fallacies in the New Testament
曾思瀚 著／曾景恒 譯／ HK$88

壞鬼釋經：舊約敘事篇——糾正舊約金句的常見詮釋
Commonly Misinterpreted Texts II: Exegetical Fallacies in the Old Testament Narratives
曾思瀚 著／李梅 譯／ HK$83

壞鬼釋經：舊約詩歌篇——糾正舊約金句的常見詮釋
Commonly Misinterpreted Texts III: Exegetical Fallacies in the Old Testament Poetry
曾思瀚 著／李梅、倪勤生 譯／ HK$93

壞鬼比喻：馬太福音篇——糾正新約比喻的常見詮釋
Right Kingdom, Wrong Stories: A Backward Reading of Matthew's Parables
曾思瀚 著／曾景恒 譯／ HK$93

壞鬼比喻：路加福音篇——糾正新約比喻的常見詮釋
Right Parables, Wrong Perspectives: A Diverse Reading of Luke's Parables
曾思瀚 著／曾景恒 譯／ HK$98

壞鬼比喻：馬可福音篇——糾正新約比喻的常見詮釋
Stories Telling Stories: A Study of Mark's Parables
曾思瀚 著／曾景恒 譯／ HK$78

緊扣時代　服事教會

以文字傳揚基督真道

讀者意見表

衷心多謝你購買本社書籍。本社一直致力以出版事工服事教會，幫助信徒扎根於神的話語，促進靈命增長。為使我們的出版更能滿足你的需要，請填寫下列各項資料，並寄回或傳真予本社。

所購書籍：________________

本書最吸引你的地方：
□作者　□適切性　□文筆　□設計　□實用性
□其他：________________

購買本書地點：
□基道書樓　□基督教書店　□非基督教書店

性別：□男　□女　職業：________________

信仰：□基督徒　□非基督徒

年齡：□ 16 歲或以下　□ 17～25 歲　□ 26～35 歲
□ 36～55 歲　□ 56 歲或以上

學歷：□中三或以下　□中五　□預科
□大學　□研究院

□我欲更多了解基道出版社的事工及考慮支持，請寄給我下列資料：
□機構簡介　□新書資料　□基道會員通訊
□《基道文字事工通訊》

姓名：________________電話：________________

地址：________________

____

傳真：________________電子郵件：________________

其他意見：________________

____

多謝賜教！

基道出版社

意見表可以傳真（2687-0281）或直接郵寄以下地址：
香港沙田火炭坳背灣街26號富騰工業中心1011室
基道出版社編輯部收